# 패러다임 사고학

뻔한 생각을 넘는 다른 생각

패러다임 사고학

지 은 이 박기철
펴 낸 곳 연세대학교 출판부
주 소 서울특별시 서대문구 신촌동 134
전 화 (02)392-6201, 2123-3380~2
팩 스 (02)393-1421
E-mail ysup@yonsei.ac.kr
홈페이지 http://www.yonsei.ac.kr/press
연세대학교 출판부
등 록 1955년 10월 13일 제9-60호
인 쇄 (주)태화북스

2007년 2월 28일 1판 1쇄
2007년 8월 30일 1판 2쇄
ISBN 978-89-7141-764-5 (03130)

값 20,000원

# 패러다임 사고학

뻔한 생각을 넘는 다른 생각

박기철 지음

연세대학교 출판부

머리말

# 뻔한 생각을 넘는 다른 생각은?

우리가 가장 많이 사용하는 단어 3개만 꼽으라면 무엇일까요? 아마 그 중에 '생각' 이란 단어가 꼭 들어가지 않을까요? 그래서 우리는 보통 사람들에게 시시때때로 "너 무슨 생각을 하니?" 라고 물으며, 또 늘상 "난 이렇게 생각해!" 라고 말합니다. 그 사람이 가진 생각은 그 사람이 가진 지식보다 훨씬 더 중요합니다. 우리의 삶과 일에 있어서 지식보다 더 큰 영향력을 발휘하는 것은 언제나 생각입니다. 그 사람이 어떤 생각을 가졌느냐가 그 사람의 인생을 좌우합니다. 생각은 한자로 '生覺' 이 아니라 우리말입니다. 많은 사람들이 당연히 그렇다고 생각하지만 생각의 축을 달리 하면(paradigm shift) 전혀 그렇지 않은 생각이 있습니다. 바로 통념과 사실의 차이입니다. 여기서 사실이란 감히 진리라고 할 수 없습니다. 다만 통념에서 벗어나기 위해 원점에서(zero-based) 근본적으로, 조감으로(bird eye view) 높고 넓게 보이는 생각이라고 할까요? 그것이 통념을 부정하는 것은 아닙니다. 단지 통념과 다른 생각입니다. 통념을 대체하는(instead of) 생각이 아니라 **통념을 넘는(beyond) 생각이라는 것이지요.** 이런 관점에서 이 시대의 저변에 거대하며 막연하게 흐르는 절대적 · 지배적인 뻔한 생각의 고정관념을 넘어볼까 합니다.

사실 전 이런 책을 쓸 입장에 있지는 않습니다. 자본주의 시대에 영합하는 가장 세속적 학문일 수 있는 광고홍보학과 교수이기에…… 그러므로 제가 이런 책을 쓰는 게 주제넘게 보일 수도 있습니다. 하지만 생각의 욕심이 있는 저는 인문적 관점에서 세상 철학에 대해 생생하게 이야기하고 싶었습니다. 그래서 애당초 책 제목으로 구상했던 것이 〈어느 광고학자의 삐딱한 생각〉이었습니다. 기존에 이런 세상철학 책은 많았습니다. 특히 '성공하는 사람들의 7가지 법칙' 과 같은 류의 책들은 유용한 처세적 철학 책이지만 대개 누구나 알 수 있는 뻔한 생각들을 담고 있습니다. 하지만 저는 이 시대의 절대적 · 지배적인 뻔한 생각과 다른 생각을 말하고 싶었습니다. 여기서 다른 생각이란 틀린 생각이 아니라 뻔한 생각에서 벗어나는 생각입니다. 뻔한 생각의 틀에서의 좋은 생각이란 결코 다른 생각이 아니지요. 그렇다면 다른 생각이란 튀는 생각일까요? 유별난 생각일까요? 이상한 생각일까요? No! 다른 생각이란 맞을 수 있는 생각입니다. 그냥 해오던 식대로 하면 틀린 생각이지만 가만히 생각해 보면 일리있는 생각입니다. 결국 다른 생각이란 기본을 깨는 생각이 아니라 기본에 충실한 생각입니다. 기본을 알아야 기본을 깰 수 있는 법이니까요. 또한 뻔한 생각을 넘는다는 것은 뻔한 생각을 완전히 부정하는 것이 아니라 뻔한 생각까지 포용할 수도 있다는 뜻이지요. 그것이 바로 패러다임 사고학의 요체입니다.

'뻔한 생각을 넘는 다른 생각'에 대한 제안을 100개의 글마다 생생한 이야기로 채웠습니다. 이 책은 세상살이의 처세적 철학이 아니라 순리적 철학에 대한 책입니다. 저는 이 책이 아직 가치관이 형성되기 이전에 다른 생각을 충분히 수용할 수 있는 20대 청소년이 읽었으면 좋다고 생각합니다. 또한 지금 가진 생각이 확고하지만 다른 생각을 접할 여유가 있으며 청소년 및 신입사원에게 특별히 해줄 다른 이야기꺼리를 찾는 중간관리자 및 중년층 경영자도 읽었으면 좋다고 생각합니다. 저는 이 책에서 우리 일상적 삶에 가장 가까운 ① 공부 ② 사랑 ③ 생활 ④ 지혜 ⑤ 건강 ⑥ 영업 ⑦ 문화 ⑧ 생태 ⑨ 경제 ⑩ 학문 등 10가지 분야로 강도를 서서히 높여가며 생각하고 이야기하였습니다. 10개 분야에 각각 10개의 글로 모두 100 꼭지의 글입니다. 10가지 주제가 분산될 수도 있으나, 생각이라는 하나의 주제로 통합될 수 있습니다. 100개의 글 모두 지금까지의 뻔한 생각을 넘어 다른 생각을 해보자는 제안이지요. 그 제안을 순순이 받아들이기 버거울 수도 있습니다. 우리 통념의 벽이 너무 높고 두껍고 단단해서… 하지만 그 벽을 넘으면 전혀 다른 세상이 보일 수 있지 않을까요? 작게는 100개 고개, 크게는 10개 고개를 넘으면 뻔한 생각을 넘어 다른 생각을 하는, 좀 다른 사람이 되어 있지 않을까요? 생각은 사람을 바꾸고 인생을 바꾸니까요.

박기철(kaciy@ks.ac.kr)

차 례

## 지혜



## 건강

## 6 영업



## 7 생태



## 8 문화

## 9 경제



## 10 학문

패러다임 사고학

뻔한 생각을 넘는 다른 생각

# 공부

# Study

교육은 우리 인간이 할 수 있는 가장 소중한 활동입니다.
이런 교육에 대해 우리는 절대적이며 지배적인 어떤 통념을 가질 수 있습니다.
하지만 이런 통념에서 벗어난 다른 생각을 가지면
더욱 바람직한 공부를 할 수 있지 않을까요?

## 공부에 대해 이렇게 생각하세요?

1. 사람은 애시당초 좋은 친구를 사귀어야 한다.
2. 음악 시간은 노래를 합창하는 시간이다 .
3. 미술 교육은 미술 그림을 잘 그리도록 해야 한다 .
4. 체육 시간은 몸 운동을 하는 시간이다 .
5. 수학을 잘하려면 좌뇌로 계산을 잘해야 한다.
6. 외국어를 잘하려면 문장을 많이 외워야 한다.
7. 국어를 잘하려면 교과서를 열심히 읽어야 한다.
8. 공부를 잘하려면 무조건 열심히 해야 한다.
9. 교육의 목적은 지식의 효과적 전달이다.
10. 원하는 대로 해주는 열린 교육을 해야 한다.

01

# 좋은 친구를 사귀라고?

## 가장 틀림없는 교훈

자라면서 집에서 늘 들었던 말이 있죠. 간혹 학교 선생님들이나 가까운 친척 아저씨들도 많이 하던 말입니다. 이 말은 아마 "공부 열심히 해라"는 말처럼 자라면서 귀 따갑도록 들었던 말입니다. 바로 "좋은 친구를 사귀라"는 말입니다. 좋은 친구를 사귀는 것은 자기의 인생에 있어서 무척 중요한 일입니다. 착한 친구가 나쁜 친구를 사귀어 그 친구에게 물들어 나쁜 친구가 될 수 있습니다. 좋은 친구를 사귀면 덕 볼 일이 참 많습니다. 반대로 나쁜 친구가 좋은 친구를 사귀어 그 친구에게 물들어 좋은 친구가 될 수 있습니다. "까마귀 노는 곳에 백로야 가지 마라"고 가장 좋은 것은 나쁜 친구들은 멀리 하고 좋은 친구들끼

리 사귀는 것입니다. 그래서 이 좋은 친구를 사귀라는 말은 뻔한 말이지만 교육적으로 가장 틀림없는 교훈이 되고 말았습니다. 아무도 이 말을 문제삼지 않았습니다. 그래서 이 말은 예나 지금이나 변함없는 신화가 되었습니다.

## 가장 비교육적 교훈

그러나 가만히 생각해 보면 좋은 친구를 사귀라는 말에는 큰 문제점이 있습니다. 우선 좋은 친구의 뜻이 애매모호합니다. 우리가 학교 다닐 때 공부 잘하는 범생이가 좋은 친구였었나요? 오히려 이게 아닐 수 있습니다. 자기만 아는 범생이 친구를 사귀면 피곤해져서 내 인생에 도움이 안 됩니다. 그렇다면 좋은 친구란 공부는 못해도 의리있는 친구인가요? 이것도 아닐 수 있습니다. 그렇게 공부도 안 하면서 의리를 좋아하는 아이들끼리 몰려 다니면 속된 말로 양아치 깡패가 되기 쉽습니다. 거기서 더 발전하면 조직 폭력배가 될 수도 있습니다. 부잣집 돈 많은 아이가 좋은 친구인가요? 이런 친구와 사귀면 나중에 덕 볼 일도 생길 수 있지만 세상이 그렇게 녹녹하지 않습니다. 오히려 나의 현실에서 주눅들기 쉽습니다. 그렇다면 서로 마음이 통하는 아이가 좋은 친구인가요? 아마 이것이 정서적으로는 가장 좋은 친구이겠으나 이런 친구하고만 사귀면 친구를 보는 안목이 좁아질 수 있고 또 이런 친구랑 멀어지게 되면 마음에 큰 상처가 남죠. 좋은 친구를 사귀라는 말의 더 큰 문제점은 그 말이 지니는 얍삽한 천박성(淺薄性)입니다. 이 말에는 속물적인 이기주의 근성이 짙게 배어 있습니다. 또 오로지 나의 이익에만 맞는 친구를 사귀라는 배타적인 생각이 두껍게 깔려 있습니다. 또 나 아닌 사람은 일단 나쁘다는 자기 중심적 선입견이 강하게 실려 있습니다. 또 친구를 무조건 좋은 친구와 나쁜 친구로 나누는 이데올로기적 흑백논리가 단순무식합니다. 그래서 좋은 친구를 사귀라는 말은 학교와 집에서 해서는 절대 안 될 가장 비교육적 교훈입니다.

## 가장 발전적인 교훈

이런 비교육적 발언 말고 정말로 아이 교육에 도움이 되는 발전된 충고가 있습니다. 이는 좋은 친구를 사귀어서 내가 좋은 친구가 되는 것보다 훨씬 더 중요한 것이죠. 그건 바로 "좋은 친구가 되어라"입니다. 좋은 친구를 사귀기보다 좋은 친구가 되라는 말에는 아주 커다란 사고의 전환이 있습니다. 물론 좋은 친구가 되라는 말에서도 좋은 친구의 정의가 모호하기는 마찬가지입니다. 하지만 좋은 친구를 사귀라는 말에서 가지는 얍삽한 천박성, 이기주의 근성, 배타적 생각, 자기중심적 선입견은 없습니다. 대신에 나 스스로 좋은 친구가 되려면 어떻게 해야 할지 구체적으로 나를 성찰하게 합니다. 나 자신 스스로 좋은 친구였는지 오늘 한번 돌이켜 생각해보게 합니다. 그리고 지금 내가 진정 좋은 친구가 되었는지 생각해보게 합니다. 이제 스스로 좋은 친구가 되어 내 친구를 감싸줄 수 있는 여유를 가지게 합니다. “좋은 친구가 되거라!” 한번 당장 내 아이에게 말해 보세요. “좋은 친구를 사귀어라!” 와 전혀 다른 느낌이 가슴 속에 생길 줄로 압니다.

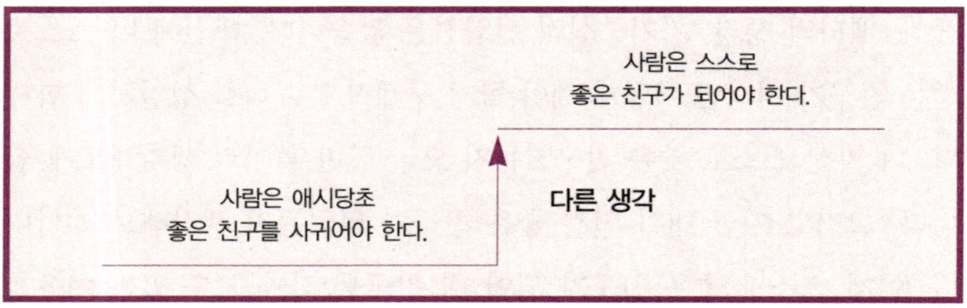

02

# 음악 시간에 무엇 하나요?

## 난해한 악기인 기타

저는 취미가 기타치는 것이면서 기타라는 악기에 대해 컴플렉스가 많습니다. 에릭 클랩튼처럼 아주 잘 치는 사람을 보면 그야말로 '감동적 열등감' 을 느낍니다. 전 고등학교 1학년 때부터 기타를 쳤는데 그 실력이 어느 때부터 늘지를 않더군요. 기타는 보기에 날나리 악기같지만 대단히 놀라운 악기입니다. 6개 줄의 거문고는 6개 음을 내며, 12개 줄의 가야금은 12개 음만 내지만 기타는 6개의 줄로 4 옥타브 가까운 음역을 가지는 악기입니다. 피아노나 바이올린을 잘 하는 사람은 세련되어 보이지만 기타 잘 치는 사람은 안 그래 보입니다. 하지만 기타는 피아노나 바이올린보다 훨씬 난해하며 오묘한 악기입니다. 피아노로 '도레미파솔라시도' 치는 걸 배우려면 단 1초면 되지만 기타로 제대로 소리를 내려면 한 달은 넘게 걸립니다. 같은 옥타브의 음이라도 짚을 수 있는 데가 여러 군데이며 어디를 짚느냐에 따라 소리(voicing)가 다릅니다. 바이올린은 주로 한 음 한 음의 멜로디 악기라 독주가 어렵지만 기타는 멜로디는 물론 여러 음의 화성을 따지는 하모니 악기이면서 타악기 효과까지 낼 수 있습니다. 그래서 모차르트인지 베토벤인지 하는 음악의 거장은 기타를 작은 오케스트라라고 했지요. 피아노의 100분의 1도 안 되는 무게이면서 피아노와 같은 연주가 가능한 악기가 기타입니다. 그래서 클래식 기타나 재즈 기타 잘 치는 사람을 보면 도대체 어떻게 치는 것인지 도무지 종잡을 수 없는 악기가 바로 기타입니다.

## 음악 공부 경험

저는 아직도 기타를 더 잘 치고 싶은 욕심이 있습니다. 한때 저는 인터넷에 들어가면 주로 기타 관련 사이트를 검색하며, 길거리를 가다가도 기타 학원이 있으면 괜히 들어가서 멋적지만서도 혹시 뭐 지푸라기라도 얻을 게 없을까 물어보았습니다. 어떻게 하면 기타 실력을 늘릴 수 있는지? 그러던 어느 날 어느 기타 학원장이 제게 해준 이야기는 제 심리타점을 강렬하게 때렸습니다. 기타치는 걸 배우려 하지 말고 음악을 먼저 알아야 실력이 늘 수 있다고…… 이 한마디에 저는 회사 다니랴 강의하랴 박사 논문 쓰랴 멀티태스킹의 지극히 바쁜 삶 속에서도 동숭동의 재즈아카데미에 석 달을 다니며 코드, 스케일, 리듬 등 음악 지식을 배웠습니다. 이때 저는 제가 음악에 대해 모르는 게 너무도 많았다는 걸 깨달았죠. 음악을 좀 알다보니 앞으로 무엇을 어떻게 연습해야 기타 실력이 늘 수 있는지 그 길이 훤하게 보이기 시작했습니다. 전에는 어림없는 일이었습니다. 도대체 무엇을 어떻게 해야 기타 실력이 향상되는지 도무지 알 수 없었으니까요.

## 손가락 기능보다 음악 이해

제가 음악교육을 제대로 받았다면 제 기타 실력이 처음부터 늘었을 것입니다. 하지만 저는 음악시간 때 주로 반주에 맞추어 서양 가곡이나 우리 동요를 합창한 것 같습니다. 하지만 음악시간은 노래부르는 시간이 아니라 음악을 가르치는 시간이어야 합니다. 악기를 가르치더라도 마찬가지지요. 음악교육을 10년 넘게 받았어도 사장조(G Major)는 왜 '파'에 #이 들어가고, 바장조(F Major)는 왜 '시'에 b가 들어가는지 잘 모릅니다. 또한 피아노를 체르니 30번까지 연습했다면 열심히 한 학생

같은 밑음 C에서의 다양한 코드들

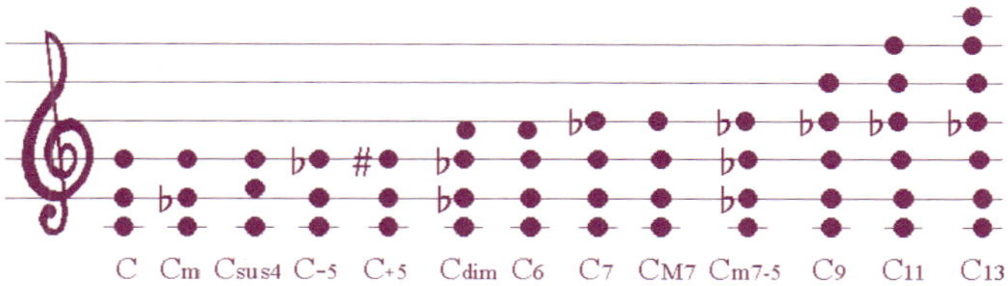


인데, 이 친구에게 C 메이저 세븐(CM$_7$) 코드가 어떤 음으로 이루어졌냐고 물으면 거의 대답을 못합니다. C 코드가 도미솔이라는 세개 음의 화음이라면 CM$_7$ 코드는 도미솔시라는 네 개 음의 화음입니다. 들어보면 C 코드는 밝고 안정된 느낌이지만, CM$_7$ 코드는 좀 무거우며 재즈 스타일의 느낌입니다. 그래서 음악을 표현하고 이해하는데 있어서 코드(not code, but chord) 등의 기본적 음악 지식은 필수입니다. 하지만 피아노를 배울 때 이런 기본을 전혀 모르고 넘어갑니다. 우리 딸이 피아노를 배우더니 '소녀의 기도'나 '엘리제를 위하여'와 같은 곡을

잘 친다는 사실이 부모 입장에서 기특할 뿐입니다. 피아노를 가르치는 사람도 주로 손가락 연습의 피아노 교육을 시킵니다. 그리되다 보면 아무리 연습해도 음악에 대한 머리는 텅빈 채 손가락 움직임만 빨라지게 됩니다. 음악에 대한 근본적인 이해도 없이 손가락 기능만 발달하는 것이죠.

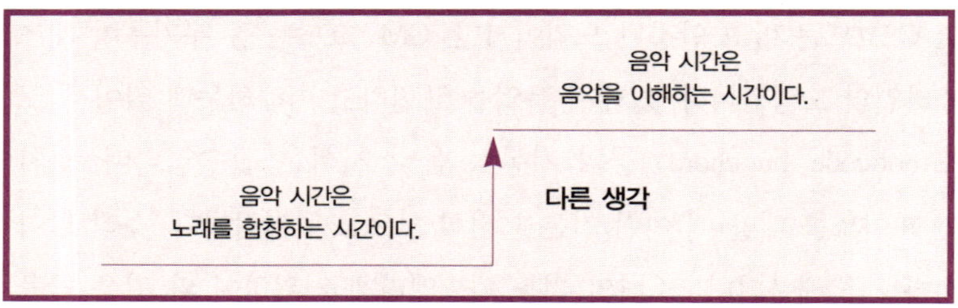

03

# 미술 시간에 무엇하나요?

## 지루한 미술 시간

저는 학교 다닐 때 미술을 참 못했습니다. 미술 실기 시간이 되면 아마 제가 가장 엉터리로 그린 것 같습니다. 크레파스나 물감으로 색칠을 하는데 제 털털한 성격상 꼼꼼하게 칠하는 것이 굉장히 지루했습니다. 그래서 대충대충 색칠한다는 것이 그만 개발새발 색칠하는 꼴이 되고 말았습니다. 미술 선생님은 그런 저를 보고 이걸 그림이라고 그리냐며 친구들 앞에서 무안을 주었습니다. 어린 나이에 그건 대단한 쪽팔림이었습니다. 하지만 순간의 쪽팔림이 저를 변화시키진 못했습니다. 덕수궁과 같은 야외로 나가 고궁 그림을 그리는 시간이 되면 저는 늘 가장 빨리 끝내고 할 일 없이 빈둥대는 학생이었습니다. 한마디로 저는 그림 그리기를 하는 미술과는 완전히 담을 쌓고 살았습니다. "그까짓 그림 못 그린다고 뭐 인생 덧나나?"

## 한심한 미술 교육

하지만 지금 와서 생각해볼 때 제가 잘못된 학생이었다기보다 저는 잘못된 미술 교육을 받았던 것입니다. 미술 시간에 미술이란 도대체 무엇이며, 사람들이 사물이나 현상을 어떻게 표현해 왔으며, 내가 저 꽃을 그린다면 어떤 마음으로 그려야 하는지 그런 점에 대해서는 정말로 하나도 들은 바가 없습니다. 그런 미술에 대한 아무런 철학 없이 미술 시간이 되면 무조건 불조심 포스터를 그리고, 꽃병을 그리고, 야외에 나가서 풍경을 그리고 하였던 것입니다. 그래서 미술 선생님은 학생들이 그린 그림들을 보고 잘 그렸다 못 그렸다 평가를 하는 식이었죠. 이때 잘 그리고 못 그리고의 판단 기준은 주로 얼마나 꼼꼼하게 색칠을 잘 했느냐였죠. 지금은 학교에서 어떤 미술 교육이 이루어지고 있는지 잘 모르겠습니다. 그런데 제 아이가 초등학교 때 교실에 간 적이 있는데 교실 뒷벽에 걸린 여러 가지 포스터 그림들이 우리가 어릴 적 그렸던 것과 너무 똑같다는 사실에 전 깜짝 놀랐습니다. 그걸 보고 지금도 저 어릴 때와 비슷한 미술 교육이 이루어지고 있을 지도 모른다는 생각을 하게 되었죠. 아직도 그런 한심스러운 미술 교육을 하는 선생님이 있다면 참으로 유감입니다.

## 바람직한 미술 교육

저는 지금도 그림을 잘 그리지 못합니다. 하지만 지금 당장 미술 선생님이 된다면 이렇게 가르칠 것이라는 선명한 철학은 가질 수 있습니다. 제가 미술 선생님이라면 다비드 석고상이 아니라 우선 신문지를 구겨서 나름대로 그려보라고 하겠습니다. 그것을 평가할 때 얼마나 꼼꼼하게 구겨진 신문지를 잘 그렸느냐가 아니라 구겨진 신문지를 통해 무엇을 얼마나 잘 나타냈나 보겠습니다. 그러면서 미술이란 보이는 것을 그리는 미술적 기능이 아니라 보여지는 것을 담는 미감적 표현이라고 말하겠습니다. 그러면서 동양과 서양의 미술에 있어서 아주 재미있는 역사적 흐름이 있다고 말하겠습니다. 렘브란트 그림과 모네 그림은 무엇이 다른지, 또 김홍도 그림과 윤선도 그림은 어떻게 다른지 그림을 보는 역사적 안목을 심어주겠습니다. 미술이란 그림 만이 아니라 사진, 조각, 행위 등 다양한 시각적 수단을 통해 자신의 생각을 나타내는 것이므로 현대의 커뮤니케이션 아트가 어떻게 움직이고 있는지 그 경향을 직접 눈으로 보여주겠습니다. 왜 파리를 중심으로 하는 서양미술의 주류가 뉴욕으로 가게 되었는지 전체적 동향을 이야기하고 싶습니다. 전위예술, 팝 아트를 보는 비판적 관점에 대해서도 말해보라고 하겠습니다. 명료성보다 모호성을 띠는 그런 미술 작품을 감상하는데 있어서 무슨 생각을 가져야 하는지 말해주겠습니다. 그리고 아름다운 미를 추구하는 인간의 행위인 미술이 우리의 문화 생활에 어떤 의미가 있는 것인지 서로 발표하고 토론하도록 하겠습니다. 그래서 그림을 그리는 미술 시간이 아닌 생각하는 미술 시간이 되도록 하고 싶습니다. 그렇게 하여 아이들의 미학적 감성을 풍부하게 키우는데 이바지하는 좀 삐딱한 미술 선생님이 되고 싶습니다. 한마디로 미술 선

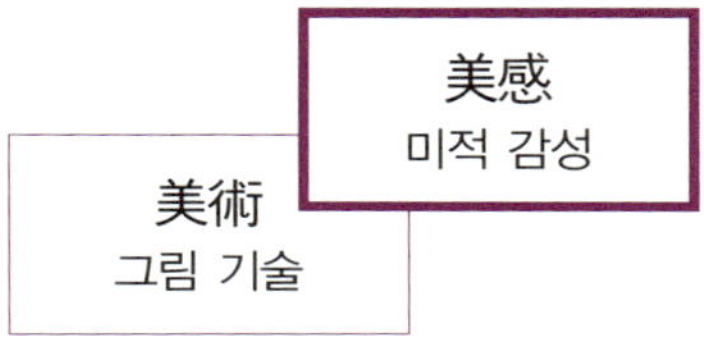

생이기보다 미감 선생이고 싶습니다. 삶을 사는데 있어서 미감을 가꾸며 사는 것이 우리 인생을 얼마나 가치있게 하는지 생생하게 이야기해주고 싶습니다.

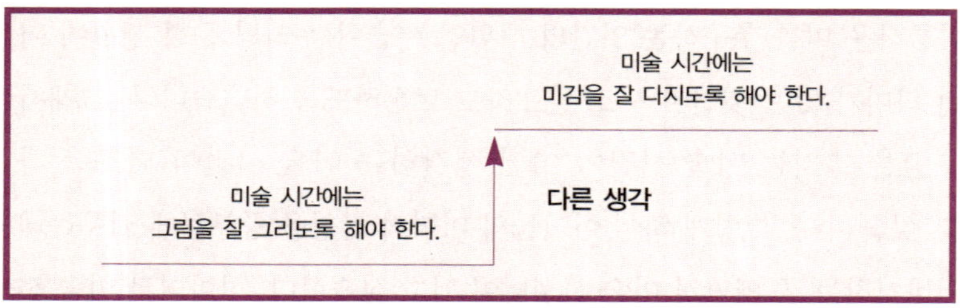

04

# 체육 시간에 무엇하나요?

## 체육 시간의 풍경들

제가 학교 다닐 때 체육 시간이 되면 뭘 했는지 엊그제 일처럼 떠오릅니다. 우선 체육복을 갈아 입고 4열 종대로 섭니다. 그러면 맨 앞줄에서 차례로 번호를 부릅니다. 그러면 반장이 군대식으로 선생님께 몇 명이 출석했다고 우렁차게 보고를 합니다. 그러면 선생님이 몇 마디 하곤 맨손체조를 한다든지 운동장을 몇 바퀴 돈 다음에 편을 나누어 축구 시합을 하건 농구 시합을 하건 마음대로 놉니다. 시합에 나가지 않는 친구들은 철봉이나 벤치에 모여 노닥거리다가 종이 울리면 세면대에서 얼굴 씻고 교실로 들어가곤 했었죠. 운동장에서 시합을 하는 동안 선생님이 어디에 계신지는 잘 몰랐습니다. 대개 체육 시간에 출석 보고를 받고는 어디론지 사라지고 안 계신 것 같았습니다. 체육 선생님은 체육 시간이 아니라 등교 시간에 학생들 규율을 잡는 시간에 더 많이 보였던 것 같습니다. 그래서 체육 선생님은 학교에서 별로 가르칠 게 없어 가장 편하면서도 가장 무서운 선생님인 경우가 많았습니다. 제 고등학교 때 체육 선생님은 이름보다 '양빠따' 란 별명으로 불리웠는데 양빠따가 뜨면 애들이 달달 떨었습니다. 전 양빠따에게 웃는다고 아구창을 맞아 어금니가 조금 깨진 적도 있습니다. '친구' 나 '말죽거리 잔혹사' 라는 영화에 나오는 선생의 학생 구타 장면이 그 당시에는 다반사로 일어나는 현실이었지요.

## 체육 시간의 고정관념

지금 체육 시간은 어떤가 모르겠습니다만 가끔 학교를 지나가다 보이는 체육 시간의 운동장 모습을 보면 많이 달라지진 않았다고 생각됩니다. 제 아들에게 물어보아도 요즘의 체육 선생님은 제가 경험했던 체육 선생님과 다르지 않았습니다. 예전에도 체육 시간은 주로 시합을 위주로 운동을 하는 시간이었습니다. 여학생들은 피구를 하고, 남학생들은 축구를 하는 시간입니다. 운동을 하는 시간이라 운동을 잘 하는 친구들에겐 체육 시간이 아주 즐거운 시간이 되지만 운동을 잘 못하는 친구들에게는 체육 시간은 지겨운 시간이 되었습니다. 그런 점에 대해서 체육 선생님은 별 신경을 쓰지 않았습니다. 아니 신경을 쓰지 않았다기보다 별 생각이 없었던 것 같습니다. 그리고 운동 못하는 친구들은 체육 실기 점수가 당연히 늘 낮게 나오기 마련이었죠. 으레 체육 시간은 그렇게 운동하는 시간이라는 고정관념으로 체육 시간은 마냥 흘러갔던 것이죠. 하지만 과연 체육 시간은 그렇게 운동만을 하는 시간이어야 할까요? 체육 선생님은 애들 운동하는 모습을 룰루랄라 지켜보며 말 안 듣는 애들 규율이나 잡는 무서운 선생님이어야 할까요? 그렇다면 틀림없이 머리가 텅 빈 멍청한 체육 선생님입니다.

## 몸 건강을 위한 체육

우리나라 교육이 바뀌려면 대학입시 교육제도가 아니라 교육에 대한 선생님들의 생각이 바뀌어야 하며, 학생들의 공부방법에 대한 생각이 바뀌어야 합니다. 어느 과목이나 마찬가지겠지만 체육은 특히 이러한 생각이 완전히 바뀌어야 합니다. 체육 시간은 운동 시간이라는 생각은 아주 단순저급한 생각입니다. 어차피 축구나 농구와 같은 운동은 다른 시간에도 충분히 할 수 있으니까요. 체육 시간에는 몸 건강을 위하여 무엇을 하고 하지 말아야 하는지 충분히 일깨워주는 시간이 되어야 하죠. 몸 건강을 위해 나쁜 식품을 많이 먹지 말아야 하는 근본적 이유도 체육 선생님이 해줄 수 있어야 합니다. 체육! 말 그대로 몸을 기르는 것입니다. 또한 구기 종목을 가르친다면 기본과 규칙을 가르치며 운동장에서는 그 실습이 이루어지는 교육이 되어야 합니다. 무조건 애들을 운동장

에 풀어 시합을 시키는 것이 아니라…… 체육 시간이라고 꼭 운동장에서만 할 것이 아니라 교실에서도 이루어질 수 있는, 몸 생각하는 시간이 되어야 합니다. 그런 체육 교육으로 아이들 몸 건강에 대한 생각을 다지며 운동을 지속적으로 해야겠다고 마음먹는 몸 공부 시간이 되어야 합니다.

체육 시간은
몸 공부를 하는 시간이다.

**다른 생각**

체육 시간은
몸 운동을 하는 시간이다.

05

# 수학을 잘하려면?

## 좌뇌가 중요한 수학

수학은 어릴 적부터 엄청난 스트레스를 주는 학문입니다. 수학 때문에 공부를 포기하는 학생이 있을 정도입니다. 수학을 못하는 이유는 무엇일까요? 수학적 머리는 논리적 사고를 하는 좌뇌에서 이루어지므로 계산이 잘 안 되기 때문이라고 생각합니다. 산수라는 말에서부터 그런 의미가 진하게 배어 있지요. 그래서 어려서부터 열심히 계산력을 증대시켜 수학을 잘하는 아이로 키우겠다는 부모들이 많죠. 우리나라에서 가장 큰 학습지 회사는 지루할 정도의 단순 계산을 반복시켜 수학 머리를 키워준다고 합니다. 물론 이 말이 틀린 말은 아닙니다. 계산력이 빠르고 정확하면 그만큼 수월하니까요. 하지만 과연 수학은 좌뇌에서 이루어지는 계산만으로 되는 것일까요?

## 우뇌도 중요한 수학

스페리(Roger Sperry)는 간질병 환자의 좌뇌와 우뇌를 연결하는 뇌량을 제거하면 발작이 멈춘다는 사실을 알게 되었습니다. 박사는 이 연구로 좌뇌와 우뇌의 역할을 밝혀 1982년에 노벨 생리학상을 받았습니다. 그래서 좌뇌는 이성적 · 논리적 사고를 하며 우뇌는 감성적 · 이미지적 사고를 한다는 것은 이제 국민 상식이 되어 버렸습니다. 그런데 정작 좌뇌와 우뇌를 연결하는 뇌량에 대해서는 별로 생각을 하지 않죠. 좌뇌와 우뇌는 독립적으로 기능하는 것이 아니라 좌뇌와 우뇌 사이의 뇌량으로 인해 보완적으로 기능한다는 사실이 더 중요합니다. 여기에 수학을 잘하는 기본원리가 숨어 있습니다. 즉 좌뇌만이 아니라 우뇌도 같이 써야 합니다. 이는 좌뇌에서의 논리적 계산만이 아니라 우뇌에서의 시각적 이미지를 활용하여 수학을 잘할 수 있다는 것이죠. 이미지란 한마디로 수식이 아닌 그림입니다. 여기서 그림이란 그림적인 패턴을 말합니다. 가령 아래 그림에 있는 왼쪽 네모 안의 수를 모두 더하라고 하면 어떻게 됩니까? 좌뇌에서 이루어지는 계산에 의하면 54라는 숫자가 나옵니다.

| | | | | |
|---|---|---|---|---|
| 1 | 2 | 3 | 1 | 2 |
| 1 | 3 | 2 | 1 | 3 |
| 2 | 3 | 1 | 2 | 3 |
| 2 | 1 | 3 | 2 | 1 |
| 3 | 1 | 2 | 3 | 6 |

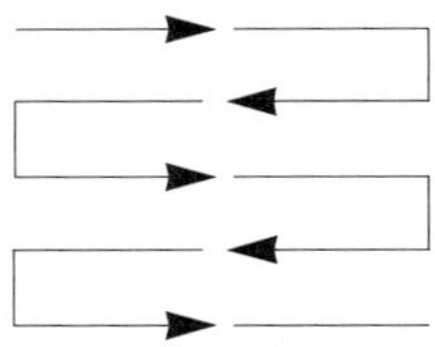

| | | | | |
|---|---|---|---|---|
| 1 | 2 | 3 | 1 | 2 |
| 1 | 3 | 2 | 1 | 3 |
| 2 | 3 | 1 | 2 | 3 |
| 2 | 1 | 3 | 2 | 1 |
| 3 | 1 | 2 | 3 | 6 |

## 이미지 패턴을 찾는 머리

하지만 숫자에 숨겨진 그림 패턴을 찾아보면 지그재그로 1 2 3이 8번 반복되게 되며 마지막에 1 2 3을 합친 6이라는 숫자가 온다는 것을 쉽게 알 수 있습니다.

그래서 6×9=54라는 답이 금방 나옵니다. 이렇게 이미지 패턴을 생각하면 수학을 쉽게 할 수 있는 방법이 터득됩니다. 수학은 좌뇌의 계산과 함께 우뇌의 이미지 패턴을 찾으면 수월합니다. 이 원리는 기본 산수이건 고등 수학이건 마찬가지죠. 왕년에 가우스라는 수학자가 어릴 적에 1+2+3+… +1,000의 문제를 금방 맞춘 비결도 바로 이 그림 패턴의 원리입니다. 1+1,000=1,001, 2+999=1,001, 3+998=1,001, 계속해서 500+501=1,001! 즉 1,001이라는 합이 500번 반복되는 패턴이므로 1,001×500=500,500이라는 답을 찾았던 겁니다. 그래서 파인만(Richard Feynman)이라는 물리학자는 "수학은 한마디로 패턴 찾기"라고 했던 것이죠. 그것이 바로 수학적 사고력입니다. 수학적 사고력을 키우려면 좌뇌의 계산력만이 아니라 이미지 패턴을 찾아 요령있게 쉽게 풀려는 우뇌의 머리를 키워야 합니다. 그렇게 보았을 때 산수나 수학이라는 용어보다는 수도학(數圖學)이라는 말이 더 맞을 테지요. 수와 그림을 공부하는 학문이라는 뜻에서 말이지요. 여기서 그림(圖)이란 미술 그림이 아니라 그림과 같은 시각적 이미지 패턴을 의미하는 것이지요. 저도 수학을 못하는 사람인데 애시당초부터 수학은 복잡하고 어려운 계산만이 아니라 재미있고 신기한 그림 패턴을 통하여 할 수 있다는 생각을 가졌다면 지금보다 더 잘할 수 있지 않았을까요? 그래서 제가 수학 선생님이라면 그렇게 수학사를 가르치고 싶습니다. 문제풀이만이 아니라 재미있는 문제를 풀게 된 수학의 역사도 곁들여 가르치면서……

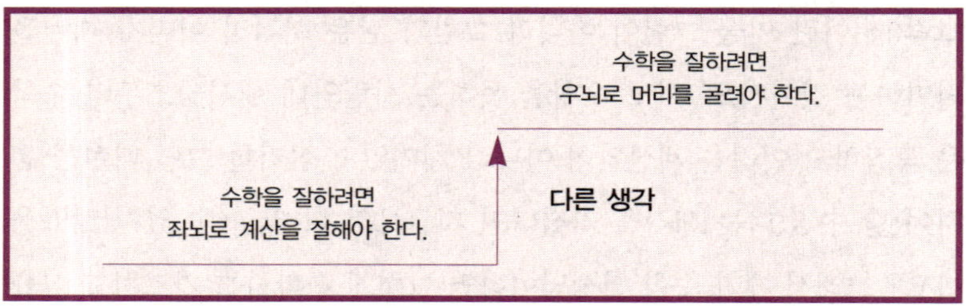

06
# 외국어를 잘하려면?

## 외우며 해석하는 영어공부

신문 광고를 보면 영어회화 학습을 위해 무조건 100문장만 외우면 말문이 트이는 기적이 일어난다고 합니다. 영어회화는 단순히 무조건 외운다고 영어가 술술 되는 기적은 절대 일어나지 않습니다. 열심히 외웠지만 반복 암기한 문장을 말할 상황이 닥치면 그 말이 제 때에 떠오르지 않기 때문입니다. 또한 문법을 잘 알아 책이건 잡지건 영어 원서를 한 문장 한 문장 우리말로 해석하며 읽으면 영어를 잘한다고 생각하지만 그렇게 영어를 분석적으로 공부하는 것은 영어공부를 망치는 길입니다. 문장을 외우며 문장을 해석하는 공부는 아주 후진 낡은 영어공부입니다. 그렇게 낡은 영어공부를 10년 넘게 열심히 해왔으니 외국인 만나면 제대로 인사조차 못하며, 영어로 간단한 엽서 편지도 못 쓰는 형국이 되고 말았지요.

## 우뇌로 하는 영어 학습법

문장을 언어적으로 외우거나 논리적으로 해석하는 일은 머릿속의 좌뇌에서 일어납니다. 수학에서도 좌뇌의 계산만 가지고는 제대로 된 학습이 이루지지지 않듯이 외국어에서도 좌뇌로만 문장을 외우며 문장을 분석하며 읽으면 제대로 된 학습이 이루어지지 않습니다. 외국어 책을 읽을 때 한 문장 한 문장씩 문장의 구조를 분석하는 문법 실력이 아니라 전체적으로 문맥의 의미를 알아내는 독해능력이 중요합니다. 결국 공부를 잘하는 기본 원리는 좌뇌와 우뇌를 함께 쓴다는 점에서 외국어나 수학이나 다 마찬가지입니다. 그렇다면 외국어회화에서 우뇌를 함께 쓴다는 것은 어떤 의미일까요? 우리 머릿속의 우뇌는 공간적 심상인 이미지와 감성적 요소에 의해 자극을 받습니다. 그래서 우뇌 학습법은 전체를 보는 이미지 연상과 생생한 느낌을 결합하므로 머릿속에 쉽게 스며들고 잘 지워지지 않아 빠르고 오래 기억될 수 있게 합니다. 머릿속의 우뇌를 자극하는 외국어공부로 말문이 트이는 기적이 일어납니다.

## 외국어의 바다에 빠지는 체험

우뇌를 자극하는 외국어회화 학습법은 무엇일까요? 사실 가장 즉각적 · 직접적 · 효과적인 방법은 외국에서 몇 년 동안 사는 것입니다. 또는 외국인 친구를 오래 사귀는 것이지요. 이보다 좋을 순 없죠. 외국문화와 외국어에 흠뻑 빠지기 때문입니다. 저는 제 아들이 초등학교 6학년 때 뉴질랜드 민박연수를 9개월 동안 정말 큰 맘 먹고 큰 돈 내고 보낸 적이 있었지요. 이 아이는 정말로 그 기간 동안 뉴질랜드 사람 집에서 살며, 뉴질랜드 학교를 다니고, 뉴질랜드 친구랑 축구도 하고 놀면서 그들 생활문화 속 영어의 바다에 흠뻑 빠졌습니다. 그래서 떠듬거려도 별 거리낌없이 입에서 영어가 나올 정도가 되었습니다. 영어로 일기를 쓰는 것에 대해서도 별 거부감이 없게 되었습니다. 물론 문법은 틀리더군요. 하지만 문법 틀리는 것을 별로 겁내지 않는다는 사실이 더욱 중요합니다. 해리포터 영어 책도 한 문장 한 문장 해석은 못하더라도 전체적으로 그 뜻을 알고 읽더군요. 하지만 현실적으로 외국어 공부를 위해 유학가기는 어려울 수 있으므로 어떻게 하면 외국어의 바다에 빠질 수 있는 체험을 만들지 생각해야 합니다. 외국어 책이나 신문보는 것을 생활화한다든지, 영한사전이 아니라 영영사전을 쓴다든지, 외국어로 된 영화 비디오를 많이 본다든지, 외국어 방송을 자주 켜놓고 듣는다든지, 외국어 책을 볼 때도 우리말로 일일이 해석하며 읽는 게 아니라 직독직해(直讀直解)하려고 노력해야 합니다. 가령 영자신문을 본다면 영어공부를 하기 위해 읽는 게 아니라 그냥 일상적으로 신문을 본다는 생각으로 읽어야 합니다. 물론 읽으면서 모르는 단어가 나와 부분적인 문장 해석은 안 될 때 중요한 내용이 아니라면 일일이 사전을 찾거나 서슴지 말고 전체적인 의미를 파악하면 된다는 식으로 대범하게 죽 죽 읽어야 합니다. 여하튼 영어가 쓰이는 상황을 우뇌에서 받아들여 내 몸이 자연스레 체득하도록 만들어야 합니다. 이게 말은 쉬운데 실천하기가 어

렵지요. 사실 저도 영어를 잘 못하거든요. 하지만 그리 해야 외국어를 잘 한다는 사실 만큼은 당연하며 틀림 없습니다. 제가 영어를 못하는 이유도 역시 영어공부를 덜 해서가 아니라 자연스러운 영어체험을 덜 했기 때문이지요.

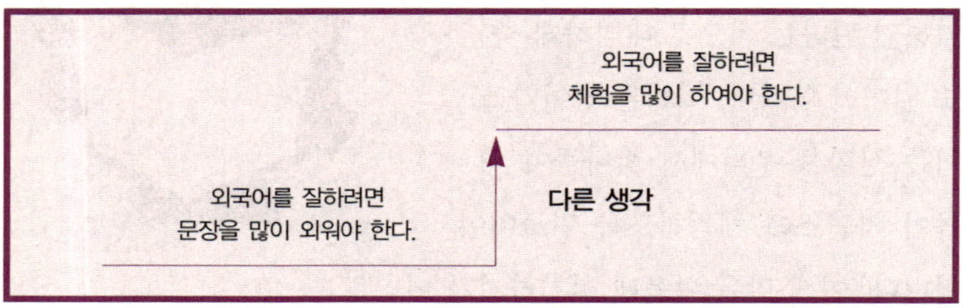

07

# 국어를 잘하려면?

## 아무 생각없는 공부

사실 영어보다 훨씬 더 중요한 것은 국어 실력입니다. 그런데 우리는 국어를 제대로 공부했나요? 읽고(reading) 쓰고(writing) 말하는 (speaking)…… 이 중에서 읽는 공부는 어땠나요? 국어 시간에 선생님이 국어책을 읽으며 한 문장 한 문장씩 그 문장의 의미와 문법 등에 대해 설명하였습니다. 모 학원 선생님이 유행시킨 "밑줄 쫙!"은 그러한 국어공부의 전형적인 모습이지요. 이 밑줄 쫙 그은 문장에서 이 단어는 무슨 뜻이고 이 구절은 이 단어를 꾸며주며…… 뭐 이런 식의 국어공부를 했습니다. 지금 생각하면 참으로 한심한 국어공부를 했던 것이죠. 얼마 전 교육방송을 보니까 어느 선생님이 그렇게 국어를 가르치더군요. 젊은 선생님이 아직도 그렇게 아무 생각없이 열심히 늙은 국어를 가르치다니…… 그리 가르친다면 국어를 가르칠 자격이 전혀 없는 사람입니다. 그런 국어 선생님은 아이들 국어 교육을 아예 망치고 맙니다. 국어 시간은 주어진 글 내용의 전체적 맥락을 이해하며 전체를 일

관하는 핵심적 의미를 찾는 시간이 되어야 합니다. 아울러 자신의 생각을 어떻게 글로 쓰거나 말로 하여 상대방을 공감시키도록 기본원리를 알며 이를 실행하는 시간이 되어야 합니다.

## 생각을 키우는 공부

한마디로 분석하는 국어공부가 아니라 통찰하는 국어공부가 필요합니다. 이는 단지 국어공부에만 한정되는 것은 아닙니다. 모든 공부가 다 그렇게 전체적으로 조감(鳥瞰, bird eye view)하는 능력을 키워야 합니다. 그렇다면 전체적인 공부는 어떻게 이루어지는 것일까요? 우리는 아주 오래 전부터 공부에 대한 미신을 가지고 있습니다. 미신(迷信)! 잘못된 믿음이죠. 그것은 공부를 잘하려면 교과서를 달달 읽어야 한다는 것입니다. 교과서만 제대로 읽고 이해하면 공부 끝이며 시험준비 완성이라고 봅니다. 하지만 교과서만 달달 읽으며 공부하다간 전체적인 공부에 치명적인 해악을 끼칩니다. 그럼 교과서가 아니라 참고서나 문제집을 많이 읽고 풀어야 한다는 것일까요? 그것은 더 더욱 더욱 더 아닙니다. 그런 공부는 즉흥적 시험을 위한 단편적 공부입니다. 전체적이며 통합적인 진짜 공부를 위해서는 다양한 분야의 책을 많이 읽어야 합니다. 초등학교 들어가서 대학교 졸업할 때까지 12년 동안 일 주일에 한 권의 책을 읽어 간다면 16년×1년 52주= 832권≒1,000권의 책을 읽게 되는데 그렇게만 된다면 '청소년 공부 끝' 입니다. 아마도 학원이나 과외가 필요없을 것입니다. 1,000여 권의 책을 읽는다면 이 친구는 전체적으로 상황을 보는 통합적 안목을 가지게 됩니다. 교과서를 달달 안 읽고 한두 번만 보더라도 그 내용들이 쉽고 만만해 보일 것입니다. 대학생이 초등학교 교과서를 보면 쉽고 만만해 보이듯이…… 다양한 독서를 통한 전체적 공부를 안하고 교과서만 보면 외울 것이 수두룩 하여 겁납니다. 하지만 전체적 공부를 하고 교과서를 보면 외울 것 보다 생각할 것이 많아 재미가 생깁니다.

## 다양한 분야의 독서

독서량은 곧 사고력을 뜻합니다. 탐구력이 많아 책을 많이 읽게 되는 것보다 책을 많이 읽게 되면 탐구력이 많아져 사고력이 강하게 됩니다. "We are what we read!"라는 말처럼 읽은 것이 우리 사고의 넓이와 깊이를 좌우합니다. 소설 책 만이 아닌 과학 · 역사 · 철학 등의 교양서, 자기의 신앙에 관한 책 만이 아닌 다양한 종교 서적, 한 인물을 미화하는 위인전이 아닌 히틀러나 폴포트와 같은 악인도 다루는 인물전, 자기의 전공서적 만이 아닌 유익한 실용서적 등…… 어른이 되어서도 다양한 분야의 독서를 절대적 필수적으로 계속 해야 합니다. 10년 전의 저와 지금의 저는 완전히 다른 사람입니다. 나이가 들어 몸은 달라졌지만 머리는 그 동안 읽은 많은 책들 때문에 한층 여물었지요. 나이 들면 머리가 나빠진다는데 그것은 책을 안 읽을 때의 경우입니다. 지속적인

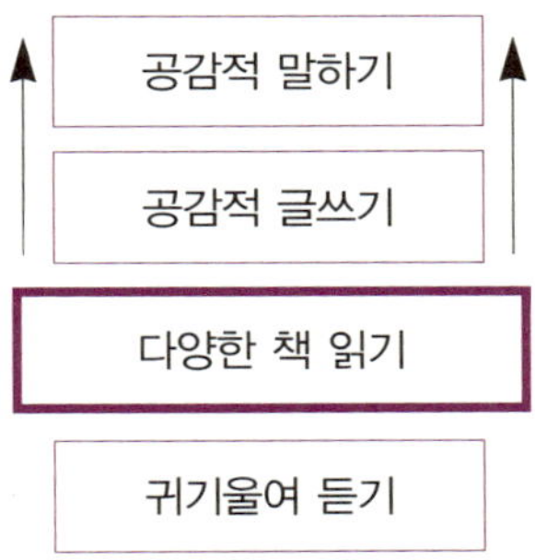

독서는 나이가 들수록 머리를 좋아지게 합니다. 그런 읽기를 바탕으로 글쓰기와 말하기는 자연스럽게 수월하게 되지요. 그런 국어 실력이 탁월하면 토익점수 900점을 받고 영어를 잘하는 사람보다 취업도 잘 되고 비즈니스도 잘 되고 연애도 잘 됩니다.

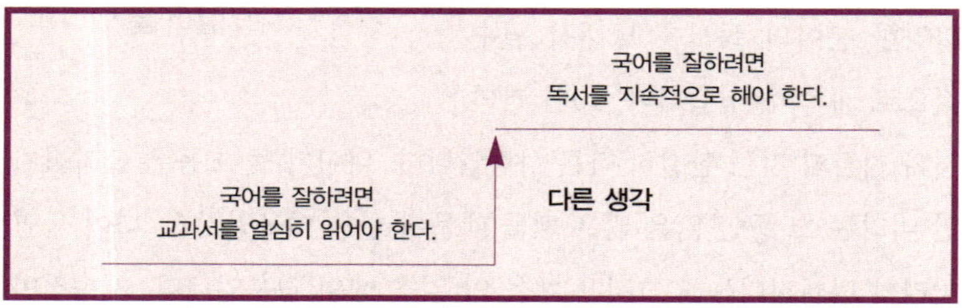

08

# 공부 열심히 하라고?

## 열심히 하라는 공부

우리가 엄마한테 가장 많이 듣던 말이 "공부 좀 해라"입니다. 공부란 과연 무엇일까요? 공부는 한자로 工夫입니다. '만들 工' '지아비 夫'! 무엇을 만드는 사람이니까 공돌이이거나 엔지니어인가요? 우리가 생각하는 공부와 전혀 다른 뜻이지요. 일본 사람에게 工夫의 의미는 우리처럼 학습을 뜻하는 공부가 아니라 고안이나 궁리를 뜻합니다. 학습을 뜻하는 공부를 일본 사람들은 애써 힘쓴다는 뜻에서 勉强이라고 하며, 중국 사람들은 책을 읽는다는 뜻에서 念書라고 하지요. 그런데 우리말 사전에 공부를 찾아보면 공부(工夫)는 학문을 배우는 것으로 적혀 있죠. 즉 공부는 學習입니다. 학문을 배우기 위해 고등학생 때까지 국어, 영어, 수학, 사회, 과학 등 기초 과목을 공부하지만 대학생이 되고부터는 사회과학이나 자연과학, 인문학, 공학 분야에서의 전공 학문을 공부합니다. 기초 과목공부를 하건 학문공부를 하건 머릿속에 뿌리깊게 박혀진 생각이 있습니다. 그것은 자라면서 늘 듣던 "공부 좀 해라"와 직결되어 있습니다. 바로 "공부 열심히 해라"입니다. '좀' 이라는 부사가 '열심히' 로 바뀌지만 그 기본 생각에는 아무런 바뀜이 없습니다. 과연 공부는 좀 열심히 한다고 될까요?

## 문리가 터지는 공부

제가 아이 공부 지도를 한 적이 있습니다. 원래 마누라 운전 가르치기와 자식 공부 가르치기는 웬만한 인격과 인내력이 아니면 안 되는 법입니다. 가르치다가 흥분하면 쌍소리 욕과 군밤부터 나가기 때문이죠. 어떤 사람은 마누라 운전 가르치다가 감정 싸움으로 이혼까지 갔다더군요. 그런 인간의 원초적 나약함을 아는 저는 아이 방에 들어가서 사회책을 가져오라고 했습니다. 우선 사회 과목이 재미있냐고 물었죠. 어렵다고 하더군요. 무엇이 어렵냐고 하니까 모르는 용어들이 많아 어렵다고 하더군요. 예를 들어 뭐가 어렵냐고 하니까 사회책을 뒤지더니 지역조사를 위한 실내조사와 현지조사라는 말이 어렵다고 하더군요. 아이 입장에서 실내조사와 현지조사라는 새로운 말이 어려웠고, 또 그런 어려운 말들을 무조건 외우는 게 어려웠나 봅니다. 그 말이 뭐가 어렵겠냐 할 수도 있지만 실내와 현지라는 한자를 모르면 그런 단어가 어려운 건 당연해집니다. 그래서 한자 문화권인 우리나라에서 한자공부는 필수입니다. 한자 공부를 하면 문리(文理)가 터져 모든 공부에 자신과 함께 재미가 붙게 됩니다.

## 제대로 하는 공부

저는 아이에게 실내조사가 뭐고 현지조사가 무엇인지 교과서 내용을 하나하나 설명하지 않았습니다. 아빠가 열심히 설명하는데도 못 알아들으면 답답해서 아이에게 군밤부터 나가니까요. 가령 올림픽 공원에 대한 지역을 조사하려면 무엇을 어떻게 해야 하지라고 물었습니다. 뭐라고 대답을 하더군요. 전 그 대답들을 정리하여 이렇게 이야기했습니다. "네가 말한 거처럼 우선 올림픽 공원에 대해 이미 나와 있는 책이라든지 인터넷에서 자료를 보는 것이 중요하겠지. 그런 일들은 '방'〔室〕, '안'〔內〕, 즉 실내에서 이루어지므로 실내조사라고 해. 다음에 더 정확한 조사를 하려면 올림픽 공원에 직접 가서 거기서 일하는 아저씨들에게 물어보기도 하며 사진도 찍겠지. 그런 일들은 '지금 눈앞에 나타난'〔現〕, '땅'〔地〕, 즉 현지에서 이루어지므로 현지조사라고 해. 지역조사의 종류에 실내조사와 현지조사가 있다는 용어나 지식을 무작정 외우려고 하지 말아. 대신에 어떤 지역조사를 하려면 실내조사와 현지조사를 해야겠구나라는 생각을 가져!"

그런 생각을 가지는 게 제대로 된 공부이지요. 저의 지도로 아이는 사회 과목에 대해 가졌던 어려움이 없어지며 교과서 내용을 무조건 열심히 외우려 하지 않았으면 합니다. 그렇게 제대로 공부하였으면 합니다. 공부를 제대로 하게끔 아빠로서 계속 지도하고 싶지만 세상만사가 사람 욕심대로 되지를 않는군요. 다만 어서 빨리 학원, 과외중독에서 벗어날 수 있도록, 또 학원이나 과외

공부로 반짝 점수를 좀 더 잘 받는 게 아니라 지속적인 공부를 잘할 수 있도록 제대로 된 공부를 잘했으면 합니다. 다만 독서와 한자공부 만큼은 제발 열심히 했으면 합니다. 그러면 아빠가 이렇게 핏대 높이며 열 올려 말할 필요도 없겠지요.

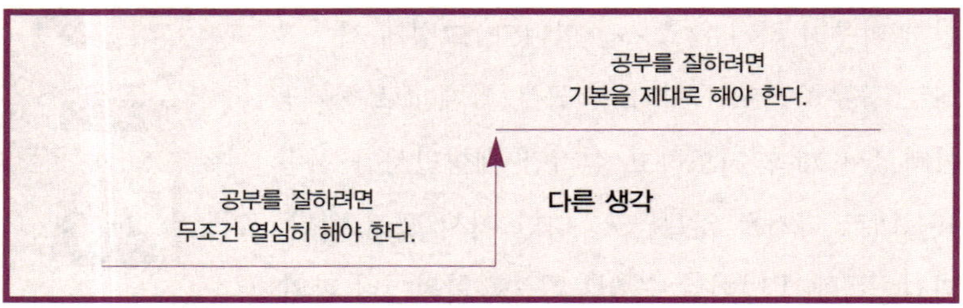

09

# 지식을 전달한다고?

## 정보와 지식의 중요성

토플러(Alvin Tofler)가 『제3의 물결』이란 책에서 농업화 → 산업화 → 정보화로 거대한 역사의 물결이 일었다고 하며, 『권력 이동』이란 책에서 권력이 무력 → 돈 → 지식을 가진 사람으로 이동했다고 했지요. 지금 한창 정보화 사회에서 지식의 힘이 맹위를 떨치고 있습니다. 지식은 절대적으로 추구해야 할 대상이 되었습니다. 지식이란 사전적 의미로 '알고 있는 내용' 입니다. 예전에 베이컨(Francis Bacon)이란 사람이 "아는 것이 힘이다"라고 했는데, 아는 것이 바로 지식이며 결국 지식이 힘입니다. 그렇게 볼 때 몇백 년 전에 베이컨이 한 말과 몇십 년 전에 토플러가 한 말은 일맥상통함이 있습니다. 그만큼 지식은 예나 지금이나 중요하다고 생각되어집니다. 그랬을 때 교육의 목적은 당연히 가르치는 사람의 지식을 배우는 사람에게 전달하는 것이라고 볼 수 있습니다. 정말 그럴까요?

## 지식 전달 교육의 문제

저는 그렇게 생각하지 않습니다. 예전에 산업혁명이 일어날 즈음 베이컨이 살던 17세기 근대에는 근대과학이 맹위를 떨치던 때로 아는 것은 정말 힘이었습니다. 그 당시 어느 수준 이상의 지식을 알고 있는 사람은 별로 많지 않았기 때문이죠. 하지만 정보화시대에 있어서 지식은 누구나 쉽게 얻을 수 있습니다. 홍수가 나면 식수가 없다고 오히려 지식이 너무 많아서 문제가 될 만큼 지식은 넘칩니다. 알고 싶은 모든 지식은 굳이 교육이 아니더라도 책을 통하든 인터넷을 통하든 금방 알 수 있는 것이 요즘 세상입니다. 물론 어떤 특별한 숨겨진 비법이나 고난도 기술에 대한 지식은 금방 알 수 없지요. 하지만 그런 건 일반적 교육의 대상이라기보다는 전수의 대상입니다. 그런 비법이나 기술은 교육이 아니라 꼭 알려야 할 몇몇 사람에게만 전수될 성질이라 학교에서 이루어지는 일반적인 교육과는 차원이 다릅니다. 일반적인 교육에서는 누구나 알 수 있고 알아야 하며 알아도 되는 일반 주제를 다룹니다. 이 때 교육의 목적을 과거와는 달리 접근이 훨씬 용이해진 지식의 전달이라고 하면 그 교육은 맥빠진 교육이 되고 맙니다. 가령 경제학개론이라는 과목이 있을 때 경제학에 대한 개론적 지식을 전달하려는 교육은 무슨 의미가 있을까요? 좀 폼나게 영어 원서로 된 책이라 한들 그것이 도대체 무슨 의미가 있나요? 서점에 경제학 개론이나 원론에 대한 책이 얼마나 많고 또 인터넷에서 지식검색을 하면 참으로 많은 경제학 지식이 널려 있는데 말이죠. 교육의 목적이 지식의 전달이라고 한다면 널려 있는 지식을 구태여 교실에서까지 리바이벌하는 우스운 꼴입니다. 이러한 이유로 학생들에게 무슨 경제학개론 책을 한 권씩들 사게 하여 그 책에 있는 차례대로 착실히 진도 나가는 수업은 가장 한심한 교육이라고 할 수 있습니다. 읽으면 뻔히 아는 내용을 구태여 다룰 필요가 없지요?

## 발전된 사고로의 전환

저는 교육의 목적은 책에 뻔하게 나와 있는 평면적 지식이 아니라 책에 없는 생각을 바탕으로 해야 한다고 봅니다. 그러려면 가르치는 사람은 배우는 사람보다 지식이 많은 게 아니라 훨씬 나은 다른 앞선 생각을 가지고 있어야 하겠지요. 배우는 사람이 발전된 생각을 가질 수 있도록 압축된 에너지가 있어야 하겠지요. 결국 현대는 아는 것이 힘이 아니고, 또는 지식을 가진 사람이 힘을 가지는 것이 아니라 남보다 앞선 생각, 남과 다른 생각을 가진 사람이 힘을 가집니다. 이러한 생각으로 저는 가르치는 사람으로서 '三無'인 3T를 실천합니다. ▶첫째, 하나의 일정한 교재를 쓰지 않습니다(No Text). 다만 머릿속 생각을 바탕으로 그때그때의 교안을 만듭니다. ▶둘째, 실무에 곧바로 써먹을 수 있는 기술적 수법을 교육하지 않습니다(No Tech). Tech란 기술적인 수법인 Technique의 줄임말입니다. 반면에 근본적으로 실무를 더 잘할 수 있도록 사고교육을 하려고 힘씁니다. 물론 여기서 사고교육이란 피상적 이론교육이나 지식교육과 다릅니다. ▶셋째, 지식을 평가하는 암기력 테스트를 하지 않습니다(No Test). 대

**No Text**
**No Tech**
**No Test**

신에 사고력을 평가합니다. 이렇게 하면 시험시간에 옆사람 것을 보고 써도 된다고 해도 안합니다. 컨닝이 무의미하니까요. 제가 좀 별난가요? 생각이 다르겠지요.

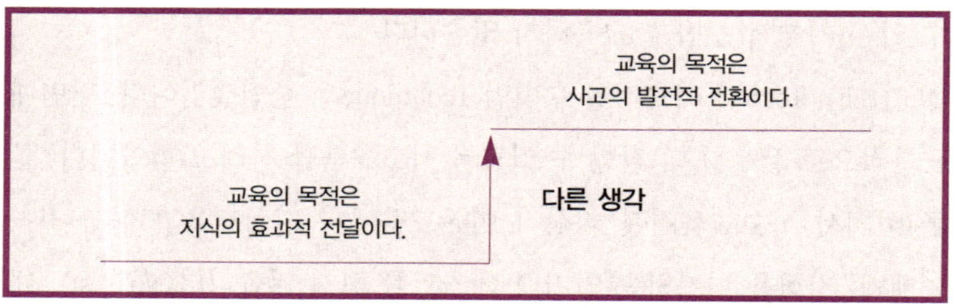

10

# 한자 지식을 안다고?

## 한자공부 경험

저는 대학생 때에 한자 학원을 잠시 다녔었습니다. 그런데 그 학원에서 다행히 제대로 배웠습니다. 한자를 무조건 외우기보다 한자의 기본 원리를 공부했으니까요. 일반적으로 한자는 뜻글자라고 해서 엄마의 젖을 형상화한 어미 母, 밭의 모양을 형상화한 밭 田, 여자가 자식과 같이 있으니까 좋을 好, 밭에서 힘쓰는 사람이므로 사내 男이라는 뜻이 된다고 알고 있지요. 하지만 이처럼 어떤 모양을 형상화한 한자, 또는 두 개의 글자가 모여 하나의 뜻을 이루는 한자만 있다면 한자의 수는 기껏해야 기본적인 몇백 · 몇천 자에 그치고 말았을 겁니다. 하지만 한자는 몇만 · 몇십만 자나 되지요. 이는 뜻을 나타내는 부수와 음과 관계되는 글자의 무궁무진한 조합에서 가능합니다. 쉬운 예를 들어 場腸湯陽瘍揚楊이라는 한자가 있을 때, 음은 비슷하지만 부수에 따라 뜻이 완전히 달라지지요. 흙 土가 붙으면 마당 場, 고기 肉(月)이 붙으면 창자 腸, 물 水가 붙으면 끓일 湯, 언덕 阜가 붙으면 햇볕 陽, 병을 뜻하는 부수가 붙으면 헐 瘍, 손 手가 붙으면 날릴 揚, 나무 木이 붙으면 수양버들 楊이 되지요. 이러한 한자 조합의 기본 원리를 알고 나니까 한자에 대해 눈이 좀 떠지더군요. 그래서 한자에 재미가 생겨 일기를 쓸 때, 한자로 된 글자는 무조건 전부 한자로 썼습니다. 그렇게 1년을 하니까 한자보다는 국어에 대한 확실한 자신감이 생기더군요.

## 한자와 사고력

극단적인 한글 애용론자들 사이에서 한자 무용론까지 제기되며, 한글 전용의 교육정책이 실시된 적도 있었습니다. 만일 모든 사람들이 한자에 대해 까막눈이 된다면 참 요상한 일들이 벌어질 것입니다. 가령 안중근 의사가 치과 의사인지 정신과 의사인지 무슨 과 의사였냐는 질문도 나오겠지요. 물론 바다, 사랑, 엄마, 바람, 아이처럼 아름다운 순 우리말이 있습니다. 하지만 우리가 사용하는 단어의 대부분은 한자로 이루어져 있습니다. 신문 사설도 아니고 학술 논문도 아니라 그리 어려운 글이 아닌 지금 이 평이한 글도 한자로 된 것을 모두 한자로 쓰면 온통 한자 투성이가 될 것입니다. 상황이 그럴진대 한자가 어렵다고 한자를 없앤다면 우리의 국어 사용은 오히려 훨씬 더 어려워질 것이 틀림없습니다. 왜 이 단어가 그런 뜻인지 모르고 그냥 한글로 써야 하니까 얼마나 혼란스럽고 복잡해지겠습니까? 한자는 단어의 뜻을 명료하게 합니다. 가령 위궤양에서 양자는 아까 예로 든 헐 瘍자를 씁니다. 그래서 위가 허는 병이니까 위궤양이라고 이해하게 되고. 사기를 앙양(昂揚)한다고 할 때는 아까 예로 든 날릴 揚자를 씁니다. 그래서 앙양이라는 것이 손을 자랑스럽게 높이 올리듯 높게 날리는 것이라고 이해하게 되는 것이지요. 이러한 이해를 하며 듣고 읽고 말하고 쓰니 그만큼 국어 실력이 늘며, 이러한 국어 실력은 자연스럽게 사고력과 연결되는 법이지요. 그래서 공부를 기본적으로 더 잘하게 되는 결과가 저절로 생기겠지요.

## 문리터짐 한자

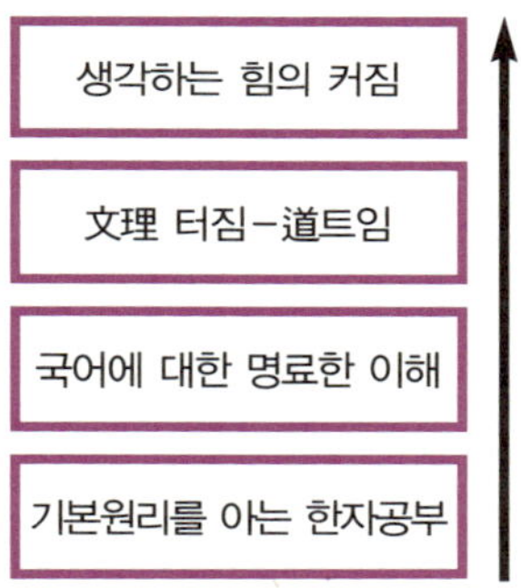


요즈음 한자 공부가 성황입니다. 초등학생들도 한자 급수를 따려고 힘쓰니까요. 얼마 전 저희 학교에서 한자 급수 시험이 열렸는데, 우연히 시험치러온 아이들의 엄마들과 잠깐 이야기를 나눈 적이 있습니다. 엄마들이 하는 말은 아이들은 한자의 기본원리도 모르고 시험을 치기 위해?급수를 따기 위해 그냥 마냥 외운다고 하더군요. 전 그때 한자 지식을 단순히 주입식으로 머리에 열심히 우겨넣은 것이 아닌가 생각했습니다. 물론 한자 공부를 아예 안하는 것보다는 낫겠지만 제대로 된 한자공부는 아니라고 생각했습니다. 우리가 한자를 공부하는 이유는 한자로 된 어려운 고문을 읽기 위해서도 아니고, 단지 한자 급수를 따기 위해서도 아닙니다. 한자를 공부하면 하나하나 단어의 뜻이 확실해지고, 그에 따라 전반적인 말과 글의 이해가 명료해집니다. 한마디로 문리(文理)가 트입니다. 그렇게 해서 국어에 대해 도(道)가 트입니다. 그러면서 사고력이 자연스럽게 커집니다. 한자를 모르고 하는 공부는 속빈 강정 공부이거나 모래성 공부입니다. 영어보다 수학보다 중요한 한자는 사고력을 키우는 필수 공부입니다.

한자를 공부하면
문리가 트여 사고력이 커진다.

**다른 생각**

한자를 공부하면
어려운 한자를 많이 알게 된다.

## 공부에 대한 사고의 전환

- 사람은 애시당초 좋은 친구를 사귀어야 한다.
  **사람은 스스로 좋은 친구가 되어야 한다.**
- 음악 시간은 노래를 합창하는 시간이다.
  **음악 시간은 음악을 이해하는 시간이다.**
- 미술 시간에는 그림을 잘 그리도록 해야 한다.
  **미술 시간에는 미감을 잘 다지도록 해야 한다.**
- 체육 시간은 몸 운동을 하는 시간이다.
  **체육 시간은 몸 공부를 하는 시간이다.**
- 수학을 잘하려면 좌뇌로 계산을 잘해야 한다.
  **수학을 잘하려면 우뇌로 머리를 굴려야 한다.**
- 외국어를 잘하려면 문장을 많이 외워야 한다.
  **외국어를 잘하려면 체험을 많이 하여야 한다.**
- 국어를 잘하려면 교과서를 열심히 읽어야 한다.
  **국어를 잘하려면 독서를 지속적으로 해야 한다.**
- 공부를 잘하려면 무조건 열심히 해야 한다.
  **공부를 잘하려면 기본을 제대로 해야 한다.**
- 교육의 목적은 지식의 효과적 전달이다.
  **교육의 목적은 사고의 발전적 전환이다.**
- 한자를 공부하면 어려운 한자를 많이 알게 된다.
  **한자를 공부하면 문리가 트여 사고력이 커진다.**

2

# 사랑

# Love

남자와 여자의 관계는 오묘한 법입니다.
두 남녀가 사실상 어떤 사랑을 하는지는 딱 그들 둘밖에 모른다는 말도
이런 데서 연유합니다.
인간의 가장 본능적인 주제인 사랑에 대해 뭔가 다른 생각을 가지면
더욱 멋진 사랑을 할 수 있지 않을까요?

## 사랑에 대해 이렇게 생각하세요?

1. 사랑의 반대말은 미움이거나 싫음이다.
2. 여자나 남자나 모두 같은 사람이다.
3. '사랑해'라는 말은 가장 순수한 사랑 표현이다.
4. 이성 간 사랑이란 감정은 서로 간에 편해야 한다.
5. 사랑이라는 감정은 가슴에서 일어나는 정신작용이다.
6. 깊은 사랑은 금방 빠져들면서 만들어진다.
7. 남녀가 사랑하다 헤어짐은 성격 차이 때문이다.
8. 남자는 크고 여자는 마르면 성적 매력이 있다.
9. 사랑하려면 분명하게 모든 걸 다 바쳐야 한다.
10. 사랑을 듬뿍 받으려면 마음이 착해야 한다.

11

# 이제 밉고 싫어졌다고?

## 아빠가 밉다는 말

저는 첫아이를 키울 때 그야말로 쪽쪽 빨면서 키웠습니다. 지금은 다 큰 처녀가 되었지만 그때를 생각하고 아이를 보면 아직도 아기 적의 얼굴이 선하게 떠오릅니다. 남자는 그래서 딸을 키워봐야 여자를 좀 안다고 할 수 있지요. 제 딸이 아기 때 잘 하던 말이 있습니다. 말을 처음 배우기 시작할 때 아빠와 같이 얘기하며 놀다가 이랬습니다. "아빠 미~워~" '워' 가 '미' 보다 세 음정 높게 발음되지요. 이 말은 아빠가 좀 자기 마음에 안 들어 서운할 때 아빠의 관심을 끌려고 어리광을 잔뜩 피우며 하는 말이었습니다. 아빠에게 조금 더 사랑받기 위한 아이의 귀여운 표현이었습니다. 전 그런 말을 하는 딸이 너무너무 귀여워 쪽쪽 뽀뽀를 하였지요. 그럼 아이는 이 아빠에게 뽀뽀를 하면서 안겼습니다. 사실 아빠가 밉다는 아이의 말 뜻은 아빠가 싫다는 속 뜻이 전혀 아니었지요.

## 남자가 밉다는 말

제 20대 아빠 때의 추억은 미움에 사랑이 깃들여 있는 것임을 알게 합니다. 하지만 우리는 사랑의 반대말이 무엇이냐는 질문에 대해 별 생각 없이 '미움'이라고 습관적으로 말하게 되지요. '사랑과 미움'이라는 관용적 표현이 있으니까요. 우리의 머릿속에서 미움에 대한 본질을 생각하지 않고 단지 사랑과 미움이라는 이분법적 흑백논리로 미움을 바라보기 쉽습니다. 세상은 선과 악처럼 흑과 백이 아니라 무한대의 다양한 회색들로 이루어져 있지요. 사랑과 미움이라는 흑백논리는 본질을 떠난 피상적 생각입니다. 사랑의 반대말은 절대 미움이 될 수 없습니다. 미움은 사랑의 또 다른 표현법인 셈이지요. 제 아이가 어릴 때 했던 말처럼…… 다 큰 여자도 사랑하는 남자에게 밉다고 말하는 것은 제 아이가 이 아빠에게 했던 경우와 마찬가지입니다. 사랑하는 남자가 조금 자기 마음에 안 들어 서운할 때 남자의 관심을 끌려고 어리광을 잔뜩 부리며 하는 말입니다. 남자에게 조금 더 사랑을 받기 위한 여자의 아양섞인 표현입니다. 남자는 그런 말을 하는 여자가 너무 사랑스러워 쪽쪽 뽀뽀를 할 수도 있지요. 그럼 여자는 남자에게 뽀뽀를 하면서 안길 수 있는 것이 남녀 관계에 있어서의 '안 봐도 비디오' 같은 정통 수순입니다. 사실 자기 남자가 밉다는 여자의 말 뜻은 이 남자가 싫다는 속 뜻이 전혀 아니었지요.

## 관심이 없다는 말

여자가 남자에게 '미워' 라는 말보다 부정적으로 더 센 표현을 구사한다면 '나빠' 입니다. 감정이 더 나빠질 때 쓰는 표현이지요. 하지만 정도가 더 셀 뿐 이 나쁘다는 말도 사실은 사랑을 전제로 깔고 있는 회색적 모호한 표현입니다. 남자가 어떤 행동을 하는 것이 나쁘니까 그렇게 하지 말라는 여자의 감정섞인 애원이기도 합니다. 하지만 차원을 달리하여 사랑이 식었다면 여자는 전혀 다른 언어를 사용합니다. 그것은 바로 '싫어' 입니다. 사랑이 깃든 '자기, 미워' 또는 '자기, 나빠' 라는 말과 달리 사랑이 식었다면 여자는 '너, 싫어' 라고 합니다. '미워도 다시 한번' 이라고 미운 사람은 헤어져도 사랑하기에 다시 보고 싶습니다. 하지만 '싫어도 다시 한번' 이라면 사랑이 아니라 어떤 이해관계 때문에 다시 만나야 하는 경우일 수 있지요. 그래서 사랑의 반대말은 미움이 아니라 싫음과 더욱 가깝습니다. 이 싫음보다

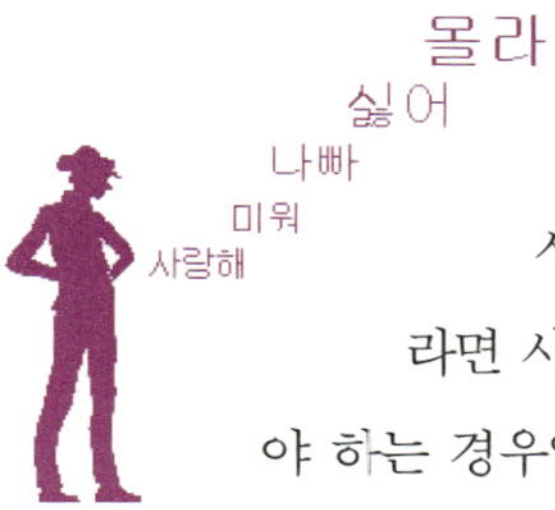


더 정도가 센 표현은 '몰라' 입니다. 물론 '싫어' 나 '몰라' 라는 말도 '미워' 나 '나빠' 와 같이 어떤 관계적 · 상황적 · 복합적 맥락 안에서 쓰이느냐에 따라 그 뉘앙스가 달라질 수 있지요. '미워 → 나빠 → 싫어 → 몰라' 와 차원이 전혀 다른 것은 '없어' 입니다. 관심이 없다는, 즉 무관심이지요. 아무리 사랑했던 사이라도 관심이 없어지면 다시 돌이키기 힘듭니다. 그래서 미운 사람, 나쁜 사람, 싫은 사

람, 모르는 사람, 잊혀진 사람보다 관심의 대상이 전혀 안 되는 사람이 가장 서글픕니다.

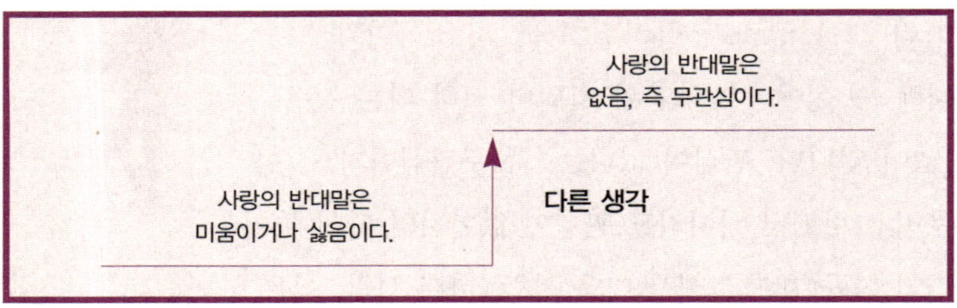

12

# 다 같은 사람이라고?

## 절대 명제였던 선배 말

제가 신입사원일 적에 어떤 키 큰 선배가 이런 말을 하였습니다. 남녀 간의 관계에 있어서 도사라도 된 양 어린 후배에게 단도직입적으로 말하였습니다. 여자나 남자나 다 똑같은 사람이기에 여자를 꼬실 때 어떻게 해야 하는지 경험담을 곁들이면서 아주 자신있게 주장하였죠. 저는 선배가 하는 말이니 그러려니 했습니다. 꼭 선배의 말이 아니더라도 사실 남녀 평등시대에 여자나 남자나 다 똑같은 사람이라는 말은 절대적인 명제처럼 생각되었습니다.

## 주워서 알게 된 차이

하지만 제 머리가 여물어 가며 여자를 더욱 더 알게 되면서 여자라는 존재는 남자와 전혀 다르다는 것을 실감하게 되었습니다. 또 남자와 여자는 전혀 다른 존재라고 설명한 여러 가지 책들도 읽었습니다. 제가 인터넷 등 여기저기서 주워듣거나 스스로 체감하며 생각하게 된 남녀 차이는 참 무척 많이 있더군요. 그 차이는 꼭 맞는다기보다 재미있게 생각해 볼 여지가 충분히 있습니다.

## 음과 양의 엄연한 차이

남녀 차이에 대한 설명을 보면 어떤 건 좀 흑백논리적이기도 하고 엉뚱하기도 하지만 대부분 그럴 듯합니다. 절대적이 아니라 상대적인 관점에서 말이지요. 어떤 것은 무릎을 칠 만큼 딱 들어맞는 것도 있습니다. 참으로 여자와 남자는 아주 커다란 차이가 있습니다. 주역에서 말하는 음양의 원리가 남녀 간의 관계에 너무도 딱 들어 맞습니다. 운세나 점 보는 가벼운 도구가 아니라 삼라만상의 움직임에 대한 심오한 이론체계인 역(易)에서 보더라도 음과 양인 남녀가 만나 구구절절한 오행의 사연들을 만들어 갑니다. 이때 남자와 여자는 전혀 극성이 다른 음과 양의 존재입니다. 그러니 위에서 본 것마냥 남자 여자의 차이가 많겠지요. 그래서 남자와 여자는 차별하면 안 되지만 차이는 인정해야 하는 법입니다. 그리보면 여자와 남자는 다 똑같은 사람이라는 절대명제에 아주 커다란 절대 오류가 있음을 알 수 있습니다. 대개 남녀 간의 문제는 이러한 남녀 차이를 근본적으로 이해하지 못하는 데서 생기는 법입니다. 여자들의 생각과

남자들의 생각은 아주 근본적으로 다른데, 아니 완전히 정반대일 수 있는데도 다 똑같은 사람이라 똑같을 것이라고 보기에 서로 간의 커뮤니케이션 상에 있어서 많은 문제점이 노출되게 되는 것이지요. 아마 이혼이라는 것의 핵심 이유도 여기에 있을 겁니다. 이렇게 볼 때 저에게 남녀 간의 관계에 있어서 도사라도 된 양 말했던 선배는 완전히 틀렸습니다. 남자의 관점에서 여자나 남자나 다 똑같은 사람이라는 생각으로 여자를 다루려는 건 무지한 행위입니다. 여자는 남자와 어떻게 다른지, 남자는 여자와 어떻게 다른지부터 살피는 생각이 이성을 사랑하는 기본이겠지요.

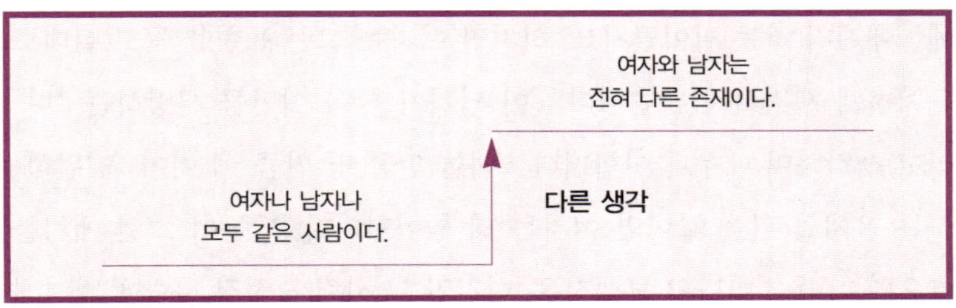

13

# 정말로 사랑한다고?

## 남녀의 유치한 사랑 표현

남자와 여자는 사랑하게 되면 정신적으로 어려집니다. 어려지기보다 유치해지기도 합니다. 그렇게 사랑에 빠진 남녀의 사적인 얘기를 엿들으면 사람들은 닭살 돋는다고 하지요. 점잖은 사람이라고 하더라도 대개 사랑하게 되면 예전에 안쓰던 말도 쓰게 되는 법입니다. 가령 여자가 남자에게 '자기 나 얼마만큼 사랑해?' 라고 물을 때 여자 마음에 다가가는 가장 좋은 대답은 철학적 대답이 아니라 어린 애들이나 쓸 법한 유치한 대답입니다. 가령 '하늘만큼 땅만큼' 이라는 말이 그렇지요. 이 하늘만큼 땅만큼이라는 표현은 어른들이 쓰기에는 좀 유치하며 애들에게나 하는 말이었지요. 하지만 여자는 그런 표현을 듣고 절대로 유치하게 생각하지 않습니다. "이 남자가 나를 이만큼 사랑하는구나" 라고 생각하며 매우 좋아합니다. '하늘 만큼 땅 만큼' 에 이어 '영원히' 라는 유치한 말을 붙이면 여자는 더 좋아합니다. 남들이 그런 얘기를 들으면 참 유치하다고 보겠지요. 하지만 그 사람도 정작 사랑에 빠지게 되면 그렇게 유치찬란해집니다. 이 남자가, 아니면 이 여자가 이제 좀 유치해졌으면 좋으련만 계속 점잔을 떤다거나 계속 새침을 떤다면 싫증이 나겠지요.

## 누구나 할 수 있는 표현

우리나라이건 미국이건 아프리카 어느 나라이건 대중 음악의 가장 일반적 주제는 남녀 간의 사랑 타령입니다. 우리 가요에서도 보면 '사랑' 이라는 말이 얼마나 많이 등장하는지요? 노래 제목에도 '사랑' '사랑해' '사랑이여' '사랑이려오'…… 참 많습니다. 제 십팔 번인 조장혁의 'Love' 도 전형적인 사랑노래이지요. 옛날 노래이건 요즘 노래이건 가장 포괄적 주제는 남녀 간의 사랑입니다. 그래서 남녀 간에 있어서 '사랑해' 라는 말은 아주 이상적으로 들립니다. 하지만 그만큼 누구나 쓸 수 있는 말이 바로 이 '사랑해' 입니다. 하룻밤 만남에서도 '사랑해' 라는 표현을 쓸 수 있으며, 10대 풋내기들도 '사랑해' 라는 말을 쓸 수 있으며, 어제 만난 여자에게 오늘 만나 술 취해서 한마디 건넬 수 있는 말도 바로 이 '사랑해' 입니다. 고대 그리스 사람들의 언어인 헬라어로 하면 원래 이 사랑이라는 말에는 남녀 간의 사랑인 에로스 말고도 친구 간의 사랑인 필레오, 부모님이나 하나님의 사랑은 아가페처럼 넓은 뜻이 있

지요. 에로스적인 사랑은 이 중에서 손에 잡히는 가장 육감적인 사랑이지요. 남녀 간의 관계에 있어서 이 사랑(eros)이라는 말은 누구나 쉽게 할 수 있는 표현일 수 있습니다. 개나 소나, 하물며 닭이나 돼지까지 다 쓸 수 있는 표현이지요. 물론 우리 할머니 · 할아버지 어릴 적에 사랑이라는 말이 도무지 입에서 나오지 않았다는 전설적인 경우는 제외하고 말이지요.

## 아무나 할 수 없는 표현

하지만 진짜 사랑을 하게 될 때 아무나 할 수 없는 표현이 있지요. 이 표현은 둘 사이의 사랑이 진정으로 무르익었을 때 할 수 있습니다. 이 말은 '난 너를 정말 사랑해. 하늘만큼 땅만큼 영원히' 라는 말처럼 과장되지 않습니다. 아주 담백하지만 이 한마디에 과장된 사랑의 표현보다 더 큰 사랑이 담겨 있습니다. 바로 '믿어요' 입니다. 무엇을 믿는가요? 그대가 나를 사랑한다는 사실을 온전히 믿는다는 뜻이죠. 남녀가 할 수 있는 가장 최상의 사랑 표현은 하늘만큼 땅만큼 영원히 '사랑해' 가 아니라 바로 이 '믿어요' 입니다. 하지만 '믿어요' 라는 사랑 표현은 아무에게나 마구 할 수 없습니다. '사랑해' 라는 말은 나의 일방적 표현이지만 '믿어요' 라는 말은 상대방 중심의 상대적 표현입니다. 아무리 사랑

해도 믿지 못하면 의처증·의부증으로 극단의 폭력까지 가고 맙니다. 정말로 가슴에서 머리에서 그대를 사랑할 때 바로 이 '믿어요' 라는 말을 쓸 수 있는 법이지요. 아무리 사랑을 많이 한 사람이라도 '믿어요' 라는 말을 얼마나 할 수 있었는지, 아니면 얼마나 들을 수 있었는지? 그만큼 상대방을 진정 사랑하거나 사랑을 심어주지 못했다면 이 '믿어요' 라는 말을 듣는 것은 요원합니다. 물론 이런 '믿어요' 라는 말이 필요 없는 경우는 사랑고수들이 나눌 수 있는 가장 최고의 사랑 경지이겠지요.

'믿어요' 라는 말은
가장 최고의 사랑 표현이다.

**다른 생각**

'사랑해' 라는 말은
가장 순수한 사랑 표현이다.

14

# 편하게 사랑한다고?

## 하나의 대안 선택

사랑하고 싶은 여자가 생길 때 남자가 다음 데이트 때에 무엇을 해야 여자의 마음을 가장 빨리 사로잡을 수 있을까요? 다음 다섯가지 대안 중 하나 만 선택해야 했을 때의 경우입니다. ① 유원지에 가서 무서운 놀이기구를 탄다 ② 차를 몰고 교외로 드라이브를 간다 ③ 근사한 레스토랑에 가서 사랑을 고백한다 ④ 애절한 러브 스토리의 영화를 본다 ⑤ 백화점 가서 그녀가 좋아하는 비싼 옷을 사준다. 정답은 5번일까요? 아니면 3번일까요? 이 방법들은 가장 돈이 많이 들지만 가장 비효과적 방법입니다. 여자를 돈으로 꼬시려고 하는 것은 돈만 많고 생각 없는 남자들이나 하는 아주 무식한 행동이지요. 4번도 그럴 듯 하지만 영화를 보는 경험은 너무 일상적이라 좋은 방법이라고 볼 수 없습니다. 2번은 괜찮은 방법입니다. 여자는 집에서 멀리 떨어진 곳에 있으면 마음이 불안해져 그만큼 남자에게 의지할 수 있으니까요. 가장 효과적인 것은 가장 무식한 방법처럼 여겨지는 1번입니다. 왜냐구요? 이와 관련된 재미있는 심리학 실험 결과를 말씀드리겠습니다.

## 위험한 다리 실험

어떤 심리학자가 다음과 같은 실험을 하였습니다. 심리학에서 실험이란 대개 두 그룹 사이의 차이를 보는 것입니다. 하나의 그룹에 속한 남자들에게는 조금만 방심하면 곧바로 떨어져 직사할 것같은 아주 위험한 지상 75미터 위의 다리를 아슬아슬하게 건너게 하였습니다. 다른 하나의 그룹에 속한 남자에게는 건너기에 위험이 없는 지상 3미터 위의 다리를 편한 마음으로 건너게 하였습니다. 이때 아주 예쁜 여성이 반기며 두 그룹에 속한 사람들에게 똑같은 질문을 하였습니다. 아름다운 경치가 창작활동에 어떤 영향을 미치는지 얘기해 달라고 하였죠. 이야기를 마친 후 실험 결과의 상세한 내용을 알고 싶으면 전화하라며 번호를 적어 주었습니다. 어떤 그룹에 속한 사람들이 전화를 더 많이 하였을까요? 그 결과가 흥미롭습니다. 안전한 다리 그룹에 속한 남자들의 12.5퍼센트가 전화를 걸어왔습니다. 하지만 위험한 다리 그룹에 속한 남자들의 50퍼센트가 전화를 걸어왔습니다. 위험한 다리를 건넌 남자들이 인터뷰 당시에 여성에게 했던 이야기 중에는 성적 뉘앙스를 풍기는 것들이 많았습니다. 더 재미있는 사실은 예쁜 여성이 아니라 그냥 멋대가리 없는 남자가 질문하였을 때 두 그룹 사이에 차이가 별로 없다는 것이죠. 왜 이런 실험 결과가 나왔을까요? 그것은 매우 위험한 다리를 건너느라 두근거리고 흥분된 상황에서 예쁜 여성의 질문이 들어왔을 때 자기가 두근거리고 흥분하는 이유는 다리를 건너서가 아니라 나에게 질문하는 이 여자가 매우 매력적이라고 생각하기 때문입니다. 그래서 나중에 여자가 가르쳐준 번호로 전화를 하게 된다는 것이죠.

## 떨리고 설레는 관계

이 실험 결과가 의미하는 것은 우리 인간은 편안한 상태가 아니라 아주 흥분해 있거나 불안정한 상태에서 이성에게 매력을 느끼기 쉽다는 사실입니다. 그래서 처음에 이성을 끌기 위해서는 돈보다도 다른 생각이 필요합니다. 이 다른 생각의 핵심은 바로 생리적 흥분을 자극하라는 것이죠. 스페인 사람들은 이 사실을 아주 잘 이해했었나 봅니다. “사랑을 속삭이려면 투우장에서!” 피가 튀고 관중들의 들끓는 함성으로 생리적으로 흥분하기 쉬운 투우장이 사랑을 속삭이기에 가장 최적의 장소라는 것이죠. 〈타이타닉〉과 같은 영화 속 사랑 이야기를 보세요. 대개는 편한 상황이 아니라 급박하게 돌아가는 불안한 상황 속에서 사랑 이야기가 전개되지요. 현실 속 사랑도 마찬가지일 수 있습니다. 뭔가 흥분되는 예측할 수 없는 불안한 그런 상황에서 사랑은 더 커나갈 수 있는 법이지요. 상황도 그렇지만, 남녀 둘 사이의 관계에 있어서도 편함보다 중요한 것은 떨림입니다. 즉 편한

편안한 사랑

설레는 사랑

사랑보다 오래 가는 사랑은 설레는 사랑이지요. 설레이는 사이는 떼려야 뗄 수 없는 진한 사이입니다. 결국 사랑의 관건은 안정됨이나 편함보다 설레임이나 떨림을 얼마나 오래도록 지속할 수 있느냐에 달려 있지요. 그래서 설렘이나 떨림이 없는 편한 사랑은 질리기 쉬운 죽은 사랑입니다. 설레이고 떨리는 사랑은 질릴 일 없이 애틋하고 생생한 사랑입니다.

이성 간 사랑이란
감정은 서로 간에 설레야 한다.

**다른 생각**

이성 간 사랑이란
감정은 서로 간에 편해야 한다.

15

# 가슴 속에 사랑이라고?

## 뇌를 연구하는 인지과학

인지과학(cognition science)라는 학문이 있습니다. 인지과학이란 인간의 기억, 지식, 정보, 생각, 정서 등이 뇌에서 어떻게 처리되고 표현되는지를 연구하는 인지심리학이 인공지능이나 언어학 등과 연계되어 보다 과학적으로 연구하는 첨단 학문입니다. 한마디로 인지과학이란 뇌과학입니다. 앞으로 과학기술은 정보기술(IT), 생명기술(BT), 나노기술(NT) 등이 주류를 이룰 것이라고 하는데 우리 인간의 뇌가 어떤 작용을 하는지 연구하는 인지과학, 즉 뇌과학 역시 획기적인 발전을 이룰 것이라는 전망입니다. 소설 '개미'로 유명해진 베르나르가 쓴 '뇌'라는 소설을 보면 인간의 뇌가 얼마나 신비한지 묘사하고 있습니다. 신비의 영역이었던 뇌의 신비를 벗기어 인간 정신작용의 수수께끼를 파헤치려는 도전이 바로 인지과학입니다.

## 두뇌의 차이에 따른 성격

이 인지과학은 우리 인간의 정신작용을 그 어떤 추상적인 감정이라고 이해하지 않습니다. 뇌의 생물학적 작용에 의한 결과라고 보는 것이지요. 가장 비근한 예로 사람마다 가지는 성격의 차이도 유전자의 차이에 의해 뇌의 시상하부에서 분비되는 신경 단백질이 달라서 생기는 결과라고 봅니다. 어느 신문에 보니까 드 보노라는 신경과학 박사는 이런 실험을 했습니다.

우리 장 속에 기생해 살아가는 선충 중에 음식을 혼자 먹는 놈도 있고 여럿이 함께 먹는 녀석도 있답니다. 선충의 유전자에는 두 종류의 변이가 있는데 이에 따라 음식을 먹는 행위가 달라진다고 합니다. 즉 활달한 행동을 하는 녀석은 유전자 수용체 단백질의 215번째 위치에 페닐알라닌 아미노산이 붙어 있고, 고독한 행동을 하는 녀석은 대신 밸린이 붙어 있답니다. 유전적 조작을 가하여 이 아미노산을 서로 바꾸어 주면 갑자기 고독한 녀석은 활달해지고, 활달한 녀석은 고독해진답니다. 즉 단 한 개 아미노산의 차이가 성격을 결정한다는 것이죠. 인간도 마찬가지랍니다. 그래서 그 신문에 기고한 분은 이렇게 말하더군요. 앞으로 바람이 난 남편에게 유전자 치료를 요청하는 부인이 생길지도 모른다고 말이지요. 믿거나 말거나…… 전 이렇게 언론에서 나도는 유전자 결정론을 믿질 않지만 이런 얘기는 신뢰성이나 진실 여부를 떠나 재미있습니다. 마음이나 성격, 의식, 감정과 같은 사람의 정신작용이 가슴이 아니라 두뇌에 의해 좌우된다고 보니까요.

## 머리에서 이루어지는 사랑

남녀 사이에 이루어지는 사랑이라는 감정도 역시 가슴 속에서 피어나는 것이 아니랍니다. 그것은 뇌에서 옥시토신, 도파민, 페니레미라신 이라는 3가지 화학물질이 분비돼 형성되는 일종의 정신상태라고 합니다. 그런데 불행하게도 사랑이라는 감정을 만드는 이 화학물질은 계속 나오는 것이 아니라 6개월이면 없어지기 시작해서 3년이면 완전히 없어진다나 어쩐다나…… 처음에 격렬히 불타던 사랑이 식는 것도 바로 이런 이유에서랍니다. 사춘기 이전에 뇌하수체종양 때문에 수술을 받은 사람은 결코 사랑에 빠지지 않는답니다. 그러고 보면 사랑이라는 감정이 참 시시한 것처럼 느껴지기도 하지만 반대로 그런 사소한 화학물질을 통해 사랑이라는 감정을 만드신 창조주의 섭리가 참 대단하게 느껴집니다. 창조주의 섭리로 이루어진 인간의 마음은 가슴(heart)에 있지 않고 사실은 머리(brain)에 있습니다. 물론 머리 속에서 이루어지는 마음 작용의 결과는 가슴으로 표출되지요. 사랑하면 가슴이 두근두근 뛰고, 사랑하다 헤어지면 가슴이 아리고 저리도록 아프니까요. 수학문제가 안 풀리면 골이 아프지만, 사랑이 안 풀리면 가슴이 저립니다. 그래서 동서양 모두 불과 몇백년 전까지만 해도 사람들은 마음이 가슴에 있다고

사랑의 마음이 있다고 여겨지는 심장

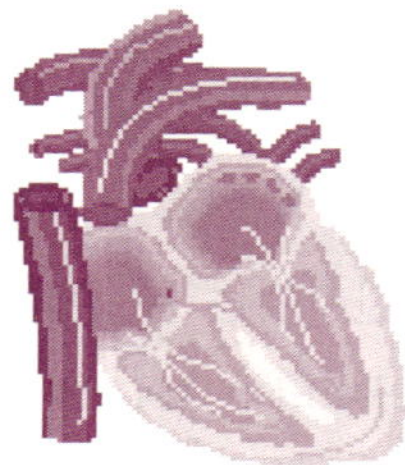

사랑의 마음이 실제로 이뤄지는 두뇌

생각했다지요. 그래서 사랑의 메시지는 심장 모양(♥)으로 표현되며, 마음의 장기라는 뜻의 심장(心臟)이라는 한자 표현 역시 마음은 가슴 속 심장에 있다고 보는 것이지요. 그래서 사람 마음이 어떻게 생겼는지 알아보려고 가슴을 열어 해부하였지만, 가슴 안에 있는 건 마음이 아니라 심장이었지요. 마음은 심장이 아니라 두뇌에 있다는 당연한 사실을 안 것은 최근의 일입니다.

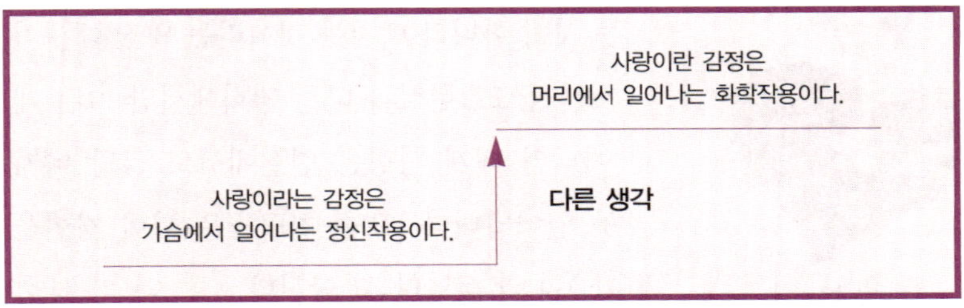

16

# 사랑에 푹 빠졌다고?

## 금방 일어나는 사랑

러브 스토리류의 영화를 보면 두 남녀 간에 사랑의 감정은 서서히 일어나는 것이 아니라 즉시 일어납니다. 〈로미오와 줄리엣〉이라는 영화에서도 그 둘은 보자마자 생명을 거는 사랑에 빠집니다. 〈타이타닉〉이란 영화에서도 그 둘은 금방 생명을 거는 사랑에 빠집니다. 우리 전통의 〈춘향전〉에서도 이 몽룡과 춘향은 보자마자 생명을 거는 사랑에 빠집니다. 결국 사랑은 즉각 빠지는 것입니다. 일전에 본 '도쿄 타워' 라는 일본 영화에서도 사랑은 하는 것이 아니라 빠지는 것이라는 멋진 대사가 있더군요. 현실과 다른 영화에서만 그런 게 아니라 대개 사랑은 현실에서도 금방 빠지듯 일어납니다. 요즘 친구들은 이런 경험을 '필(feel)이 팍 꽂혔다' 고 합니다. '필' 이 팍 꽂히

확 빠져드는 사랑

는 상황은 말 그대로 금방 일어납니다. 영어로 사랑에 빠진 상황은 '지금 막'이라는 'Just'란 표현을 써서 "I'm just falling in love!"가 되지요.

## 서서히 식어지는 사랑

하지만 이렇게 금방 빠진 사랑이란 감정은 바로 전의 글에서 보았다시피 머리에서 일어나는 화학작용이므로 이런 화학작용을 일으키는 화학물질이 6개월이면 없어지기 시작하여 3년이면 완전히 없어진다고 하였지요. 저도 그런 경험이 있습니다. 한 여자와 20살부터 연애를 하였는데 3년 지나니까 사랑이 식더군요. 3년 만에 정말로 '아주 오래된 연인'이 되고 만 것입니다. 그리 되다보니 예전처럼 아기자기한 일들이 적어졌습니다. 결국 저희는 서로에게 건네주었던 각자의 사진 앨범을 돌려 받으면서 성수동 뚝방에서 눈물을 감추며 정식으로 헤어지고 말았습니다. 헤어지고 나니까 정말 '시원섭섭'하더군요. 애인이 있으니까 그동안 대학 다니면서 미팅도 제대로 못했는데 이제는 다른 여자들을 만날 때 감시와 의혹을 받지 않고 맘대로 자유롭게 만날 수 있어서 시원했고, 미운 정 고운 정 다 든 사람이랑 헤어졌다는 인간적 연민 때문에 섭섭했습니다. 하지만 처음에 섭섭한 감정보다는 시원한 감정이 앞섰습니다. 그런데 이상하게도 자꾸 섭섭한 감정이 앞서기 시작했습니다. 과거의 애인이 그리워지기 시작했습니다. 제가 술 먹고 넘어져 뒷머리가 깨져 병원에 입원했는데 밤새도록 나를 간호해주던 그 옛날의 애인이 그리워졌습니다. 왜 그리 그 해맑은 얼굴이 보고 싶은지!

결국 저는 회사 회식을 하면서 맥주를 많이 마셔 술 김에 그만 성수동의 옛 애인 집으로 찾아가고 말았습니다. 헤어진지 3개월 만의 일이었죠. 저는 혀 꼬부라진 소리로 말했습니다. "혜원아! 보고 싶었어!" 이 여자도 제가 찾아온 것이 내심 기뻤나 봅니다. 다음 날 말짱한 기분으로 만나 삼청동 공원에 갔는데 이렇게 얘기하더군요. "기철씨? 우리 재회하자!" 그렇게 다시 만나 2년 더 만나 저희는 결혼하고 딸 · 아들 낳고 행복하게 잘 살고 있습니다.

## 서서히 물들어 가는 사랑

이처럼 사랑이란 감정은 단번에 빠지듯 금방 생기다가 서서히 식어서 3년이 지나면 완전히 없어지는데 왜 다시 사랑할 수 있게 된 것일까요? 저는 여기에 진정한 사랑의 핵심 본질이 있다고 봅니다. 사랑의 감정을 단지 화학작용으로 볼 수 없는, 신비작용의 그 무엇이 있다고 봅니다. 그 신비작용은 어떻게 이루어지는 것일까요? 그것은 바로 전의 글에서 말한 대로 뇌에서 옥시토신, 도파민, 페니레미라신이라는 3가지 화학물질이 분비되어 화학작용이 일어나 금방 빠지는 것만이 아니라고 봅니다. 사랑이라는 신비작용은 서로에게 서서히 스며들 듯 물들어 감으로 만들어지는 것이라고 봅니다. 오래된 부부는 사랑이 아니라 정으로 산다는 말이 있는데 사실 그 정이란 것이 알고 보면 스며들 듯 물들어 감으

점점 물드는 사랑

로서 이루어지는 진정한 사랑이 아닐까요? 제가 만일 영화를 만든다면 사랑은 빠지는 것이 아니라 스며들 듯 물들어 가는 것이라는 멋진 대사를 영화 속에 넣고 싶습니다. "사랑은 빠지는 것이 아니야! 물드는 것이야!" 말이 멋있기도 하면서 뜻이 참 그럴 듯 하지 않습니까?

깊은 사랑은 점점
물들면서 이루어져 간다.

**다른 생각**

깊은 사랑은 금방
빠져들면서 만들어진다.

17
# 값비싼 선물이라고?

## 요란한 사탕 바구니 선물

2월 14일 발렌타인 데이와 3월 14일의 화이트 데이에는 초콜릿, 사탕이 많이 팔립니다. 원래 발렌타인 데이는 3세기경 로마에서 순교한 발렌타인인 사제를 기리는 날이었다지요. 그 당시 군대 병력의 유지를 위해 결혼을 금지하였는데, 발렌타인은 몰래 결혼시켜 그 벌로 2월 14일에 죽임을 당했다지요. 그런데 1960 · 70년대에 일본의 제과회사에서 발렌타인 데이에 여자가 남자에게 초콜릿을 선물하게 하자는 기발한 판매촉진 상술을 발휘합니다. 남자도 그렇게 여자로부터 검정색 초콜릿 선물을 받았으니, 여자에게 흰 색깔의 마시멜로우로 보답하자고 하여 화이트 데이가 생기고, 마시멜로우가 사탕으로 바뀌었지요. 이 날에는 사탕 바구니를 들고 다니는 남학생들을 쉽게 볼 수 있습니다. 발렌타인 데이의 초콜릿 포장보다 화이트 데이의 사탕 포장은 훨씬 더 사치스럽고 화려합니다. 그것은 화이트 데이가 사랑에 약한 실속 없는 남자의 호주머니와 지갑을 대상으로 하기 때문입니다. 사탕 바구니 하나가 10만 원이 넘는 것도 있다고 하더군요.

## 환심을 얻으려는 큰 선물

그런데 전 그런 요란한 사탕 바구니를 보면 갑갑해집니다. 그것을 들고 다니는 남학생을 보면 순진하고 귀엽다기보다 가엽습니다. 안타깝기도 합니다. 왜 그럴까요? 제과회사의 얄팍한 상술에 넘어갔기 때문일까요? 이보다 더 안타까운 건 그 남학생의 빈약한 생각 때문입니다. 사랑하는 여자에게 화려한 사탕 바구니밖에 줄 수 없는 낮고 얇은 사고력 때문입니다. 여자가 그런 화려한 사탕 바구니를 받으면 어떨까요? 처음에 기분은 좋겠지요. 하지만 기분과 감동은 메커니즘과 다이나믹스가 다릅니다. 기분 좋은 것과 감동 받은 것은 다를 수 있지요. 순간적 기분이 오래가지 못할 수 있습니다. 그렇다면 여자가 감동받는 선물을 하려면 무엇이어야 할까요? 사탕 바구니는 실속이 없으니까 가방이나 구두처럼 좀 실속있는 것으로 해야 할까요? 아니면 돈을 더 써서 값비싼 옷이나 보석을 해야 할까요? 여자는 비싼 선물에 약하다니까…… 돈만 있다면 비싼 선물로 그렇게 여자의 환심을 얼마든지 살 수도 있습니다. 하지만 환심과 사랑은 메커니즘과 다이나믹스가 다릅니다. 비싼 선물로 여자의 환심을 금방 얻을 수 있다고 하더라도 감동을 주지 못할 수 있습니다. 화려한 사탕 바구니나 비싼 선물로 여자의 환심을 사려는 것은 모두 빈약한 사고에서 나오는 얄팍한 행동입니다.

## 감동을 주려는 작은 선물

선물이란 예술이어야 합니다. 선물과 예술은 그 메커니즘과 다이나믹스가 같습니다. 예술이 감동을 주는 것이라면 선물도 감동을 주는 것이니까요. 단지 화려한 사탕 바구니로 기분을 좋게 한다거나, 값비싼 보석으로 환심을 사는 것과 감동을 주는 것은 차원이 전혀 다릅니다. 그렇다면 도대체 감동을 주는 선물이란 무엇일까요? 그러한 감동의 선물을 주려면 보다 많은 돈보다 보다 다른 생각을 가져야 합니다. 즉 발렌타인 데이 때 이 남자가 사탕 바구니를 선물할 것이라는 예상을 넘어야 합니다. 이 남자는 돈 많은 남자니까 비싼 다이아 반지를 선물할 수도 있을 것이라는 직감을 넘어야 합니다. 그럴 때 여자의 심리타점(sweet spot)을 건드릴 수 있습니다. 그렇게 하여 감동을 주는 선물을 하려면 평소에 그녀에게 지속적인 관심을 가져야 합니다. 그녀의 말 한마디에 귀기울일 줄 알아야 합니다. 이러한 관심을 바탕으로 하는 선물이라면 잔잔한 감동이 일지요. 전 예전에 아내 생일 때 평소에 디카로 꾸준히 찍어 온 아내 사진을 모아 사진첩을 만들어 주었지요. 아내는 그런 선물을 받을 줄 몰랐다며, 그 감동이 지금도 생생하다더군요. 사진첩 4,000원과 80장의 사진 인화비 12,000원으로 수십만 원짜리 꽃바구니나 수백만 원짜리 보석보다 더한 감동을 만들 수 있었지요. 마찬가지로 화이트 데이 때 100원짜리 사탕을 20개 사다가 각 사탕마다

봉지 안에 그녀와 나눴던 이야기를 바탕으로 한 짧은 편지를 쓴다면 그녀는 사탕을 먹을 때마다 감동받겠지요. Love takes money! 천만에요. 이성 간 사랑에도 역시 관심과 정성이 더 필요합니다.

이성의 환심을 얻으려면
비싼 선물이어야 한다

**다른 생각**

이성에게 감동을 주려면
작은 선물이어도 된다

18

# 외모가 멋지다고?

## 영화 속 이야기

얼마 전 〈미녀는 괴로워〉라는 영화를 보았습니다. 참 재미있더군요. 감동스럽기도 하구요. 전 주인공이 찢어진 치마를 입고 '마리아' 를 부를 때 눈물이 핑 돌더군요. 영화는 뚱뚱한 D 라인의 95킬로그램 나가는 한나가 불쌍하게 살다가 날씬한 S 라인의 48킬로그램 나가는 제니로 완전히 새롭게 태어나서 행복하게 산다는 이야기입니다. 그런데 이런 영화 속 이야기가 실제로 가능할까요? 몸무게를 절반이나 줄이도록 온 몸에 수술을 하고, 또 S 라인이 되도록 가슴과 엉덩이에 이물질을 넣고, 게다가 눈코입 등 얼굴 모두 성형수술로 가꾸어 건강하게 살 수 있을까요? 모르긴 해도 아마 며칠은 버틸 것입니다. 하지만 그러한 무리한 수술로 아름다움을 지속적으로 유지하기는 어렵고 힘들 겁니다. 아니 불가능할 것입니다. 그런 인공 미녀는 전 세계 성형외과 의사들의 기록에도 없습니다. 그건 그냥 영화 속의 드라마틱한 이야기입니다. 제가 만일 이 영화를 만든다면 저는 그렇게 한나를 무리한 전신 성형수술로 다시 태어나게 하지 않겠습니다. 한 2 · 3년간 산으로 들어가서 좋은 음식을 먹으며 몸 운동과 마음 수양을 하고 건강하게 속세로 돌아와 행복하게 사는 이야기로 꾸미고 싶습니다. 또 그렇게 순리적인 살 빼기로 건강하고 행복하게 사는 사람들이 우리 주변에 실제로 많습니다. 그러한 스토리라고 하면 영화 속 이야기가 아니라 현실 속 이야기도 되지요.

## 현실 같은 영화

그런데 정말로 현실적인 영화가 있었습니다. 구본승이라는 배우가 출연한 〈마법의 성〉입니다. 이 영화는 2002년에 만들어졌는데, 흥행과 비평 모두에서 매우 저조하였지요. 그런데 전 이 영화를 케이블 TV에서 두 번이나 매우 흥미있고 의미있게 보았습니다. 허무맹랑한 코미디물 C급 영화처럼 보이지만 영화 속 이야기가 매우 현실적이기 때문입니다. 주인공인 구봉승은 큰 키에 잘 생기고 직업도 안정적이며 성격도 착한 일등 신랑감입니다. 그런데 결혼을 앞두고 약혼녀에게 파혼을 당하지요. 그 이유는 약혼녀를 육체적으로 한번도 만족시키지 못했기 때문입니다. 구본승은 이를 악물고 자신의 치명적인 약점을 해결하려고 합니다. 그래서 여자를 다루는 데 있어서 도사급인 사람들로부터 비법을 전수 받으려고 안간힘을 다 씁니다. 하지만 다 부질 없었지요. 완전히 풀이 죽어 자포자기 상태에 빠진 그는 우연히 도사처럼 보이는 노인을 만나 산으로 들어갑니다. 거기서 그는 좋은 음식(良食)을 먹고, 열심히 일하며 몸 운동과 마음 수양으로 진정한 남녀 관계를 깨닫게 됩니다. 그리고 하산하여 속세로 돌아와 자기를 버린 그녀를 다시 만나 행복하게 된다는 이야기이지요. 전 이 영화가 이 시대 모든 성인 남성이 꼭 보아야 할 가치있는 영화라고 봅니다. 〈미녀는 괴로워〉의 주인공은 자기가 사랑했던 남자와의 사랑은 이루지 못하지요. 왜 그랬을까요? 겉으로 살만 빠지고 이뻐지기만 했지, 인공으로 만들어져 속이 공허하니까요. 하지만 〈마법의 성〉의 주인공은 자기가 사랑했던 여자와 마침내 진실한 사랑을 이룹니다. 건강한 몸과 마음으로 속이 튼실하니까요.

## 내면적인 섹시함

남녀 관계에 있어서 중요한 것은 외모를 보기 좋게 꾸미는 것이라기보다 내면을 건강하게 가꾸는 것이지요. 이를 위해 여자들은 몸에 무리하게 다이어트를 하고 성형외과 수술을 하기보다 몸과 마음을 건강하게 가꾸어야 합니다. 남자들 입장에서 보았을 때 무리한 다이어트로 마른 여자들은 매력이 없습니다. 건강하지 않으니까요. 남자들도 마찬가지로 여자의 심리를 배려하는 정서적 감수성을 키우며 몸과 마음을 건강하게 가꾸어야 합니다. 결국 건강한 사람이 섹시한 법입니다. 섹시함이란 겉으로 보이는 것이 아니라 안에서 풍기는 것이지요. 몸과 마음이 건강한 사람에게서는 안으로부터 섹시함이 풍깁니다. 속이 충

건강해야 섹시하다

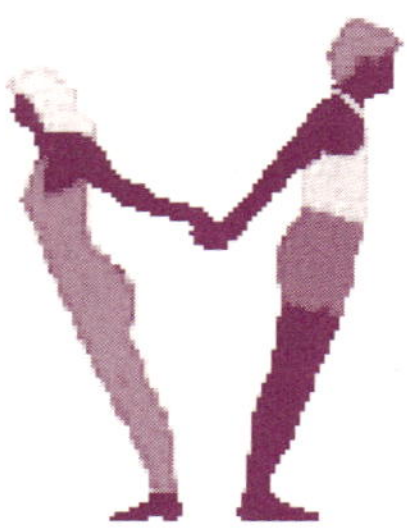

실하니까요. 겉으로 보여지는 섹시함이란 금방 질리기 쉽습니다. 섹시 해지려면 몸과 마음이 건강하며, 또 머리도 꽉 차야 합니다.

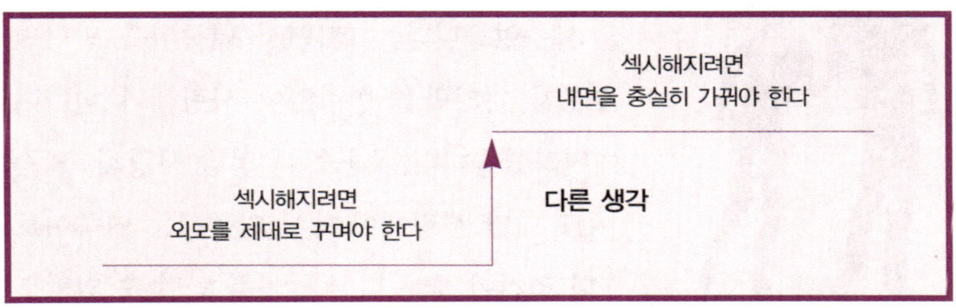

19

# 일편단심 사랑한다고?

## 순수한 민들레

민들레라는 여자가 있습니다. 그녀는 교장 선생님을 지낸 교육자 집안의 딸로 얼굴도 민들레처럼 청초하며 몸매도 예쁩니다. 머리도 있으며 심성이 착합니다. 그야말로 흠잡을 데가 없는 재원처럼 보입니다.

그런데 이 여자는 대학 때부터 사랑하던 남자가 있었습니다. 넙죽이라는 잘 생기고 덩치도 좋은 남자이지요. 민들레는 일편단심 민들레라고 넙죽이에게 변함없는 사랑을 줍니다. 민들레의 몸과 마음을 다 바쳐…… 넙죽이에게 가끔 양복도 사주며 맛있는 것도 잘 사주었습니다. 그러면서 넙죽이를 만나면 오로지 자기만을 변함없이 사랑해야 한다며 애원하였습니다. "넙죽씨! 정말 사랑해, 넙죽씨도 나만 사랑해야 돼!" 민들레는 넙죽이보다 조건이 좋은 다른 남자를 만날 수 있었으나 내 사랑은 오직 넙죽이 하나 뿐이라며 모두 사양했습니다.

## 도도한 수선화

여기 수선화라는 여자가 있습니다. 이 여자는 민들레와 비교하여 외모, 가정, 학력, 직업 등 모든 조건은 비슷합니다. 사실 넙죽이는 민들레를 만나기 석 달 전에 수선화라는 여자를 알게 되었습니다. 그러니까 넙죽이는 양다리를 걸치고 있던 셈이지요. 그러나 수선화는 일편단심 민들레와 달리 넙죽이의 애간장을 타게 만드는데 천부적 소질이 있었습니다. 바로 뜨거움과 차가움의 조화라고 할까요! 교태스러움와 냉담함! 넙죽이에게 몸과 마음을 다 줄 듯 하다가 결정적 순간에 가서 절대 주지 않았습니다. 그럴 때마다 넙죽이는 수선화에게 온갖 물질 공세를 펼쳤습니다. 수선화에게 꽃도 배달하며 비싼 목걸이와 향수도 사주었습니다. 하루에도 열 번씩 수선화에게 전화하며 자기의 사랑을 고백했습니다. "수선화! 죽도록 사랑해! 이 오빠 마음 알지?" 수선화는 그런 말을 들을 때마다 자기도 넙죽이를 사랑한다고 하였지만 가끔 새침 · 투정 · 심통을 부리거나, 찬바람이 불 만큼 차가워져 넙죽이를 꼼짝 못하게 만들었습니다. 그렇게 해서 넙죽이는 점점 수선화의 착하고 순한 종이 되어 가고 있었습니다. 수선화는 넙죽이보다 좋은 남자를 만나는 기회도 버리려 하지 않았습니다. 그런 수선화의 행동이 넙죽이의 레이다에 포착

될 때마다 넙죽이는 애간장이 시커멓게 타며 점점 수선화에게 매달렸습니다. 그러면서 수선화에 대한 도전의식이 무럭무럭 커갔습니다.

## 공처가 넙죽이

그렇게 넙죽이가 민들레와 수선화 사이에서 양다리 걸치는 연애 기간이 3년이 지나 이제 넙죽이가 결혼 생활을 시작한지 10년이 지났습니다. 넙죽이는 누구랑 살고 있을까요? 일편단심 넙죽이만을 사랑했던 민들레! 아니면 넙죽이의 온갖 애간장을 태우게 한 수선화? 지금 넙죽이는 수선화랑 결혼하여 딸딸이 아빠가 되어 알콩달콩 잘살고 있습니다. 불쌍한 민들레! 당당한 수선화! 아직도 넙죽이는 공처가가 되어 수선화에게 꽉 쥐여 살고 있습니다. 남자가 공처가로 사는 것은 남자로서 최고의 미덕임을 오히려 자랑하며…… 넙죽이에게 준 사랑의 양으로만 보면 넙죽이는 민들레와 같이 살아야 마땅합니다. 그러나 사람 마음이란 게 신기해서 나에게 무조건 잘 해주는 사람보다 좀 못해도 끌리는 사람에게 마음이 가게 되어 있습니다. 남자의 출세를 돕느라 모든 걸 다 바친 여자가 남자에게 버림받는다는 드라마 이야기도 역시 마찬가지 메커니즘입니다. 민들레가 넙죽이에게 무조건 사랑을 줄수록 넙죽이는 민들레에게 질려가며, 오히려 수선화에게 끌려가고 있었던 것이죠. 민들레가 순한 양처럼 모든 걸 바치는 분명한 사랑을 줄 때, 수선화는 여우처럼 줄 듯 말 듯 모호한 사랑으로 밀고 당겼지요. 착한 여자는 남자를 지루하게 하지만, 여우같은 여자는 남자를 긴장하게 하지요. 유혹의 달인이었던 '조세핀'은 그런데 타고 났었습니다. 남자 애간장을 태우면서 '나폴레옹'을 사로잡을 수 있었지요. 하지만 그녀는 밀고 당기는 사랑에는 능하였지만 끝내 물드는 사랑, 즉 원숙한 사랑은 못 이루었지요. 나폴레옹이 다시 장가를 갔으니까요. 그래서 오늘 제 말은 서로 물든 원숙한 사랑보다 밀고 당기는 초보 사랑일 때 해당하는 말인 듯합니다.

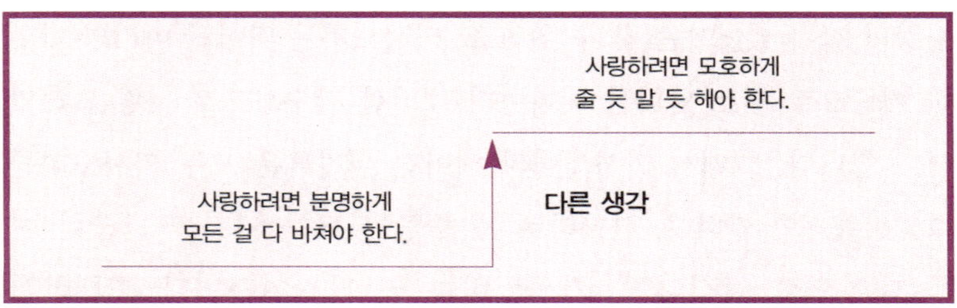

20

# 마음씨가 착하다고?

## 돈 주앙과 카사노바

역사적인 바람둥이 3인방을 꼽는다면 변강쇠, 돈 주앙, 카사노바입니다. 돈 주앙과 카사노바를 비교해 볼까요? 14세기에 스페인에서 살았다고 추정되는 돈 주앙은 백수지만 잘 생긴 외모와 많은 돈으로 1,000여 명의 여자와 관계를 가졌다고 전해집니다. 돈 주앙은 여자를 정복 대상으로 보았다지요. 그래서 그와 헤어진 여자들은 모두 그를 나쁜 놈이라며 저주했다고 합니다. 18세기에 이탈리아에서 살았던 카사노바는 그 시대의 지식인으로 132명의 여자와 관계를 맺었다고 합니다. 사랑의 양으로만 보면 카사노바는 돈 주앙보다 훨씬 적지만 사랑의 질에 있어서는 몇 수 위였죠. 카사노바는 뛰어난 머리와 따뜻한 가슴으로 새로 만나는 여자마다 예민한 감수성으로 사랑을 하였다고 합니다. 그래서 카사노바와 헤어진 여자들은 모두 카사노바를 그리워했다고 합니다. 한마디로 돈 주앙이 모든 여자를 단순한 정복 대상으로 여겼다면, 카사노바는 만나는 여자마다 포근하게 포용할 줄 알았던 거지요.

## 카사노바의 여자학

카사노바 하면 바람둥이, 호색한, 엽색가 등 성적 쾌락의 이미지를 먼저 떠올립니다. 카사노바는 분명 수많은 여인의 체취를 탐닉한 감각적 탐미주의자였지만 돈 주앙 같은 호색한은 결코 아니었습니다. 그는 18세에 법학 박사학위를 받은 천재였으며, 프랑스혁명과 산업혁명이 일어나던 역사의 변혁기에 유럽을 누비며 자유와 평등을 전파한 메신저였습니다. 또한 40여 권의 저서를 남길 정도로 박학다식한 사람이었습니다. 그는 예술과 여자를 사랑했던 자유인이었습니다. 여자를 유혹하는 그의 능력은 다름 아닌 예민한 감수성으로 여자의 오감을 자극하는데서 비롯됩니다. 카사노바의 그런 능력이야말로 여자의 자발성을 고양시켜 카사노바의 품에 안기게 하는 비결이었죠. 한마디로 카사노바는 여자를 진정으로 알았던 당대의 미학적 바람둥이였습니다. 발렌타인 데이의 초콜렛도 카사노바가 사랑을 유발시키는 미약으로 여자에게 선물한 것이 계기가 되었다지요. 이 사소한 사실은 카사노바가 여자 마음을 어떻게 사로잡았는지 이해하는 중요한 단서가 됩니다.

미감 있는 지식인 카사노바

## 육감적 오감의 매력

그는 단지 잘 생기고 말 잘하는 시청각적 자산만으로 여자에게 다가가는 것이 아니라 초콜렛을 선물하였던 것처럼 여자의 미각을 자극할 줄 알았습니다. 카사노바는 평생동안 여자와의 사랑, 맛있는 음식 등 여러 감각의 기쁨을 개발하는 데 관심을 가졌습니다. 즉 카사노바는 여자를 다스리는데 있어서 시각 · 청각 · 미각 · 후각 · 촉각 등 오감을 통합적으로 동원하였습니다. 이 오감 중에서 가장 상대방의 마음속에 깊게 파고드는 것은 후각이라더군요. 가령 그 사람한테서 나는 냄새가 좋다면 사랑의 최고 경지라고 합니다. 아무튼 그는 오감이라는 감각적 육감적 수단을 가지고 여자의 감성을 건드릴 줄 아는 사람이었다고 판단됩니다. 단지 변강쇠처럼 정력이 출중해서가 아니라, 돈 주앙처럼 돈이 많아서가 아니라…… 또 카사노바는 그냥 잘 생기고 매너 좋은 남자, 점잖은 남자, 착한 남자라기보다 오감을 자극하며 여자를 감동시키는데 있어서 생기 넘치는 남자였습니다. 남자의 입장에서도 예쁘고 목소리가 좋다는 시청각적 요인 뿐만이 아니라 뽀뽀할 때 기분이 좋고, 스칠 때 은은한 내음이 좋고, 전반적 촉감이 좋은 여자가 매력적이겠지요. 왕을 내 처소로 끌기 위한 방중술은 그런 오감이 뛰어난 생동감 있는 여자를 만드는 특별한 기술이었지요. 남자들이 말하는 이상적 여성상으로 "마음이 착한 여자"는 듣기 좋으라고 하는 외교적 언사입니다. 남자는 단

서로에게 주는 오감

지 마음씨 고운 여자보다 내 오감을 뛰놀게 하는 생동감 넘치는 여자를 속으로 더 원하지요. 게다가 마음씨까지 좋다면 금상첨화이고…… 너무 큰 욕심인가요? 솔직한 마음이겠지요.

**다른 생각**

사랑을 듬뿍 받으려면
마음이 착해야 한다.

사랑을 듬뿍 받으려면
오감이 좋아야 한다.

## 사랑에 대한 사고의 전환

- 사랑의 반대말은 미움이거나 싫음이다.
  **사랑의 반대말은 없음, 즉 무관심이다.**
- 여자나 남자나 모두 같은 사람이다.
  **여자와 남자는 전혀 다른 존재이다.**
- '사랑해' 라는 말은 가장 순수한 사랑 표현이다.
  **'믿어요' 라는 말은 가장 최고의 사랑 표현이다.**
- 이성 간 사랑이란 감정은 서로 간에 편해야 한다.
  **이성 간 사랑이란 감정은 서로 간에 설레야 한다.**
- 사랑이라는 감정은 가슴에서 일어나는 정신작용이다.
  **사랑이란 감정은 머리에서 일어나는 화학작용이다.**
- 깊은 사랑은 금방 빠져들면서 만들어진다.
  **깊은 사랑은 점점 물들면서 이루어져 간다.**
- 이성의 환심을 얻으려면 비싼 선물이어야 한다.
  **이성에게 감동을 주려면 작은 선물이어도 된다.**
- 섹시해지려면 외모를 제대로 꾸며야 한다.
  **섹시해지려면 내면을 충실히 가꿔야 한다.**
- 사랑하려면 분명하게 모든 걸 다 바쳐야 한다.
  **사랑하려면 모호하게 줄 듯 말 듯 해야 한다.**
- 사랑을 듬뿍 받으려면 마음이 착해야 한다.
  **사랑을 듬뿍 받으려면 오감이 좋아야 한다.**

# 3 생활

# Life

우리의 일상 생활에서 우리 삶을 보다 풍요롭게 하는 생각이 있을까요?
이런 생각에 대해 우리는 어떤 뻔한 생각을 가질 수 있습니다.
하지만 이런 통념에서 벗어난 뭔가 다른 생각을 가지면 더욱 재미있고
의미있는 생활을 할 수 있지 않을까요?

## 생활에 대해 이렇게 생각하세요?

1. 남자는 점잖고 여자는 얌전해야 한다.
2. 사람은 강한 자존심을 가지고 살아야 한다.
3. 열등감을 버리고 우월한 자신감이 있어야 한다.
4. 사람은 창피함이나 부끄러움이 없이 살아야 한다.
5. 가끔 멋있는 것을 보러 관광을 가야 한다.
6. 사람은 높아지기 위해 야망을 가지며 살아야 한다.
7. 사람은 환상을 버리며 현실에 충실히 살아야 한다.
8. 미래 성공을 위해 바쁘고 열심히 살아야 한다
9. 스트레스를 하나도 안 받고 일해야 행복하다.
10. 유머가 있으려면 재미있는 얘기를 알아야 된다.

21

# 점잖고 얌전하라고?

## 남자다운 남자

4명의 여대생이 4명의 남학생과 미팅을 한다고 해보죠. ▶박폼나라는 남학생은 가을동화에 나오는 남자 주인공들처럼 무척 잘 생기고 몸도 다부집니다. 그런데 이 친구는 좀 뚱합니다. 별 말이 없습니다. 자기는 폼을 잡는다지만 꽂아놓은 보릿자루 마냥 그냥 앉아서 친구들 하는 얘기만 듣고 가끔씩 싱겁게 웃기만 합니다. 그래도 얼굴이 잘 나다보니 그렇게 웃는 모습이 매력 있습니다. ▶강대포라는 남학생은 매우 말을 잘 합니다. 재미있는 얘기도 잘 합니다. 거의 이 친구가 네 여자 네 남자가 하는 미팅의 분위기를 주도적으로 이끌어 갑니다. 그런데 어쩌다가 재미있으라고 툭툭 던지는 말들이 좀 기분을 상하게도 합니다. ▶오똑똑이라는 친구는 아주 공부를 잘 한다고 합니다. 4명의 남학생들 중에서 가장 좋은 학교에 다닙니다. 전공이 의학인데 자기네 아버지가 큰 병원 원장이셔서 자기가 그 가업을 물려 받는다고 합니다. 그런데 이 친구는 좀 성질이 급해 보입니다. 미팅 장

소의 종업원에게 대하는 태도를 보니 성깔이 보통이 아닙니다. 전어는 성질이 급해서 잡자마자 성질나서 죽는다는데 이 친구를 보니 갑자기 전어라는 물고기 생각이 납니다. 이런 친구랑 사귀려면 좀 피곤할 것 같습니다. ▶한국남이라는 친구는 아주 잘 생기지도 아주 말을 잘 하지도 아주 공부를 잘 하는 것 같지 않습니다. 그런데 이 친구는 표정이 아주 밝습니다. 웃는 모습이 건강해 보입니다. 그리고 한 마디씩 하는 말이 상대방을 편하게 합니다. 남을 배려할 줄 아는 마음이 그의 행동에 자연스럽게 배어 있는 것 같습니다. 한마디로 아주 "남자답습니다".

## 이상적인 신랑감

여자가 보기에 ① 박폼나 ② 강대포 ③ 오뚝뚝 ③ 한국남이라는 네 명 중에서 누가 가장 끌리는 남자입니까? 물론 저마다의 남자 보는 기호나 취향, 안목이 다르겠지만 아주 일반적인 여학생이라면 어느 남학생을 내 파트너로 삼고 싶어 할까요? 단지 미팅 파트너가 아니라 신랑감으로는 누가 가장 이상적인 배우자일까요? 그럴 리는 없겠지만 남자 얼굴만 보고 산다면 박폼나, 평생 재미나는 얘기를 들으며 살고 싶다면 강대포, 돈이 넉넉한 안방마님으로 살고 싶다면 오뚝뚝이겠지요. 하지만 네 명의 남자를 놓고 볼 때에 가장 여자를 편하고 행복하게 해줄 확률이 높은 남자는 당연히 한국남입니다. 가장 위험한 남자는 오뚝뚝입니다. 이런 남자랑 결혼하면 돈 걱정은 안 하고 살더라도 평생 마음 졸이며 살아야 합니다. 아니면 곧 이혼할 확률이 높습니다. 제가 만약 여동생이 있는데 이 순진한 아이가 박폼나의 화려한 외모에 정신이 팔린다거나, 강대포의 재미있는 말재주, 아니면 오똑똑이 보장하는 안방마님으로서의 부귀영화에 눈이 멀었다면 저는 도시락 싸들고 다니면서 한국남을 선택하라고 설득할 것입니다. 설득으로 안 된다면 오빠로서 행사할 수 있는 절대권력적 강압을 써서라도 말이죠. 남자 보는 안목은 남자가 가장 정확합니다. 왜 한국남일까요? 그 이유는 매우 단순명확합니다. 그는 가장 남자다운 남자(The Man)이기 때문입니다. '남자로서의 애교'가 강렬하게 넘치는 남자이기 때문입니다.

## 남자다운 남자

남자로서의 애교? 별로 어울리는 말같지 않지만 남자도 애교가 있어야 사랑받고 출세합니다. 여기서 뜻하는 애교는 무엇일까요? 아부를 잘하는 남자일까요? 그런 것과는 차원이 다릅니다. 여자인 나를 편하게 해주는 한 마디, 늘 환하고 밝은 표정, 내 속 마음을 배려할 줄 아는 행동, 내가 어쩌다 삐쳐도 넓은 마음으로 다 받아줄 수 있는 포용력, 딱딱한 상황을 부드럽게 반전시킬 줄 아는 유머감각, 아주 가끔씩 놀래킬 정도로 세심한 데까지 챙겨줄 줄 아는 자상함, 어쩌다 반짝 쇼를 할 만큼 기발한 생동감…… 뭐 이런 것들이 아닐까요? 사실 여자로 살면서 그런 남자가 애교 있다고 생각되지 않던가요? 그런 남자가 귀엽다고 생각되지 않던가요? 여자가 남자를 귀엽다고 하는 데는 단지 귀여움 이상의 섬세한 의미가 있다고 봅니다. 내 남자로부터 보호받고 싶은 애인 본능과 이 남자를 보호하고 싶은 모성 본능이 야릇하게 어우러지는

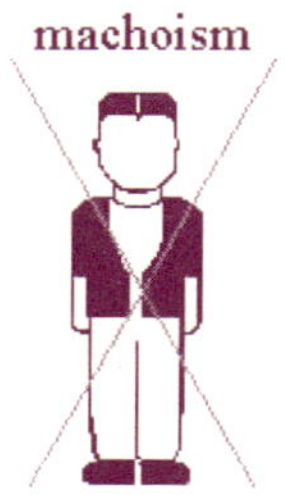


감정이 아닐까요? 전 여자가 아니라서 이 이상의 깊은 표현은 잘 못하겠습니다. 무뚝뚝하고 뻣뻣한 터프 가이는 처음엔 멋있어 보여도 별 실속이 없습니다. 금방 싫증납니다. 그런 남자는 귀여운 게 아니라 아예 징그러울 수 있습니다. 될 수 있으면 멋대가리 없는 마초 스타일의 터프 가이보다 다정다감한 스마트 가이랑 사귀고 싶지 않습니까? 그렇게 마음이 여유로운 남자랑 평생 같이 살고 싶지 않던가요? 이런 애교있는 남자랑 사는 여자는 행복하게 살 수 있습니다. 남편에게 사랑받고 사는 여자는 그녀의 남자를 진정으로 사랑하며 살 수 있습니다. 사실 이렇게 자기 와이프에게 진정 사랑받고 사는 남자가 가장 멋있는 남자죠. 또 그런 남자는 지금 당장 경제적인 게 부족해도 사회생활에서도 큰 그릇이 될 확률이 높습니다. 왜냐하면 그는 근본적으로 남자다운 멋이 있는 남자이기 때문입니다. 사회생활에서도 그런 남자가 매력 있는 법이지요. 남자들도 그런 남자랑 같이 일하고 싶어 하니까요. '남자다운 애교'가 있는 남자이기 때문입니다.

## 애교의 의미

그러니까 제가 쓰는 애교란 말은 포괄적인 의미입니다. 우리가 알고 있는 통념적인 애교와는 좀 다릅니다. 흔히 애교란 어리광을 떤다, 내숭을 부리다, 아양을 떨다, 교태를 부린다처럼 "애교를 부린다", "애교를 피운다"와 같이 쓰여지고 있죠. 국어 사전에 애교(愛嬌)란 남에게

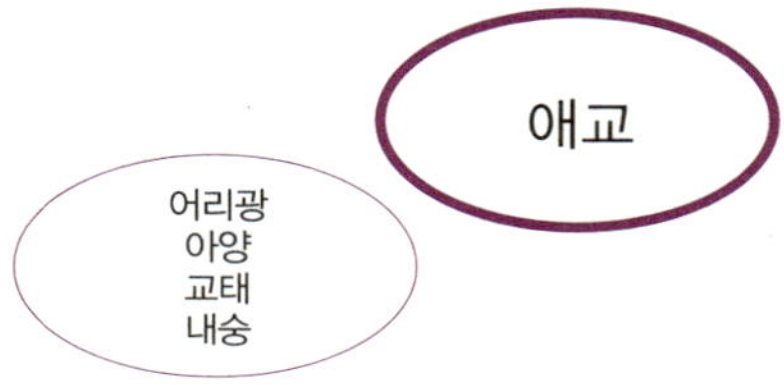


귀엽게 보이는 태도라고 나와 있더군요. 남자가 볼 땐 여자의 애교부리는 행동이 귀엽게 보이더라도 여자가 볼 때 그런 애교부리는 여자는 메스껍다고 하더군요. 여자보는 안목은 여자가 가장 정확하니까 말이죠. 하지만 남자도 마찬가지로 그렇게 여자가 부리는 애교에 대해서는 효과가 오래가지 않고 나중엔 싫증을 냅니다. 하지만 가끔 그런 애교부림에 녹아나는 얼빠진 남자들이 있기는 하지만서도요. 사실 대부분 남자들의 기본 속성이 그렇지요. 이 글을 쓰는 저도 자칫 잘못하면 그런 얼빠진 남자 축에 낄 위험이 큽니다. 하지만 이 글에서의 애교란 그처럼 요사스럽게 부리는 행동이 아니라 상대방의 마음을 헤아리면서 내 마음을 나타내는 격조 있는 행동입니다. 이런 애교는 '부린다'란 행위 동사를 쓰지 않고, 단지 '나타낸다'라는 존재 동사를 씁니다. 굳이 내숭과 애교를 비교한다면 이 말은 정반대죠. 내숭이 소극적으로 자기의 실체를 숨기는 것이라면, 애교는 적극적으로 자기의 좋은 점을 나타내어 상대방으로부터 우호적인 심리 상태를 얻고자 하는 것입니다. 요사스럽게 부리는 행동을 하지 않더라도 격조 있게 나타내는 밝고 맑은 애교는 상대방의 호감을 얻는 법이죠.

## 애교 있는 여자

그렇다면 어떤 여자가 애교있는 여자일까요? 이는 한국남이라는 남자다운 남자가 나타내는 '남자로서의 애교'와 얼추 비슷하다고 볼 수 있죠. 그러니까 애교는 여자에게나 남자에게나 다 필요한 것입니다. 제가 남자이기에 일부러 애교에 대한 통념적 거부감을 없애려는 목적으로 처음에 '남자 애교'의 예를 든 것뿐입니다. 남자의 애교와 마찬가지로 여자의 애교도 역시 뭐 이런 것들이 아닐까요? 경우에 따라 적절하게 상대방을 치켜 세워주는 한 마디, 얼굴이 예쁜 것보다는 늘 예쁘게 웃는 표정, 자기보다는 남 생각을 먼저 하는 어여쁜 태도와 행동, 상대방이 좀 화를 내더라도 똑같이 덩달아 화 내지 않고 부드럽게 넘길 줄 아는 지혜, 아주 가끔씩 기분좋게 놀래킬 정도로 가벼운 깜짝쇼를 연출할 수 있는 생기발랄함…… 저도 시아버지가 된다면 며느리를 본다면 전 이런 며느리를 얻고 싶습니다. 아직 먼 장래의 일이니까 이런 욕심부리며 환상 속에 살게 그냥 놔두세요. 이런 며느리라면 며느리 줄 용돈이 저절로 펑펑 제 주머니에서 나올 것 같군요. 애교있는 며느리에게 그 정도 못하겠습니까?

## 남자와 여자의 차이

이렇게 남자의 애교와 여자의 애교는 비슷하지만 그 애교의 역학관계도 다릅니다. 왜 다르냐? 그것은 남자와 여자의 성 차이에서 비롯되는 것이죠. 남녀 차별은 안 되지만 남녀 차이는 분명히 있습니다. 전의 글에서 보았다시피 남자와 여자는 같은 사람이지만 서로 간에 완전히 다른 존재입니다. 몸의 구조는 물론 생태와 습성이 분명히 다릅니다. 서점에 가면 남녀 성 차이를 전문적으로 다룬 번역 책도 많습니다. 가장 대표적인 책은『화성에서 온 남자, 금성에서 온 여자』라는 책이지요. 남녀는 서로 완전히 다른 외계인이라는 것이 이 책의 주장입니다. 남자와 여자는 성 차이를 극복할 수 없습니다. 억지로 극복하기보단 자연스럽게 수용해야 합니다. 남자가 여자처럼 행동하고 여자가 남자처럼 행동하면 아주 이상해집니다. 그건 일종의 병이죠. 남자는 남자답게 행동해야 하며, 여자는 여자답게 행동해야 합니다. 당연히 '여자의 애교'는 '남자의 애교'와 겉으로는 비슷해 보이면서도 그 속에 담긴 역학관계는 달라야 합니다. 그 역학관계를 비교한다면 바로 남자는 '여유로움'과 여자는 '부드러움'입니다. 남자의 애교가 한국남군처럼 여유로움에서 나오는 것이라면, 여자의 애교는 제가 희망하는 예비 며느리처럼 부드러움에서 나옵니다. 굳이 여유로움과 부드러움의 차이를 비교하자면 무엇일까요? 여자의 마음 씀씀이가 너무 여유로우면 헤퍼보여서 별 매력이 없습니다. 자칫하면 무덤덤한 곰이라는 별명을 얻을 수 있습니다. 그래서 곰같은 여자보다는 여우같은 여자가 낫다죠. 여자는 애교있으면서도 밀고 당기는 여우같은 기질이 살짝살짝 숨어 있어야 매력 있습니다. 단 그것이 너무 드러나면 백여우 깍쟁이라는 치명적인 별명을 얻어야 하죠. 약간은 여우스럽지만 부드러움 속에서 나오는 애교가 진정한 여자의 애교죠. 또 남자가 너무 부드러워도 별 매력이 없습니다. 남자가 너무 부드러우면 매가리가 없어 보여서 별 매력이 없습니다. 자칫하면 순한 양이라는 별명을 얻을 수 있습니다. 양같은 남자보다는 늑대같은 남자가 오히려 더 낫습니다. 단 여기서 늑대는 여유로운 늑대죠. 흔한 얘기로 남자는 다 늑대의 기질을 타고 낳다지만 늑대도 늑대 나름입니다. 멋진 늑대는 여유로운 마음을 가진 늑대죠. 불쌍한 새끼 양은 순순히 놓아 줄 수 있는 여유로운 마음을 가진 늑대라고나 할까요?

## 온전한 우먼파워

지금까지 제가 생각하는 남녀 애교 동등론과 함께 근본적 남녀 차이론에 대해서 얘기했습니다. 이제 이 글의 결론을 내려야 하겠군요. 바로 우먼파워에 대한 얘기입니다. 제가 어느 여학생에게 이런 질문을 던진 적이 있습니다. 여자가 술 마시고 담배 피우는 것에 대해 어떻게 생각하는지? 그 여학생의 대답은 과연 정답같았습니다. 남자도 술 · 담배 잘하는 남자가 있고 못하는 남자가 있듯이, 여자도 술 · 담배 잘하는 여자가 있고 못하는 여자가 있다고 말이죠. 그러니까 여자라고 술 · 담배 못하라는 법은 절대 아니라는 것이죠. 남자나 여자나 모두 같은 인간(person)이기 때문에…… 이 여학생의 대답은 술과 담배의 문제에 대해서는 정답이지만, 남자와 여자의 근본적인 차이를 인정하지 않기 때문에 일반적인 문제에 대해서는 오답입니다. 진정한 의미에서 우먼파워란 여자가 여자임을 버리고 남자와 동등한 인간이 되는 방향으로 가서는 안 됩니다. 그것은 자연에 역행하는 것입니다. 순리적이지 않지요. 그것이 아니라 오히려 반대로, 여자임을 즐기면서 여자 특유의 매력을 가지는 방향으로 가야 한다는 말입니다. 그렇다면 그 여자의 힘은 어디서 나오는 것일까요? 바로 여자 애교의 근본 역학인 부드러움에서 나온다고 할 수

있습니다. 남자의 힘도 남자 애교의 근본 역학인 여유로움에서 나오듯이 말이죠. 여자가 억지로 남자와 동등해지려고 할 때 그 여자는 한계에 달합니다. 남자는 남자 나름대로의 방향과 방법으로 남자의 힘을 키워야 하듯이, 여자는 여자 나름대로의 방향과 방법으로 여자의 힘을 키워야 합니다. 전 그것이 바로 진정한 우먼파워라고 봅니다. 우먼파워가 여자로서 가지는 피해 의식과 엘리트 의식으로 가득찬 우먼파워가 되어서는 곤란합니다. 만일 그랬다면 그건 일그러진 우먼파워입니다. 온전한 우먼파워는 여자로서의 자부심과 여자의 아름다움이 어우러져 상승효과를 낳은 우먼파워가 되어야 마땅합니다. 그런 진정한 우먼파워에 남자는 한없이 약해집니다. '부드러운 힘' 이 넘치는 강한 여자 앞에서……

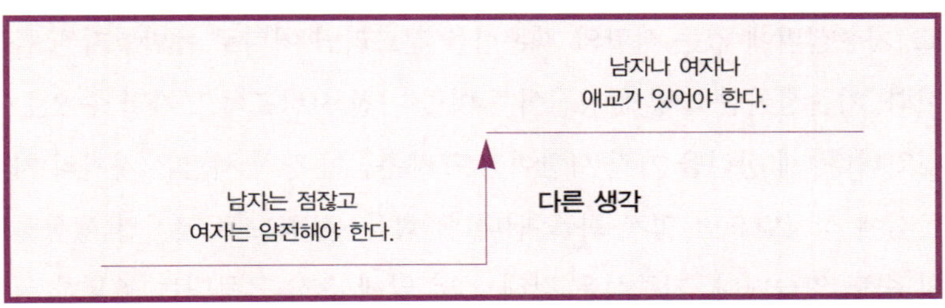

22

# 자존심이 세다고?

## 자존심이 강한 사람

지하철을 타다보면 가끔 정신이 혼미해진 사람들을 봅니다. 그들의 특징은 자기 혼자서 얘기를 많이 합니다. 무슨 얘기를 하는지 잠깐 들어보면 대개 자기와 관계되었던 다른 사람들을 불평하는 말들입니다. 그 사람들이 자기처럼 대단한 사람에게 왜 그리 건방지게 굴었는지 연상 씹어댑니다. 내가 누군데 감히…… 남들이 듣건 말건 자기 중심의 세계에 갇혀 혼잣말을 합니다. 그의 자존심은 매우 강합니다. 만일 옆 사람이 그렇게 떠들지 말고 조용히 있으라고 하면 자존심에 상처를 받아 화내고 대들며 길길이 뛸 것입니다. 감히 누구한테 대드느냐고 말이죠. 자존심밖에 없는 사람의 자존심을 건드리면 어디로 폭발할지 모릅니다. 자존심이란 그렇게 정신이 혼미한 미친 사람조차도 가질 수 있는 것입니다. 제 정신을 가진 사람이라도 자존심이 강한 사람은 자기의 자존심에 상처받으면 덜컥 화를 냅니다. 화를 못 참고 극단적인 행동을 할 수도 있습니다. 자존심은 강해도 남 앞에서 화를 못내는 조용한 성격이라면 속으로 화병이 납니다. 머리는 텅 빈 사람이 자존심은 누구 못지 않게 강할 수 있습니다. 원래 자존심 강한 사람은 단순 · 무식 · 과격합니다. 시끄러운 사람이건, 조용한 사람이건 간에…… 그러므로 자존심 강하다는 건 절대 자랑할 게 못 되지요.

## 자존감이 높은 사람

자존심과 상대적인 비교가 가능한 말이 바로 자존감입니다. 두 단어에는 마음 心과 느낄 感의 차이만 있지만 자존심과 자존감은 글자로 표현할 수 없는 전혀 다른 뉘앙스가 있습니다. 자존심이 강한 사람은 자기 중심적인 생각을 가지고 있으며 자존심이 강한 만큼 자기 감정의 통제 능력이 약해서 자존심에 상처받으면 걷잡을 수 없이 감정이 요동쳐서 심신을 다칩니다. 자존감은 강하다고 하지 않고 높다고 표현합니다. 자존감이 높은 사람은 타인 중심적인 생각을 가지고 있으며 다른 사람이 보는 관점에서 자기의 존재감을 살피며, 자기 감정의 통제 능력이 강해서 자존심에 상처받더라도 자존감으로 자연 치유합니다. 자존감이 높은 사람은 다른 사람이 보았을 때의 자기 존재를 귀하게 하려고 노력합니다. 자기의 몸 건강을 위해 지속적인 운동, 자기의 머리 건강을 위해 지속적인 독서, 자기의 마음 건강을 위해 지속적인 수양을 합니다. 반면에 자존심이 강한 사람은 외부 세계와 자기를 단절시키며 오로지 자기만의 귀한 세계 안에서 자기가 귀한 존재라고 교만을 부립니다. 이들은 자기만의 세계에 갇혀 사는 편집증 환자이기 쉽습니다. 하지만 자부심이라고도 할 수 있는 자존감이 높으면 주어진 여건이나 재능에 자신감을 갖고 기쁘게 삽니다.

## 자존심이라는 낡은 굴레

강한 자존심과 높은 자존감은 완전히 정반대의 뜻을 가지고 있는 셈이지요. 저도 한때는 자존심만 꽤 셌었습니다. 한마디로 자존심만 강했죠. 그 당시에 누가 제게 싫은 소리라도 하면 겉으로 싫은 내색도 못하고 속만 아팠습니다. 그러나 생각을 달리 하여 자존감이 높은 사람이 되려고 나름대로 애쓰고 있습니다. 그래서 지금 누가 제게 싫은 소리라도 하면 그렇게 싫은 소리를 하는 이유가 무엇인지 상대방 중심의 사고를 가지려고 합니다. 그리고 저의 부족한 점을 보완하려고 합니다. 공자께서 말하기를 15세에 학문에 뜻을 품고(志于學), 30세에 확고히 뜻이 섰고(而立), 40세에 세상사에 유혹되지 않고(不惑), 50세에 하늘의 명을 알았고(知天命), 60세에 귀가 순해졌고(耳順), 70세에 마음이 하고 싶은 바를 따르더라도(從心) 법도에 어긋나지 않았다고 했는데, 여기서 60세 수준인 이순(耳順)이 바로 자존감이 높은 단계가 아닐까요? 즉 누가 무슨 말을 해도 자존감이 있으므로 그 말이 귀에 순하게 들린다는 뜻에서…… 전 이순(耳順)의 경지, 즉 자존감이 높은 경지에 도달하지는 못하였어도 강한 자존심이라는 낡은 굴레에서 벗어난 것을 큰 다행으로 알며 살고 있습니다. 자존심만 잔뜩 센 친구를 만나면 이렇게 타이르고 싶습니다. 강한 자존

심 버리고 높은 자존감을 가지고 살게! 자존심 강한 사람이 이런 말을 들으면 또 화내겠지요.

사람은 높은
자존감을 가지고 살아야 한다.

**다른 생각**

사람은 강한
자존심을 가지고 살아야 한다.

23

# 열등감을 버리라고?

## 신재호의 자신감

신재호라는 학생이 있었습니다. 이 아이는 머리도 좋고 인물도 좋고 운동도 잘합니다. 아버지가 병원 원장으로 부잣집 아들입니다. 꿀릴 게 없는 완벽한 아이입니다. 재호는 일등주의 교육을 받고 자랐습니다. 그의 부모들은 자식에게 너는 남보다 항상 우월하다는 자신감을 듬뿍 심어 주었습니다. 그런데 어느 날 한민구라는 친구가 전학을 왔습니다. 소문에 의하면 이 친구가 공부를 아주 잘 한다고 합니다. 하지만 재호는 늘 그랬던 것처럼 민구에게도 우월하다는 자신감을 가집니다. 그런데 민구가 만만치 않습니다. 지난 중간고사 시험에서 민구가 전교 2등을 하였습니다. 물론 재호는 1등을 하였지만 갑자기 전학 온 아이가 2등을 하자 깜짝 놀랐습니다. 하지만 여전히 민구에 대한 우월한 자신감을 버리지 않았습니다. "네가 뛰어봤자 벼룩이지!" 하지만 기말고사에서 등수가 뒤바뀌고 말았죠. 한민구 1등, 신재호 2등! 늘 남보다 우월하다는 자신감으로 똘똘 뭉친 재호는 이 엄청난 역전의 상황을 도

저히 받아들일 수 없었죠. 결국 그는 아파트 옥상에서 떨어져 자살을 하고 맙니다.

## 한민구의 열등감

한민구는 원래 어렸을 때부터 열등감으로 똘똘 뭉친 아이였습니다. 심장이 안 좋아 남보다 몸이 약해 친구들과 잘 뛰어 놀지도 못했으며, 부모님도 민구가 초등학생 때 일찍 돌아가셔서 할머니가 키운 아이였습니다. 할머니는 민구를 참 사랑했습니다. 하지만 무조건 민구가 해달라는 것을 해주어 버릇없게 키운 것이 아니었죠. 민구가 가진 열등감과 어려움을 이기도록 민구의 손을 붙잡으며 늘 기도하여 강단있게 키웠습니다. 할머니의 기도 덕분인지 민구는 자신이 가진 열등감을 이길 수 있었습니다. 열등감을 이겼지만 그것이 남보다 우월하다는 자신감으로 변한 것은 아니었죠. 대신에 민구는 자신을 낮게 보지만 무엇이든 이겨나갈 수 있다는 용기를 가지게 되었습니다. 그런 용기로 민구는 공부도 잘했습니다. 민구가 재호를 제치고 1등이 되어도 민구는 절대 우월한 자신감을 가지지 않았습니다. 꼭 이 1등 자리를 놓쳐서는 안 된다는 강박관념도 가지지 않았습니다. 학교 아이들은 처음에 재호를 죽게 하고 공부만 잘하는 아이라고 민구를 왕따시켰습니다. 하지만 민구는 왕따 당하는 것을 겁내지 않았습니다. 그리고 아이들에게 자연스럽게 자신의 겸손한 담대함을 흘러 넘치게 하였습니다. 결국 아이들은 민구에게 점점 끌리게 되었습니다.

## 열등감 극복의 문제

우월한 자신감의 크기가 클수록 마음 속의 상처는 더 클 수 있습니다. 상처가 클수록 극단적 행동을 할 위험이 큽니다. 민구처럼 열등감을 가지는 것보다 더 큰 문제는 재호처럼 우월감을 가지는 것이지요. 인간은 원래 우월감보다는 열등감을 느끼는 존재이니까요. 열등감이란 우리 인간이 가진 보편적 성질입니다. 아무리 자신감 넘치게 보이는 사람이라고 하더라도 그 사람의 내면에는 열등감이 있습니다. 열등감은 인간을 적극적으로 만드는 성장동력일 수도 있죠. 자신이 열등하다고 느끼기에 더 나은 모습으로 노력할 수 있게 된다면…… 저는 어릴 적부터 남 앞에서 말을 못한다는 극심한 열등감을 가지고 있었지요. 얼굴이 빨개지고, 입술 주변 근육이 떨리고 그랬지요. 남들이 말을 유창하게 하는 것을 보면 부러웠습니다. 그러나 저의 열등감은 저로 하여금 남 앞에서 말을 할 때에 사전에 더욱 많이 준비하게 만들었습니다. 가령 강의를 한다고 할 때 말을 원래 잘한다는 우월한 자신감을 가지면 그것만 믿고 대충 준비하고 말로 때우기 쉽습니다. 하지만, 저는 그것이 체질적으로 안 되므로 강의 전에 그만큼 더 준비하여 생생한 강의가 되도록 힘썼습니다. 그런 노력으로 저는 지금 '프레젠테이션'이라는 과목도 강의하지요. 남 앞에서 말을 잘 못하는 사람이 남 앞에서 말하는 프레젠테이션을 가르치다니…… 그런데 학생들의 학기말 리포트를 읽어보면 가르친 보람을 느낄 정도로 아이들이 확 바뀌어 있음을 실감합니다.

열등감에 휩싸이느냐?
열등감에서 헤어나느냐?

열등감을 가지느냐?
우월감을 가지느냐?

생각해봐도 참 기특하고 신기한 일입니다. 하지만 이게 다 저의 열등감이 디딤돌적 기본바탕이 되었기 때문이지요.

열등감을 바탕으로
겸손한 담대함이 있어야 한다.

**다른 생각**

열등감을 내버리고
우월한 자신감이 있어야 한다.

24

# 부끄러워하지 말라고?

## 부끄러움 없는 인생

아버지가 저 세상으로 가면서 다음과 같이 아들에게 유언을 하였다고 합니다. "나는 지금까지 이 한세상 모질게 살아오면서 부끄럼 없이 살아왔다고 자부할 수 있다. 하늘을 우러러, 하늘에 맹세하건대, 한 점 부끄럽지 않았다. 아들아! 너도 한 점 부끄럼 없이 이 세상을 당당히 살거라!" 참 대단한 아버지이지요. 그런데 이 유언에서 부끄럼을 창피함으로 대체하여 다음과 같이 바꾸면 어떻게 될까요? "나는 지금까지 이 한세상 모질게 살아 오면서 창피함 없이 살아 왔다고 자부할 수 있다. 하늘을 우러러, 하늘에 맹세하건대, 한 점 창피하지 않았다. 아들아! 너도 한 점 창피함 없이 이 세상을 당당히 살거라!" 부끄럼과 창피함! 부끄러움이 순 우리말이라면, 창피(猖披)함은 미쳐 날뛸 猖과 찢고 헤칠 披를 쓰는 한자말입니다. 사전에 보면 두 단어는 비슷한 말입니다. 영어로도 둘 다 'shame' 입니다. 그런데 비슷한 말 같아도 뭔가 뉘앙스가 좀 다르다고 생각되지 않나요? 그 미묘한 차이는 무엇일까요?

## 부끄러워 하는 마음

맹자는 군자의 세 가지 즐거움 중 하나로, 하늘에 우러러 부끄럽지 않은 것(仰不愧於天)을 말했습니다. 여기서 괴(愧)는 부끄럽다는 뜻이지요. 그런데 또 맹자는 인간 본성에서 우러나오는 마음씨인 4단(四端)을 말하며, 부끄럽게 여길 줄 아는 수오지심(羞惡之心)을 말했습니다. 수오지심이란 의롭지 못한 일에 대해 나를 부끄러워 하는 마음입니다. 왜 똑같은 사람인 맹자가 인간은 부끄러움 없이 사는 것이 두번째 즐거움이라 했는데, 또한 부끄러워 하는 마음을 가지는 것이 인간의 본성적 선한 마음이라고 했을까요? 전 이 두 말이 모순된다고 보지 않습니다. 부끄러워 하는 마음을 가져야(羞惡之心) 창피한 짓을 하지 않을 테이고, 하늘을 우러러 부끄럽지 않을 테니까요(仰不愧於天). 만일 부끄러워 하는 마음이 없다면 사람은 얼마든지 창피한 짓을 할 수 있고, 하늘을 우러러 부끄러울지 모를 테니까요. 우리가 일상적으로 하는 말로 사람이 염치가 있어야 한다는 말도 같은 이치입니다. 여기서 염치(廉恥)라는 말의 '치'도 부끄러울 치(恥)입니다. 즉 부끄러운 마음을 가져야 진정한 참 인간이 된다는 뜻이지요. 삶에 있어서 부끄러움이 하나도 없이 남 앞에서 당당히 사는 것보다 훨씬 더 중요한 건 부끄러움을 가지며 나 자신에게 겸손히 사는 것이 훨씬 중요하지 않을까요? 물론 지금까지 부끄럽다는 뜻의 한자가 괴(愧), 수(羞), 치(恥) 등이 있는 걸 보면 오묘한 작은 차이가 있겠지요.

## 안으로부터의 부끄럼

하지만 부끄러움과 창피함 그 작동 메커니즘이 전혀 다릅니다. 창피함이 외면적이라면, 부끄러움이란 내면적입니다. 창피함이 느닷없이 생긴 일로부터 나타난다면, 부끄러움이란 원래 가지는 마음입니다. 창피할 수는 있어도 부끄럽지는 않을 수 있습니다. 가령 지갑에 돈이 하나도 없는 것이 들켜 남들 앞에서 창피할 수는 있어도 속 마음으로 돈 없는 것이 별로 부끄럽지 않을 수 있지요. 반대로 부끄러울 수는 있어도 창피하지 않을 수 있습니다. 창피함을 느끼는 사람은 남이 안 보는 데서 창피한 행동을 할 수 있지만, 부끄러움을 느끼는 사람은 남이 안 보는 데서 창피한 행동을 할 수 없습니다. 자기 자신에게 부끄러우니까요. 창피함을 느끼면 단지 얼굴 이 화끈거리는 정도지만, 부끄러움을 느끼면 피가 더워집니다. 그래서 창피함이란 창피해지지 않으려고 외부의 나를 감싸지만, 부끄러움이란 부끄럽지 않으려고 내부로부터 나를 지킵니다. 나를 절제하기 위해서는 오히려 부끄러움을 느끼며 사는 사람이 되어야 하지 않을까요? 그래서 아까 아버지의 유언도 부끄럼을 가지고 살아야 한다고 해야 좋지 않을까요? 속으로 부끄러워 하는 마음을 가지며 살아야, 겉으로 창피한 짓을 안 하고 살테니까 말이지요.

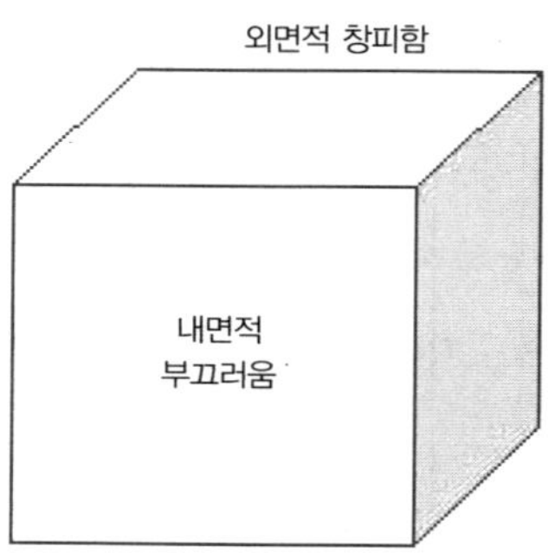

사람은 창피함보다
부끄러움을 갖고 살아야 한다.

**다른 생각**

사람은 창피함이나
부끄러움이 없이 살아야 한다.

25

# 멋진 관광을 한다고?

## 구경 거리보다 감상 거리

저는 예전에 유럽여행을 간 적이 있습니다. 저 혼자의 자유로운 홀몸이 아니라 가족과 같이 간 유럽은 그런 감상할 맘의 여유보다는 몸이 바빴습니다. 이 나라 저 나라 여기 저기 구경하러 다니느라 몸은 피곤했습니다. 정말로 밤이 되면 발바닥이 화끈거리며 아플 정도로 말이죠. 하지만 저는 영국의 런던에서 대영박물관을, 벨기에의 브뤼셀에서 오줌싸게 동상을, 독일의 퀴센에서 중세시대 멋진 고성을, 스위스의 인터라켄에서 눈으로 덮인 융프라우를, 프랑스의 베르사이유에서 화려한 궁전을, 이탈리아의 로마에서 바티칸 대성당을 눈으로 보면서도 마음은 '콩밭'에 가있었습니다. 그런 구경 거리에 관심이 있다기보단 그곳 사람들은 어떻게 살고 있는지 알고 싶었죠. 도대체 어떤 생각을 하고, 어떤 집에서 살며, 무슨 음식을 먹고, 무슨 일을 하고, 무슨 놀이를 즐기면서 사는 지 그들의 사는 모습을 체험하고 싶었습니다. 그러나 그런 체험보다는 그냥 유명한 관광지에서 사진 찍고 오는 식의 관광을 하고 돌아 왔지요.

## 관광과 여행의 차이

사람 사는 모습을 체험한다는 게 좀 이상하게 들릴지는 모르겠으나 전 그것이 여행을 하는 올바른 관점이라고 봅니다. 저는 관광(sightseeing)이 아니라 여행(travelling)을 하고 싶었지요. 관광과 여행은 차원이 다릅니다. 관광이 한자 뜻 그대로 빛나는 것(光)을 보는 것(觀)이라면, 여행은 나그네(旅)가 되어 가는(行) 길입니다. 나그네는 가는 곳의 빛나는 풍경에 관심이 있기보다는 자기가 가는 곳의 사람들 삶 속에 자연스럽게 녹아들어 다닙니다. 관광이 유명한 곳만을 골라 다니며 빛나는 경치를 배경 삼아 멋진 사진을 찍고 오는 것이라면, 여행은 일상으로부터 탈출하여 낯선 곳에서 낯선 사람들을 만나고 낯선 음식을 먹으면서 그것들을 머릿속에 담아오는 일입니다. 관광에는 성능 좋은 카메라와 많을수록 많은 돈이 필수이지만 여행에는 풍부한 감수성과 넉넉한 호기심이 필수입니다. 그렇게 담아온 머릿속 생각은 카메라가 담아온 사진보다 훨씬 진하고 오래가는 법이죠. 정말 그럴까요? 관점을 달리 해서 볼까요? 외국인의 관점으로……

## 나를 성숙하게 하는 여행

톰과 제리라는 미국인이 여름 휴가로 7일 동안 서울에 왔다고 칩시

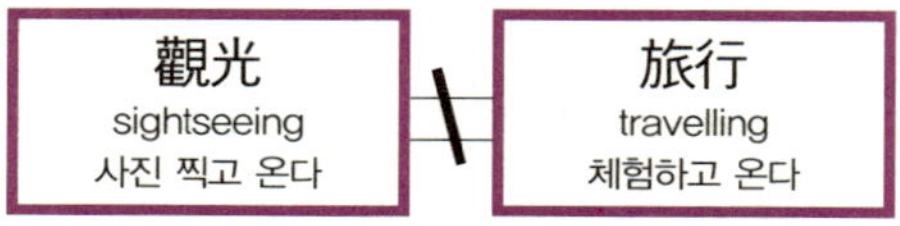


다. 톰은 머리는 텅 비었으나 돈은 많아 고급 호텔에 묵으면서 경복궁과 인사동, 비원, 민속촌 등 관광지를 많이 보러 다니고 비싼 관광식당에서 일류 한정식으로 먹었습니다. 그러나 제리는 돈보다는 감수성과 호기심이 많아 민박집에 묵으면서 도봉산, 모란 시장, 가까운 시골, 대학가, 고수부지로 다니면서 떡볶이나 순대도 사먹습니다. 과연 톰과 제리 중 누가 더 의미있는 여행을 하였나요? 아마 톰은 7일 동안 생활비로 몇백만 원 이상을 쓰고 제리는 몇십만 원이면 충분할 테죠. 톰은 제리보다 돈은 10배나 더 썼지만 자기 나라로 돌아가서 한국에 대한 허상이나 사진밖에 남는 게 없을 겁니다. 하지만 제리는 톰보다 돈은 10분의 1밖에 안 썼지만 한국 사람이 사는 모습을 머릿속에 적나라하게 새기고 돌아갑니다. 이 질문은 우리가 여행을 왜 하는가라는 질문과 일맥상통합니다. 돈 많은 톰이 관광지에서 폼잡고 찍은 사진은 남들한테 자랑할 때 외에는 인생살이에 별로 중요하지 않습니다. 그러나 제리가 한국에서 진솔하게 겪었던 체험은 제리의 삶에 큰 도움이 되죠. 제리는 남들한테 자랑하기보단 자기 자신이 성숙하게 됩니다. 자신의 삶을 더욱 지혜롭게 보게 됩니다. 여행은 밖에서부터 안으로 우리의 삶을 되돌아 보게 만들죠. 꼭 외국여행이 아니라 인천 앞 바다 가까운 섬으로의 여행도 그렇죠. 저는 지난 여름에 캄보디아로 여행을 간 적이 있었는데 정말 그런 여행을 하였습니다. 여행을 간다면 대개 끌고 다니는 커다란 트렁크형 가방에 옷을 몇 벌씩 싸 가지고 가는데, 제가 가지고 간 짐은 가벼운 가방 안에 잠자기 전 빨래할 때 갈아 입을 티셔츠와 반바지 하나씩, 볼펜과 수첩 하나씩이 전부였지요. 일부러 카메라도 안 가지고 갔습니다. 그렇게 가벼운 몸으로 캄보디아 체험을 하고 오니 그 여행의 잔향이 아직도 진합니다. 그 유명한 앙코르와트에서 찍은 사진 한 장 없어도……

가끔 일상에서 벗어나
여행을 가야 한다.

**다른 생각**

가끔 멋있는 것을 보러
관광을 가야 한다.

26

# 야망을 가지며 살라고?

## 야망을 가지는 인생

제가 고등학교 때 영어 선생님께서 2차대전 때 영국수상, 처칠이 했다고 하는 유명한 연설문의 한 부분을 소개해 주셨습니다. "Boys, be ambitious!" 이 문장을 "소년들이여, 야망을 가져라!"로 해석하시더군요. 저는 이 말이 참 인상적으로 들렸습니다. 그런데 야망이란 말이 멋있게 들려 아직까지 기억하고 있을런지는 몰라도 이 말이 제 인생에 큰 영향을 주진 못했습니다. 그리 큰 야망을 가지며 살지 못했으니까요. 만일 제가 그 말을 듣고 큰 야망을 품었다면 아주 유명한 큰 인물이 되었을까요? 제가 아마 야망을 가졌다면 저는 큰 도둑(大盜)이 되었을 가능성이 더 큽니다. 원래 야망이란 단어를 사전에서 찾아보면 바라서는 안 될 일을 바라는 일입니다. 분에 넘치는 희망입니다. 야망을 가지는 야심이란 순하지 않고 걸핏하면 남을 해치려는 야비한 마음입니다. 절대 좋은 말이 아니죠. 그러니까 "Be ambitious"란 말은 "야망을 가지라"는 말보다는 "대망을 품어라"는 해석이 더 맞겠죠. 그렇다면 사람들은 나쁜 희망인 야망보다는 큰 희망인 대망을 품어야 하나요? 과연 그럴까요?

## 서원이란 말의 의미

불교에서는 희망이란 말과는 다르게 서원(誓願)이란 말을 씁니다. 서원이란 불자가 중생 구제의 바램을 맹세하는 것입니다. 이러한 서원을 하기 위해서는 지금보다 낮아져야 한다는 것이지요. 즉 희망이 지금보다 크고 높아지는 것을 추구한다면, 서원은 지금보다 작고 낮아지는 것을 추구합니다. 꼭 이런 서원이라는 종교적 가르침이 아니더라도 우리는 인생살이에 있어서 지금보다 크고 높게 성장해야겠다는 희망보다 작고 낮게 임해야겠다는 마음이 더 필요합니다. 이 말은 종교적인 지침이 아니라 오히려 우리의 일상 생활의 지침을 위해 필요합니다. 우리 인류는 18세기 산업혁명 이후로 성장 지상주의 · 확대 제일주의 · 발전 최고주의를 가장 큰 가치로 알며 살아왔습니다. 서구화 · 도시화 · 산업화 · 현대화 · 선진화 된 사회에 있어서 성장 · 확대 · 발전에 이의를 제기하는 사람은 별로 없었습니다. 그것은 거부할 수 없는 절대적 이데올로기로 우리의 일상적 생활에도 깊이 스며들었습니다. 그래서 대부분의 사람들은 그러한 절대 이데올로기에 휘말려 더 크고 높은 위치에 오르기 위해 야망이나 대망과 같은 커다란 희망을 가지며 열심히 살아야 한다고 했습니다. 하지만 이렇게 하는 동안 더욱 중요한 가치는 훼손되고 말았습니다. 그 결과는 인간성 상실이나 생태환경 오염과 같은 심각한 문제를 야기하게 되었습니다.

## 소망을 가지는 인생

전 이러한 상황에서 야망 · 대망과 같은 큰 희망보다는 소망을 가지며 살아야 한다고 생각합니다. 소망(素望)이란 소박한 바램입니다. 서원이란 말이 종교적 색채가 강하다면, 소망은 생활적 의미가 강합니다. 이런 소망과 관련되어 저의 인생관은 "소심하게 살자"입니다. 인생관이 소심하게 사는 것이라고 말하면 사람들은 처음에 웃지만 소심의 한자 뜻을 알려주면 고개를 끄떡입니다. 小心이 아니라 素心! 즉 소박한 마음이죠. 제가 지어낸 말인 소락(素樂), 즉 소박한 즐거움은 그런 생각을 담고 있습니다. 전 그래서 음식도 특별히 맛난 음식인 미식(美食)보다 평범하고 소박한 음식인 素食을 좋아합니다. 제가 가장 질려하는 음식은 다 먹을 수도 없는 걸 한상 거나하게 차리는 한정식입니다. 그냥 반찬 한두 가지 해서 먹는 걸 좋아하지요. 특히 냉장고에서 남아돌아 버려질 음식 먹는 걸 좋아합니다. 로또마냥 대박(大舶)을 터뜨리는 것보다 적당히 적은 수입으로 소박(素朴)한 삶을 지속하는 게 좋다고 봅니다. 소박한 바램! 소박한 마음! 소박한 음식! 소박한 인생! 성장 · 확대 · 발전이 아니라 소박한 바램을 가질 때 우리 삶은 지속적으로

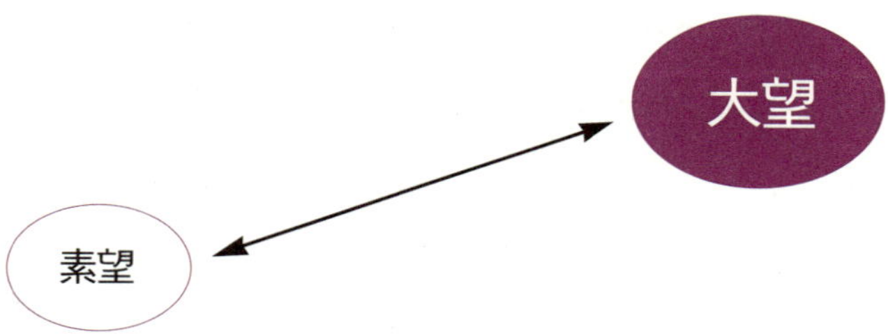

여유로워질 수 있다고 봅니다. 이는 윤리도덕책에 나올 이상적 얘기가 아니라 우리가 지속적으로 살아갈 수 있는 가장 절실한 현실이라고 판단합니다.

사람은 낮아지기 위해
소망을 가지며 살아야 한다.

**다른 생각**

사람은 높아지기 위해
야망을 가지며 살아야 한다.

27

# 환상을 깨며 살라고?

## 물레방앗간 이야기

옛날에 똘똘이라는 사람이 살았습니다. 똘똘이가 사는 마을에는 물레방앗간이 있었습니다. 이 물레방앗간에 대해서는 전해 내려오는 전설이 아주 다양하게 많았죠. 그래서 할머니들은 손주들한테 물레방앗간에 얽힌 재미있는 옛날 이야기를 들려 주기도 하며, 동네 아낙들도 빨래터에서 물레방앗간에서 일어났다는 낯 뜨거운 옛날 얘기들을 하면서 깔깔대기도 하였습니다. 마을사람들에게 물레방앗간은 이야기의 원천이기도 하며 정신적 버팀대였습니다. 그런데 똘똘이는 좀 깐깐한 사람이라 물레방앗간에 얽힌 모든 전설들의 허상을 하나하나 벗기기 시작했습니다. 그랬더니 물레방앗간의 전설들은 하나같이 다 허구임이 드러났습니다. 똘똘이는 흥분하였습니다. 이제 물레방앗간의 허구를 까발리면 마을 사람들은 아주 깜짝 놀라

겠지? 이런 마음으로 똘똘이는 동네 사람들을 모아놓고 물레방앗간에 얽힌 이야기들은 다 허구이며 거짓이라고 논리적으로 하나하나 설명을 했습니다. 그 다음에 똘똘이가 어떻게 되었냐구요? 똘똘이는 그 날 밤 동네 어른들에게 흠뻑 얻어 터지도록 맞고 마을에서 쫓겨났다고 합니다. 왜 그랬을까요?

## 꿈이라는 에너지

우리 인간은 꿈을 먹고 사는 존재입니다. 마틴 루터 킹 목사의 짧은 이 한마디는 미국 전 흑인의 가슴 속에 파고 들었습니다. *"I have a dream! 저에겐 꿈이 있습니다!"* 그 꿈은 뭔가 크게 이루겠다는 커다란 야망이나 대망이 아니라 작은 소망일수록 힘찰 수 있습니다. 가령 우리나라 대통령이 되겠다는 장대한 꿈보다 시골학교 선생님이 되겠다는 소박한 꿈이 더욱 역동적일 수 있습니다. 나이가 들수록 꿈은 작아진다기보다 나이가 드는 만큼 알차지는 것이지요. 그런 알찬 꿈은 인간을 움직이는 동력입니다. 그런 인간에게 꿈이라는 에너지가 사라지면 무력해지고 맙니다. 똘똘이는 동네사람들에게 그런 꿈을 빼앗아 버리려고 한 것이죠. 물레방앗간에 깃들어 얽힌 여러 전설적 이야기들은 마음 사람들에게 생기있는 꿈을 준 정신적 버팀목이었습니다. 사람들은 물레방앗간으로부터 어려울 때 위로받고 슬플 때 즐거워할 수 있었습니다. 물레방앗간에는 마을 사람들의 꿈이 있었습니다. 똘똘이는 아무리 물레방앗간의 허상을 벗기려고 했지만 그것은 마을 사람들의 꿈을 빼앗아 없애버리려고 하는 꼴이 되고 말았던 것이죠.

## 꿈을 가진 인간

다른 동물과 비교하여 인간을 규정짓는 표현은 참 많습니다. 호모 사피엔스(homo sapiens: 사고하는 인간), 호모 에렉투스(homo erectus: 똑바로 서는 인간), 호모 파버(homo faber: 도구를 쓰는 인간), 호모 루덴스(homo ludens: 놀이하는 인간), 호모 외코노미쿠스(homo œconomicus: 경제적 인간), 호모 네간스(homo negans: 부정할 수 있는 인간), 호모 콘숨멘스(homo consummens: 소비하는 인간), 호모 소키에스(homo socies: 사회적 인간), 호모 폴리티커스(homo politicus: 정치하는 인간), 호모 노부스(homo novus: 새로움을 추구하는 인간), 호모 텔레포니쿠스(homo telephonicus: 전화하는 인간), 호모 에티쿠스(homo etiqus: 윤리적 인간), 호모 에스페란스(homo esperans: 희망하는 인간), 호모 로퀀스(homo loquens: 언어를 쓰는 인간), 호모 아텍스(homo artex: 예술하는 인간), 호모 릴리지서스(homo religiosus: 종교를 가진 인간) 등등등…… 이 중에서 호모 에스페란스(homo esperans), 즉 희망하는 인간은 동물과 달리 꿈을 먹고 사는 존재라는 의미죠. 인간에게 꿈은 환상일 수 있습니다. 그러므로 환상에 너무 빠져서는 안 되겠지만 적당한 환상의 꿈은 가지는 것이 좋을 듯합니다. 사람은 나이들수록 꿈이 없어지지 않

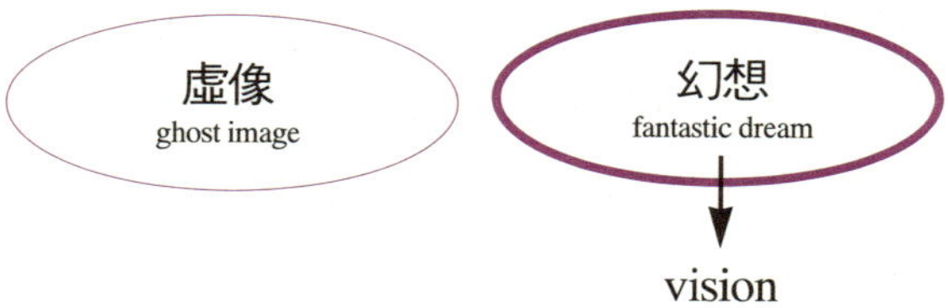

습니다. 허황된 꿈은 없어지되, 현실적 꿈은 다채로와집니다. 그런 환상(幻想, fantastic dream)의 꿈은 도깨비와 같은 허상(虛像, ghost image)과 달리 인간에게 창의력 있는 에너지가 되는 비전(vision)일 수 있습니다. 그런 비전을 가지면 남들이 못 보는 것을 볼 수 있는 힘이 생기지요. 하늘을 난다는 환상이 정말로 하늘을 날 수 있게 하였듯이……

사람은 환상을 가지되
환상에 빠지지 말아야 한다.

**다른 생각**

사람은 환상을 버리며
현실에 충실히 살아야 한다.

28

# 열심히 바쁘게 살라고?

## 시간 절약을 위한 수술

얼마전 남성 잡지를 보니까 어떤 성공한 남자를 소개하는 글이 있었습니다. 이 사람은 무슨 보험회사 영업사원인데 우리나라에서 영업 실적이 가장 많은 사람이라고 합니다. 한 달 벌어들이는 수입이 1억 원이 넘는다고 하더군요. 그래서 고객들을 관리하기 위해 3명의 직원을 두며 일한다고 하더군요. 가지고 다니는 핸드폰도 3개씩이나 된다고 합니다. 그 글에서 이 사람은 대한민국에서 가장 바쁜 사람이라고 소개하였습니다. 얼마나 바쁘냐 하면 아침에 면도할 시간조차 아까운 사람이라고 하더군요. 정말 그런지 이 사람은 아침에 면도할 시간을 없애느라 얼굴에 수염이 나지않게 하는 제모 수술을 받았다고 하더군요. 다른 사람은 이 부분에 대해 감명을 받았을

지 모릅니다. 와! 시간 절약을 위하여 제모 수술까지 받는 투철한 직업 정신을 본받아야 하겠구나! 하지만 전 반대로 충격을 받았습니다. 아니 아침에 면도할 시간을 줄이느라 제모 수술까지? 제 상식으로는 도무지 이해가 되지 않았습니다.

## 죽는 날에 아쉬운 점

이 사람이 이렇게 제모 수술까지 하면서 열심히 돈을 벌려고 하는 것은 자신의 성공을 위하여 열심히 일하는 모습입니다. 자본주의 사회에 있어서 이런 사람은 본받을 수 있습니다. 하지만 이 사람이 죽는 날까지 이렇게 열심히 돈벌려고 하다가 죽는다면 이 사람은 어떤 유언을 남길까요? 들리는 말에 의하면 보통 죽는 사람들의 유언은 대개 한결같다고 합니다. 내가 더 열심히 일을 못했다라든지, 돈을 더 못 벌었다든지, 내 인생에서 더 이룩한 업적이 없어 서운하다고 하는 사람은 절대 없다고 합니다. 그런 점이 아니라 내 인생에서 가족에게 더 많은 사랑을 주지 못하고, 더 많은 정을 쌓지 못하고, 친구들을 더 많이 만나지 못한 점을 서운해 하며 눈을 감는다고 합니다. 즉 업무적인 아쉬움이 아니라 인간적인 아쉬움을 남기며 저 세상으로 간다고 합니다.

## 행복 측정 방정식

현대인은 성공 신드롬에 진하게 물들어 있습니다. 대중매체에서 보여지는 이 시대에 성공한 사람들의 모습은 대개 바쁘게 사는 사람들입니다. 우리는 그들의 모습을 부러워 하기도 하고 나도 바쁘게 살아야겠다며 다짐합니다. 허나 그런 부러움과 다짐 속에서 우리 인생에 있어서 아주 중요한 점을 간과할 수 있습니다. 바쁘게 사는 사람들은 과연 행복한 사람들인가요? 바쁘게 사는 인생보다 행복하게 사는 인생이 중요합니다. 진정 성공한 인생이란 앞으로 출세하기 위해 바쁘게 일하는 인생이 아닙니다. 지금 행복하다고 사는 인생이 성공한 인생이지요. 출세와 성공은 그 본질이 다릅니다. 출세하는 인생이 성공하는 인생은 아닙니다. 출세가 남에게 보여지는 외면적인 것이라면 성공은 나에게 느껴지는 내면적인 것입니다. 어떤 영국의 학자가 행복지수 측정법을 내놓았는데 그 내용이 재미있습니다. 행복=$P+(5\times E)+(3\times H)$ 여기서 P는 인생관 · 적응력 · 탄력성 등 개인적 특성이고, E는 건강 · 돈 · 인간관계 등 생존 조건이고, H는 자존감, 기대, 유머감각 등 더 높은 수준의 개인적 특성이라고 합니다. 이 행복 방정식에 보면 권력이나 지위같은 것은 전혀 있지도 않으며 돈은 하나의 부분적 요소에 불과합니다. 그보다는 인간적인 요인이 사람의 행복을 크게 좌우하는군요. 이 세상에서 스리랑카 사람들의 행복감이 가장 크다는 것도 같은 맥락입니다. "노세, 노세, 젊어서 노세"라는 점잖치 못한 우리 전통 노랫가사도 알고보면 좀 음미할 맛이 있

개미와 베짱이 신화

습니다. 행복감은 주로 노는 것에서도 나오는 것이니까요. 어릴 적에 교과서에서 읽었던 '개미와 베짱이' 이야기에서 세뇌되었듯이, 개미처럼 부지런히 일하는 것이 미덕이며, 베짱이처럼 게을리 노는 것이 악덕이라는 생각은 이제 고리타분합니다. 러셀(Bertrand Russell)이 쓴 『게으름에 대한 찬양』은 그런 관점에서 읽어볼 만합니다. 우리 제대로 놀고 즐기며 삽시다! 일만 부지런히 열심히 하지 말고! 미래의 성공을 위해 사는 게 행복한 인생이 아니라 지금 행복하다고 사는 게 성공한 인생이지요.

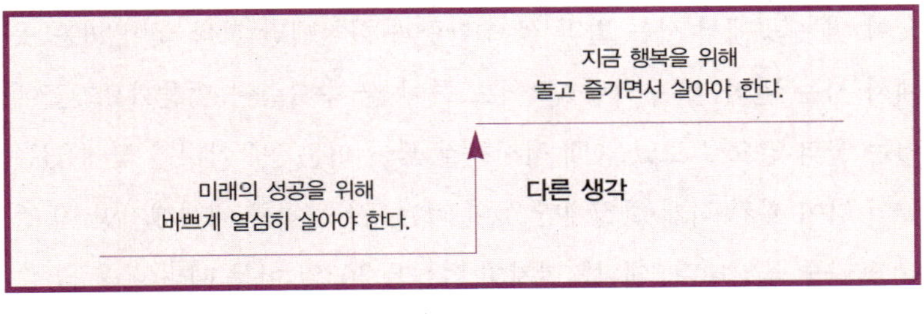

29

# 스트레스 받지 말라고?

## 미꾸라지와 벌꿀 이야기

▶첫번째 질문입니다. 미꾸라지들만 살고 있는 곳, 미꾸라지들이 커다란 메기 한 마리와 같이 살고 있는 곳에서 어느 쪽 미꾸라지들이 더 건강할까요? 메기가 없어 잡혀먹힐 아무 스트레스 없이 평화롭게 살던 곳의 미꾸라지! 아니면 메기에게 잡혀먹지 않으려고 늘 긴장하며 살아야 했던 곳의 미꾸라지! 정답은 나중 쪽입니다. 왜냐? 전자의 미꾸라지들은 너무도 한가한 나머지 무기력해졌기 때문이며, 후자의 미꾸라지들은 메기에게 안 잡혀 먹히려고 스트레스 받고 긴장하며 왔다갔다 운동량이 많아져 실한 근육이 붙어서죠. ▶두번째 질문입니다. 사시사철 꽃이 피는 곳에서 사는 벌의 꿀 수확량과 한철에만 바짝 꽃이 피는 곳에서 사는 벌의 꿀 수확량 중 어느 쪽이 꿀 수확량이 많을까요? 꽃에 있는 꿀의 양으로 보았을 때 사시사철 꽃이 피는 곳! 아니면 꽃에 있는 꿀의 양이 훨씬 적게 한철에만 꽃이 피는 곳! 눈치를 채셨겠지만 이 정답도 나중 쪽입니다. 왜냐? 전자의 벌들은 365일 아무 때나 꿀을 딸 수

있기에 꿀을 딸 생각이 점점 없어지게 되었고, 후자의 벌들은 지금 요때 아니면 딸 수 없기에 스트레스 받고 긴장하며 꿀을 열심히 따게 되기 때문이죠.

## 스트레스와 업무 성과

이 미꾸라지 이야기와 벌꿀 이야기가 의미하는 바는 무엇일까요? 그것은 우리 인간의 삶에 있어서도 긴장과 스트레스가 필요하다는 것이지요. 사람이 살아가는데 아무 스트레스나 긴장 없이 룰룰랄라 하루하루를 보내게 되면 무기력해집니다. 우리가 통념적으로 생각하기에 스트레스는 우리 인간에게 매우 나쁜 영향을 미친다고 보기 쉽지만 사실은 전혀 그렇지가 않다고 합니다. 심리학자들이 스트레스가 업무성과에 미치는 영향을 밝힌 연구에 의하면 스트레스는 업무 성과에 어느 정도까지는 좋은 영향을 미친다고 합니다. 그러니까 스트레스가 높아질수록 업무 성과도 역시 높아지는 것이지요. 물론 스트레스의 정도가 너무 높아지면 그때부터는 업무 성과가 떨어진다고 합니다. 그래서 X축의 스트레스 정도와 Y축의 업무 성과 정도를 그래프로 그리면 역U형의 관계를 보인다고 합니다. 그러니까 '∧' 한 모양의 그래프가 그려지는 것이지요. 스트레스가 어느 정도까지 올라갈수록 업무 성과는 높아지지만, 스트레

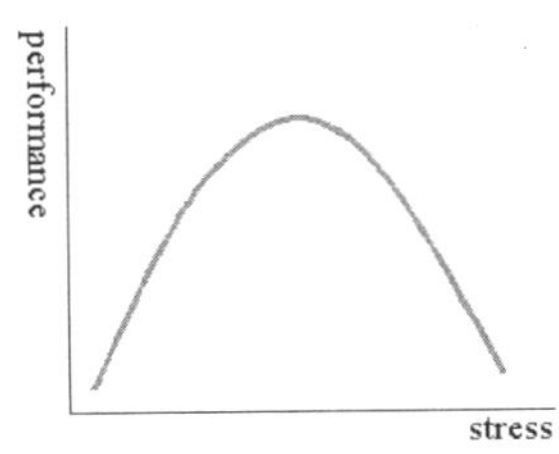

스가 어느 정점 이후로 높아지면 업무성과가 떨어지는 모양입니다.

## 스트레스와 삶의 행복감

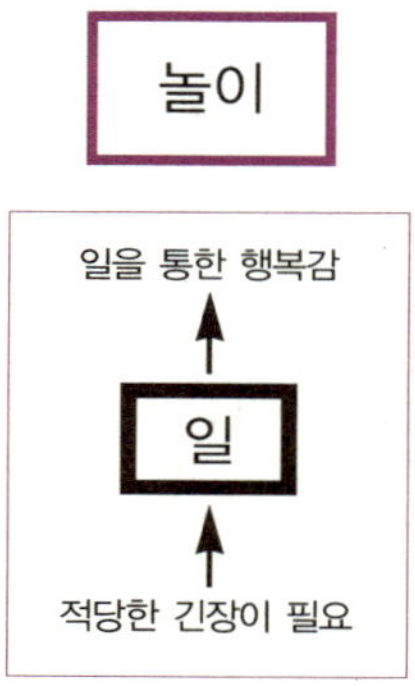


스트레스는 업무 성과 뿐만이 아니라 삶의 행복감에 어떤 영향을 미칠까요? 스트레스 없이 살아야 행복하게 살 수 있을까요? 그렇지 않습니다. 인생에서 행복감을 더 느끼는 사람은 하루라는 짧은 시간은 빨리 간다고 생각하지만, 10년이라는 긴 시간은 느리게 간다고 생각한답니다. 자기의 일로 긴장을 하여 하루가 어떻게 지났는지 모르게 빨리 가지만, 세월이 흐르면 그 일로 인한 성취감을 느끼기에 10년은 길다고 생각하기 때문입니다. 반대로 인생에서 행복감을 덜 느끼는 사람은 하루라는 짧은 시간은 느리게 간다고 생각하지만, 10년이라는 긴 시간은 빨리 간다고 생각한답니다. 할 일 없이 빈둥빈둥 하루하루를 보내니까 하루라는 시간을 꽤 지겹게 느끼지만 별로 한 일이 없이 세월만 갔다고 느끼기에 10년이란 세월은 후딱 지난다고 생각하기 때문입니다. 어느 정도 스트레스를 받고 긴장하며 사는 것은 우리를 행복하게 합니다. 스트레스를 좋게 보면 우리 삶을 적당히 조여주는 좋은 긴장감입니다. 이렇게 말하니까 바로 전의 글과 모순되게 들리는 것 같지요? 전에는 열심히 바쁘게 살기보다 놀고 즐기며 사는 것이 좋다고 했는데 말이지요. 그런데 그 때는 오로지 열심히 일하는 것에 대한 다른 생각이었고, 지금 이 글은 열심히 일하는 경우에 있어서 스트레스 없는 것이 아니라 스트레스를 가지고 긴장해야 일이 잘 된다는 뜻이지요.

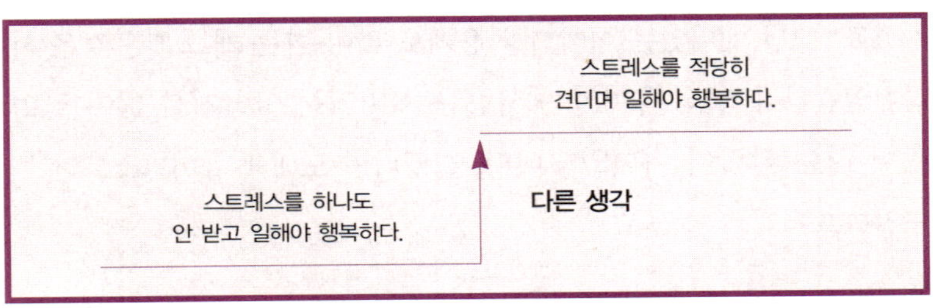

30

# 유머 있는 사람이라고?

## 재미있는 이야기와 유머

저에게 매주 화요일이면 '유머 통신'이라는 제목으로 이메일을 보내주시는 분이 계십니다. 첨부파일을 열어보면 재미있는 이야기가 그득합니다. 누가 그리도 재미있는 이야기를 잘도 만들어내는지 인간의 머리는 참 대단합니다. 어떤 사람들은 그런 재미있는 이야기를 들으면 메모하기도 합니다. 저도 가끔 아주 재미있는 이야기를 들으면 메모하였지만 이상하게 그 재미있는 이야기를 말할 기회가 없더군요. 어쩌다 그 얘기를 용하게 기억해서 말한다고 하더라도 그냥 웃고 말 뿐 저보고 유머있는 사람이라고 하지 않았습니다. 다른 사람의 경우도 마찬가지였죠. 그냥 재미있는 이야기를 용케도 많이 아는 개그맨과 같은 사람이었습니다. 결국 유머있는 사람은 재미있는 이야기를 많이 알며 많이 하는 사람이 아니었습니다. 그렇다면 도대체 유머리스트란 누구일까요?

## 무학대사와 이성계의 유머

제가 재미있는 이야기를 머릿속에 외워서 하는 것보다 제가 그냥 아무 생각없이 편하게 툭 던지는 말을 듣고 사람들이 웃는 경우가 많았습니다. 또 어떤 사람이 그냥 그러려니 하면서 막 하는 말을 듣고 제가 웃는 경우가 많았습니다. 결국 유머란 개그(gag)처럼 재미있는 이야기를 안다고 되는 것이 아닙니다. 개그맨들이 모두 유머리스트는 아니지요. 조크(joke)로 툭 던지는 말이 바로 유머가 되는 경우가 많은데 무학대사가 그렇습니다. 이성계가 무학대사에게 농을 겁니다. "대사는 돼지처럼 보이오!" 이 말을 듣고 무학대사가 응답하였죠. "전하는 부처처럼 보입니다!" 이성계가 묻습니다. "내가 대사를 돼지처럼 보인다고 했는데, 대사는 왜 나보고 부처처럼 보인다고 하였소?" 대사가 말합니다. "돼지의 눈에는 돼지가 보이고, 부처의 눈에는 부처가 보이는 법입니다!" 이 말을 듣고 이성계는 한바탕 크게 웃으며 대사에게 졌다고 합니다. 이러한 무학대사의 대처 능력이 유머이지요. 학교에서 말썽을 피워 엄마 모시고 오라는 선생님에게 "우리 엄마는 외간 남자 안 만나는데요"라고 말해 무서운 선생님을 웃게 만든 학생의 경우도 유머입니다. 호랑이 선생님의 무서운 질책 때문에 서늘한 한기가 느껴졌던 교실 분위기가 이 학생의 한마디로 밝아졌습니다. 이런 유머가 있으려면 전체적 상황을 관조하는 여유가 있어야 합니다. 아마도 무학대사가 왕을 만나서 위축되고, 학생이 선생님한테 혼나서 잔뜩 쫄았다면 마음의 여유도 없어졌을 것이고 그런 유머가 순순히 나오지 못했겠지요.

## 토머스 모어의 유머

16세기 영국 역사에서 토마스 모어는 반역죄로 런던탑에 갇혀 단두대의 이슬로 사라지게 됩니다. 이때 그가 죽기 전에 했다던 말은 두고두고 명언이 되었습니다. "내 목은 매우 짧으니 조심해서 자르게. 내 수염은 죄가 없으니 자르지 말게!" 죽는 순간에도 모어는 여유있는 마음, 즉 유머를 잃지 않았던 것이지요. 링컨의 유머도 대단했지요. 미국 대통령후보 합동회견 자리에서 경쟁 후보가 링컨을 가리키며, 링컨은 두 얼굴을 가진 이중인격자라고 공격했습니다. 이때 링컨은 이렇게 말했답니다. "여러분께서 잘 생각해 보시기 바랍니다. 만일 제가 두 얼굴을 가진 사나이라면, 오늘같이 중요한 날에 잘 생긴 얼굴로 나오지, 이렇게 못 생긴 얼굴을 가지고 나왔겠습니까?" 그 자리가 완전히 웃음바다가 되었겠지요. 2차대전을 승리로 이끈 처칠이 노동당의 끊임없는 국유화 정책논쟁에 시달리던 시기에 화장실에서 노동당 당수를 만났답니다. 처칠은 모른 척하고 볼 일을 보고 있는데, 노동당 당수가 왜 모른 척하냐고 시비를 걸었답니다. 이때 처칠은 이렇게 말했다지요. "당신은 큰 것만 보면 국유화하자고 하는데, 내 것을 보면 국유화하자고 할까봐 아는 척 못했소!" 이 정도면 가히 9단급 경지의 유머이지요? 유머란 상대방을 약올리는 것이 아니라 상대방을 뛰어넘는 것입니다. 이런 유머는 절대 재미있고 웃기는 이야기를 머릿속에 가진다고 나오지 않습니다. 유머는 웃기는 이야기의 암기능력이 아니라 상

개그맨

유머인

황을 전체적으로 관조하면서 순간적으로 대처하는 지적 능력입니다. 이런 유머인이 된다는 것은 사오정 시리즈 따위를 안다고 되는 게 아니라 대단한 내공을 필요로 하는 일이지요.

유머가 있으려면
재미있는 얘기를 알아야 된다.

**다른 생각**

유머가 있으려면
여유있는 마음을 가져야 한다.

## 생활에 대한 사고의 전환

- 남자는 점잖고 여자는 얌전해야 한다.
  **남자나 여자나 애교가 있어야 한다.**
- 사람은 강한 자존심을 가지고 살아야 한다.
  **사람은 높은 자존감을 가지고 살아야 한다.**
- 열등감을 내버리고 우월한 자신감이 있어야 한다.
  **열등감을 바탕으로 겸손한 담대함이 있어야 한다.**
- 사람은 창피함이나 부끄러움이 없이 살아야 한다.
  **사람은 창피함보다 부끄러움을 갖고 살아야 한다.**
- 가끔 멋있는 것을 보러 관광을 가야 한다.
  **가끔 일상에서 벗어나 여행을 가야 한다.**
- 사람은 높아지기 위해 야망을 가지며 살아야 한다.
  **사람은 낮아지기 위해 소망을 가지며 살아야 한다.**
- 사람은 환상을 버리며 현실에 충실히 살아야 한다.
  **사람은 환상을 가지되 환상에 빠지지 말아야 한다.**
- 미래의 성공을 위해 바쁘게 열심히 살아야 한다
  **지금 행복을 위해 놀고 즐기면서 살아야 한다.**
- 스트레스를 하나도 안 받고 일해야 행복하다.
  **스트레스를 적당히 견디며 일해야 행복하다.**
- 유머가 있으려면 재미있는 얘기를 알아야 된다.
  **유머가 있으려면 여유있는 마음을 가져야 한다.**

# 지혜

# wisdom

지식 있는 사람이 지혜롭지 못할 수 있으며,
지혜 있는 사람이 지식이 적을 수 있습니다. 지혜란 지식을 넘습니다.
일상에 있어서 우리 삶을 보다 풍요롭게 하는 지혜가 있을까요?
이런 지혜에 대해 다른 생각을 가지면 지혜로운 생활을 할 수 있지 않을까요?

## 지혜에 대해 이렇게 생각하세요?

1. 감수성이 높은 사람은 센티멘털한 감상이 풍부하다.
2. 비전이란 하고 싶은 것을 이루려는 희망이다.
3. 거시적 시각이란 작은 걸 안 보는 통 큰 시각이다.
4. 사물이나 현상을 알려면 환원적 분석부터 해야 한다.
5. 위인전을 읽어야 위인을 본받는 행동을 한다.
6. 상식을 많이 알아야 유식한 사람이 될 수 있다.
7. 지식을 많이 가져야 지혜로운 사람이 된다.
8. 아는 것이 없는 것이 무식이며 아는 것이 많은 것이 유식이다.
9. 내 생각을 주장하는 고집이 있어야 추진력이 있다.
10. 카리스마란 일을 이끌어 가는 추진력이다.

31

# 감수성이 예민하다고?

## 눈물바다가 된 행사장

예전에 제가 우리 딸아이 학교에 간 적이 있었습니다. 여자 고등학교에서 1학년 신입생들을 대상으로 2박 3일 동안 학교에서 숙박을 하는데, 이 행사 기간 동안 학부모들이 참가하는 프로그램이 2시간 정도 있었습니다. 저는 거기에 제 딸을 보러 간 것이죠. 여고생들이 노래도 부르고 춤도 추고 그러는데, 제 딸이 거기에 있어서 참 재미있고 생동감 넘치는 행사였습니다. 그런데 활기찬 공연이 끝나더니 어느 여학생이 부모에게 보내는 편지라는 것을 읽기 시작하였습니다. 그리고 옆에 있는 엄마나 아빠에게 하고 싶은 이야기를 맘껏 하라고 하였습니다. 엄마 · 아빠가 안 온 학생들끼리는 서로서로 이야기를 하였습니다. 저도 그래서 제 딸과 이야기를 하였습니다. 제 딸도 그 행사의 감상적 분위기 때문인지 제법 센티멘탈해지더니 제게 말을 소곤소곤 잘 하더군요. 그런데 주위를 돌아보니 여학생들 대부분이 눈물을 펑펑 흘리며 울고 있는 것이었습니다. 제 딸도 보니까 눈물을 흘리더군요. 전 깜짝 놀랐습니다. 아니 잘 얘기하다가 갑자기 왜 우는 거야? 남북이산가족 상봉장도 아니고 도대체 왜 우는 거지? 이런 질문을 스스로에게 하는데 더욱 더 눈물 바다가 되었습니다.

## 센티멘털한 감정

제가 보기엔 그렇게 펑펑 울 이유가 하나도 없었습니다. 처음엔 우는 이유를 전혀 알 수 없었습니다. 그러나 곧 그 분명한 이유를 알게 되었습니다. 그 결정적 이유는 저의 감수성과 여고생의 감수성이 전혀 다르기 때문입니다. 여고생 때는 감수성이 한창 예민한 때라고 사람들은 말합니다. 나뭇잎이 떨어지는 것만 봐도 슬피 울고, 나뭇잎이 굴러가는 것만 봐도 깔깔대며 웃을 수 있는 시기라고 합니다. 멋대가리 없는 시커먼 남자들이 보면 아무 슬플 일도, 별로 웃길 일도 아닌 것을 가지고 그리 울고 웃고 그러니까요. 저의 감수성은 아무리 울라고 해도 안 울 정도로 메말라 있지만, 여고생들은 눈물샘을 살짝만 건드려도 펑펑 웁니다. 한마디로 여고생은 센티멘털한 감정이 대단히 풍부했던 것이죠. 그렇다면 여고생들은 감수성이 높은 것일까요? 우리는 감수성이 높은 것을 이렇게 감정이 풍부하여 비오면 마음이 웬지 울적해지고 블루해지며 눈물이 나는 센티멘털한 감정이라고 생각합니다. 높은 감수성이란 과연 그런 의미일까요?

## 센서티브한 감성

하지만 감수성이란 그런 블루이즘이 아닙니다. 감수성이란 단지 감상(sentiment)만이 아니라 감정(emotion), 감성(affection)이 종합적으로 예민한(sensitive) 것입니다. 여기서 예민하다고 하면 툭 건드리면 금방 반응하는 것이 아니라 주변의 상황에 자신을 예민하게 맞추는 것이지요. 감수성의 정도를 나타내는 감성지수(EQ)도 그런 감상적 차원의 센티멘털한 감정을 나타내는 수치가 아닙니다. EQ가 높은 사람은 남의 마음을 잘 헤아리고 자기 마음을 잘 다스릴 수 있는 사람입니다. 즉 감수성이란 센티멘털한 감상이 아니라 똑같은 사람이나 사물, 현상에서 더 많은 것을 받아들이는 센서티브한 감성에 가깝습니다. 센티멘털한 감상이 아무리 풍부해도 남이 무슨 생각을 하는지 전혀 모르는 채 자기 감정에 치우쳐 생각하며, 자존심에 상처받으면 마음 속의 화를 통제하지 못하는 충동적인 사람은 EQ가 낮은 사람입니다. 툭하면 눈물이 많은 사람은 감성지수가 아니라 감상지수가 높은 사람입니다. 지능지수인 IQ가 높은 사람은 학습 능력이 높습니다. 그런 사람과 비교하여 볼 때 감성지수인 EQ가 높은 사람, 즉 감수성이 높은 사람은 다른 사람의 감정을 이해하는 능력, 자기 감정을 조절하는 능력, 자기 동기부여 능력과 같이 관계 능력이 높습니다. 한마디로 감수성이 높은 사람은 타인의 감성과 나의 감정에 대해 예민하게 자신을 통제할 수 있는 것이지요. 저도 한때는 제가 꽤 감수성이 예민한 사람인 줄 알았는데, 그 의미를 알고나니까 오히려 저

| 자기 감정에<br>센티멘털한<br>**감상** | 주변 상황에<br>센서티브한<br>**감성** |
|---|---|

는 감수성이 둔감한 사람이었더군요. 남이 그런 감정을 가질 수도 있다는 걸 잘 모르고 자기 감정에 휩싸이기 쉬운 강팍한 사람이었으니까요. 지금도 그런 경향이 농후합니다. 그래도 예민한 감성을 가지려고 힘쓰고 삽니다.

감수성이 높은 사람은
센서티브한 감성이 예민하다.

**다른 생각**

감수성이 높은 사람은
센티멘털한 감상이 풍부하다.

32

# 비전이 희망이라고?

## 비전은 희망

비젼인지 비전인지 'Vision' 이란 말은 그 사운드가 참 기분좋게 들립니다. 외국어지만 우리말처럼 친근하게 들립니다. 그 의미도 참 기분좋습니다. 비전을 희망이라고 해도 될까요? 하지만 굳이 어색한 우리말로 해석하지 않고 그냥 비전이라고 하는 것이 훨씬 좋습니다. 가령 지도자의 자질 중에서 비전 제시 능력이라는 것이 있는데, 이를 희망 제시 능력이라고 해석하면 뜻은 맞는 것 같은 데 좀 어색합니다. 하지만 어떤 사람이 미래에 대한 비전을 가지고 나아가자라고 한다면 다 알아듣습니다. 앞날에 대한 밝은 희망을 가지고 나아가자라는 뜻이구나라고 말이죠. 그래서 '비전=희망' 이라는 등식이 성립될 수도 있습니다. 하지만 이 등식이 과연 맞는 것일까요? 생각해 볼 여지가 충분히 있습니다. 비전은 과연 희망인가요?

## 비전은 능력

하지만 비전은 절대 희망을 뜻하는 허황된 단어가 아닙니다. 이보다도 분명한 의미가 담겨 있는 실질적 단어입니다. 비전을 앞날에 대한 밝은 희망이라고 할 때 비전은 잘못하면 허황된 '뻥'일 수 있습니다. 지도자가 앞날에 대한 밝은 희망을 제시했는데, 즉 비전을 제시했는데 그것이 실현불가능한 희망일 때 그렇습니다. 고급 사기꾼들의 핵심 무기가 바로 그러한 의미의 비전입니다. 앞으로 이렇게 될 것이라고 순진한 사람들에게 밝은 비전을 제시하며 사기를 칠 수 있습니다. 하지만 비전이란 앞날에 대한 밝은 희망이 아닙니다. Vision이라는 영어 뜻 그대로 말하자면 '보는 것'입니다. 무엇을 보는 것이냐 하면 남들이 못보는 것을 보는 것입니다. 'vision'은 'visible'이라는 단어와 같은 뿌리를 가지는데, 'visible'이 '볼 수 있는'이란 형용사이듯이, 'vision'은 볼 수 있는 힘을 뜻하는 명사입니다. 진정한 지도자는 되지도 못할 것을 가지고 가슴 벅찬 희망을 보여주며, 사람들에게 뻥을 치며 억지로 끌고 가는 것이 아니라 사람들이 미처 보지 못한 것을 보여주며 사람들을 따라오게 만드는 실질적 능력이 있는 것이지요.

## 비전과 사업

가령 어떤 회사 사장이 직원들에게 우리 회사는 매출을 계속 늘려 앞으로 이 업계에 있어서 가장 큰 회사가 될 것이며 가장 월급도 많이 받는 회사가 될 것이라고 조회 시간에 얘기한다면 이것은 이 회사의 앞날에 대한 벅찬 희망을 제시하는 것이지만 비전을 제시하는 것은 절대 아닙니다. 하지만 어떤 회사 사장이 우리 회사는 다른 회사에서 절대 따라오지 못할 핵심 기술이 있기에 이 업계에 있어서 가장 앞서가는 회사가 될 것이며 가장 기쁘게 다닐 수 있는 알찬 회사가 될 것이라고 말하는 것은 비전을 제시하는 것입니다. 왜냐하면 남들이 못보는 것을 가지고 핵심기술을 개발하여 그것으로 직원들의 마음을 실질적으로 움직이고 있기 때문입니다. 전 예전에 '스타벅스' 커피의 창업자인 슐츠(Howard Schultz)가 쓴 자서전, 『커피 한 잔에 담긴 성공신화』라는 책을 읽었습니다. 그 책에서 저는 비전의 좋은 사례를 알 수 있었죠. 저는 사실 스타벅스나 맥도널드와 같은 미국의 다국적 기업을 달가와 하지 않지만 기업가 정신으로서 스타벅스 창업자가 가졌던 비전은 본받을 만했습니다. 정말로 우습게 볼 수 있는 커피 한 잔에서 남들이 못 본 것을 보는 능력, 즉 비전이 있었기에 스타벅스가 이렇게 성장 · 발전할 수 있었구나라는 생각을 했습니다. 슐츠는 처음부터 세계적 커피 전문점이라는 앞날에 대한 벅찬 희망을 가졌던 것이 아니었죠. "커피 한 잔으로 고객들에게 색다른 체험을 줄 수 있겠구나"라는 남이 못 보는 것을 볼 수 있는 능력, 즉 비전이 있었기에 커피 한 잔으로 성공신화를 이룰 수 있었던 것이었죠. 비전은 미래에 대한 막연한 희망이 아니라 미래를 만들어갈 수 있는 실질적 능력입니다. 작은 식당을 하든, 큰 회사를 운영하든 비전이 있어야, 즉 남이 못 보는 것을 볼 수 있어야 기획력이 생기는 법이지요. 남이 하는대로, 지금까

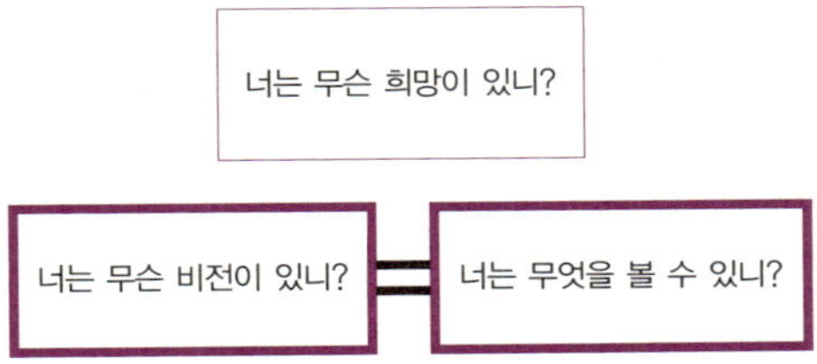

지 하던대로가 아니라 남과 다르게, 새롭게 하게 되니까요. 앞날에 대한 큰 희망만 가진 채, 비전 없이, 즉 남이 똑같이 보는 대로 하다가는 잔뜩 힘만 들게 됩니다. 희망에 꺾이고 맙니다.

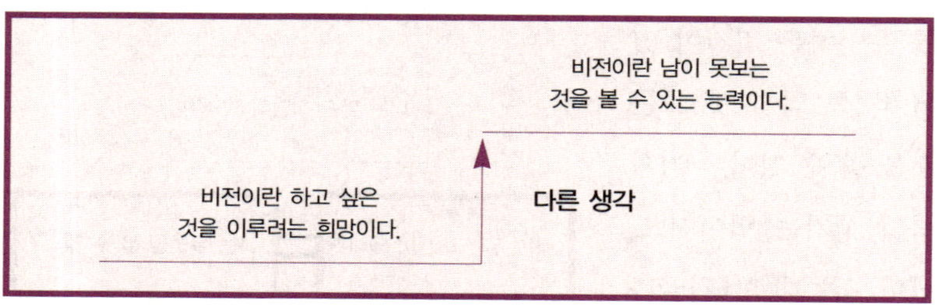

33
# 통이 커야 한다고?

## 거창한 통치 이념

21세기가 언제부터 시작되었을까요? 2000년이 아니고 2001년부터 시작되었을까요. 달력으로 따졌을 때는 그렇지만, 시대의 흐름으로 보면 1991년부터 시작되었다고 보는 것이 정설입니다. 그 해에 소련의 해체로 냉전이 종식되었으며, 정보화 사회를 실질적으로 구현시킨 월드와이드웹(www)이 개발되었습니다. 또 전세계적으로 세계화 바람이 슬슬 불기 시작할 무렵이었지요. 우리 정부는 이에 편승하여 거창한 통치이념을 마련했습니다. 바로 세계화입니다. 그 당시 국제화라는 말은 알아도 세계화라는 단어는 생소할 때였습니다. 정부의 세계화 선언은 국민들에게 그리 와닿지 않은 것 같습니다. 단지 대우와 같은 기업이 TV 광고에서 세계 경영을 외치던 것처럼 기업들의 해외 진출과 국민의 해외여행을 자유롭게 하면 세계화가 되는 것이려니 하였습니다. 즉 정부는 세계화라는 거창한 슬로건만 만들었지, 이에 따른 구체적인 철학을 가지지 못했던 것이지요. 큰 것만 챙기고 작은 것은 그냥 그러려니 하였으니까요.

## 작은 것을 무시

사실 세계화의 이면에는 강대국이 만들어 낸 세계 통치이념이 은근히 배어 있습니다. 강대국이 자기 나라의 정치적 · 경제적 · 문화적 야망을 달성하는데 있어 가장 적절하며 편리한 개념이 바로 세계화입니다. 이러한 세계화의 본질을 간과한 채 세계화만 외쳐대면 곤란합니다. 지나간 인류의 역사를 보면 이 세상을 얼마나 하찮은 자들이 다스리는지 알아둘 필요가 있습니다. 이 말은 제 얘기가 아니라 17세기의 스웨덴 정치가 옥센세르나 백작이 죽으면서 유언으로 했다는 말입니다. 하찮은 자들은 작은 것을 무시해서 통만 크던지, 아니면 작은 것에만 신경 쓰는 속 좁은 사람들이겠지요. 이 글에서 문제 삼는 건 통이 크다고 스스로 자부하는 것입니다. 터크만(Babara Tuchman)이 쓴 『바보들의 행진』이라는 책에서는 트로이 전쟁에서 베트남 전쟁까지 독선과 아집으로 나라를 망친 오만한 통치자들을 신랄하게 비판합니다. 바보와 같은 통치자들의 행진은 독선과 아집의 역사라는 것이지요. 이는 어느 특정 통치자만의 특별한 역사가 아니라 인류 역사상 돌고 도는 보편적 역사랍니다. 세계화를 부르짖었던 우리 정부도 독선과 아집으로 작은 것을 무시하고, 세계화라는 통 큰 시각만 가지다가 IMF라는 처참한 종말을 맞고 말았지요.

## 작은 것도 조망

"거시적인 시각을 가지라!" 언뜻 보면 배포가 커 통 큰 시각과 거의 같은 말로 들립니다. 하지만 전혀 그렇지가 않습니다. 통 큰 시각은 작은 것을 무시하지만 거시적 시각이란 작은 것도 큰 틀에서 볼 수 있는 안목입니다. 한마디로 거시적 시각이란 조감적 시각입니다. 조감(鳥瞰)이란 높이 나는 새가 보는 전체적 시각이지요. Bird Eye View! Aerial View! Holistic View! Perspective! 다 같은 의미입니다. 전체적인 시각에서 보면 작은 것을 절대로 무시할 수 없습니다. 작은 것을 큰 시각에서 볼 수 있으므로 전체적인 모습을 더욱 또렷하게 볼 수 있습니다. 그런 조감적 시각이 통 큰 시각과 완전히 차원이 다른 거시적 시각이지요. 거시적 시각을 가지면 작은 것을 무시하지도, 또는 작은 것에 집착하지도 않게 됩니다. 작은 것을 큰 틀에서 보니까, 작은 것이 중요하게 보이면 더욱 신경을 쓸 수도 있고, 또 작은 것이 큰 틀에서 보아 중요하지 않으면 큰 신경을 쓰지 않아도 된다고 생각할 수 있기 때문입니다. 그렇다면 거시적 시각이란 "나무를 보지말고 숲을 보라"는 말과 같은 뜻일가요? 아니지요. 분명한 차이가 있습니다. 나무를 보지말고 숲을 보게 되면 하나하나의 나무를 무시하고 못 볼 수 있습니다. 하지만 작은 것을 큰 틀에서 보는 거시적 시각을 가지게 되면 하나하나의 나무를 챙겨서 볼 수 있습니다. 새는 높이 날며 넓게 보면서 벌레와 같은 작은 것을 봅니다. 그렇듯 하나하나의 나무가 어떻게 숲을 이루

며, 그 나무들 중에서 무엇이 귀한 나무이고 아닌지 통찰할 수 있는 힘이 생깁니다. 즉 전체적인 조화(balance)와 맥락(context)을 파악하는 힘이 생기는 법이지요.

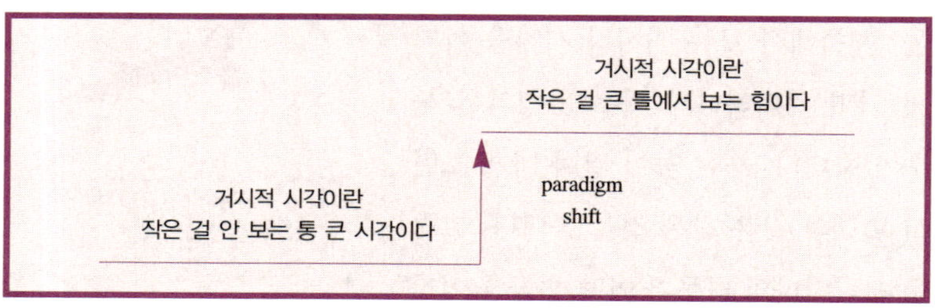

34

# 자세히 분석한다고?

## 분석의 뜻

분석(分析)이라는 말이 있습니다. 나눌 分, 쪼갤 析, 즉 어떤 물질이나 현상을 아주 자세하게 나누고 쪼개어 본다는 뜻입니다. Analysis(분석)의 어원은 그리스 말인 '해방시킴'에서 나왔다고 합니다. 전체로 묶여 있던 것을 나누고 쪼개어 그 구성 요소들을 하나하나 해방시킨다는 의미가 분석이라는 뜻이지요. 고대 그리스 철학자들은 만물의 근원을 물 · 불 · 공기 · 흙으로 보았다고 하지요. 그것이 맞고 틀리고를 떠나서 이는 서양과학의 근원이 그렇게 환원적으로 만물을 분석하는데서 시작하였음을 의미합니다. 그렇게 자연과학은 하나하나 나누고 쪼개어 본질 요소를 파악하는 학문입니다. 화학은 물질을 분석하여 원소를 밝혀냈고, 물리학은 힘을 분석하여 초끈을 밝혀냈고, 생물학은 생명체를 분석하여 유전자를 밝혀냈습니다. 사회과학에서 조사란 어떤 사회적 현상에 대해 하나하나 나누고 쪼개어, 즉 분석하여 사회 현상의 본질 요인을 파악하려는 활동입니다. 그렇게 자연과학이든 사회과학이든 분석은 중요합니다. 분석을 했다고 하면 자연현상이나 사회현상의 본질에 대해 아주 잘 파악한 것이라고 당연히 생각합니다. 이렇게 분석하면, 즉 나누고 쪼개어 보면 아주 잘 파악하게 되는 것일까요?

## 분석의 늪

분석의 섬(analysis island)이라는 말이 있습니다. 분석의 늪(analysis swamp)이라고도 하지요. 이 말은 우리가 자세하게 나누고 쪼개는 분석을 할 때 그 분석에서 헤어나오지 못하고 결국 그 분석의 섬에 빠지게 되는 것을 말합니다. 가령 우리가 통계 분석을 할 때에도 통계의 섬(statistics island)에 빠지게 되는 수가 있습니다. 통계란 어떤 현상에 대해 조사하기 위해 객관적인 통계 수치를 내려는 것인데 그 통계를 수행하는 과정에서 조사의 목적을 잊어버리고 통계라는 수단에 휘말리어 빠져나오지 못하는 것입니다. 또 우리는 조사에 휘말려 빠져나오지 못할 때 조사의 섬(research island)에 빠질 수 있습니다. 분석의 섬이든, 통계의 섬이든, 조사의 섬이든 이 말들이 뜻하는 바는 목적하는 바를 망각하고 수단에만 집착하게 되는 경향을 말합니다. 이런 분석의 섬에 빠지게 되면 목적과 상관없이 쓸데없는 분석을 하게 됩니다. 어떤 두툼한 분석 보고서를 보면 사물이나 현상을 이해하는 데 아무 도움이 되지 않는 나열된 자료만 볼 수 있습니다. 그런 것들은 분석을 열심히 한 결과이겠지만 영양가 없는 자료의 쓰레기이기 쉽습니다. 대부분의 사회과학 논문을 보면 조사나 실험 결과에 대한 통계 분석이 필수처럼 보입니다. 그 결과 쓰레기와 같은 논문이 양산될 수 있지요. 분석에 있어서 객관적 방법의 엄밀성은 흠잡을 데 없지만, 연구자가 제안하는 주관적 의미성은 하나도 없는 논문들이 그렇지요. 그런 정크 논문들은 껍데기와 같은 분석방법만 있고 의미있는 알갱이는 전혀 없습니다.

## 통찰의 눈

분석의 섬에 빠지지 않으려면 거시적인 시각을 가져야 합니다. 거시적 시각의 핵심이 바로 통찰(insight)입니다. 우리는 사물이나 현상을 바로 알기 위해서 무조건 분석을 하기보다는 먼저 통찰을 해야 합니다. 서양이 나누고 쪼개는 환원적 분석 중심의 과학체계를 발전시켜 왔다면, 동양은 합치고 뭉치는 종합적 통찰 중심의 사유체계를 발전시켜왔지요. 여기서 환원적 분석이란 지금 상태 이전의 원래 모습으로 되돌리기 위해 나누고 쪼갠다는 의미이며, 반대로 종합적 통찰이란 지금의 상태를 더 큰 시각에서 바라본다는 뜻이지요. 환원은 분석하게 하지만 종합은 통찰하게 합니다. 그리하여 종합적인 사고를 통한 통찰력은 동양이 서양보다 몇 수 위입니다. 종합적 통찰력을 가지면 절대로 분석의 섬에 빠지지 않습니다. 종합적 통찰 이후의 환원적 분석이 분석을 의미있게 합니다. 저는 PR과 광고라는 사회과학을 하는 입장에서, 소비자

조사 · 분석이 아니라 생활자 체험과 이해가 중요하다는 논문을 「한국광고홍보학보」라는 학술지에 발표한 적이 있는데, 이 역시 분석보다 통찰이 중요함을 주관적으로 제안하는 것이었지요.

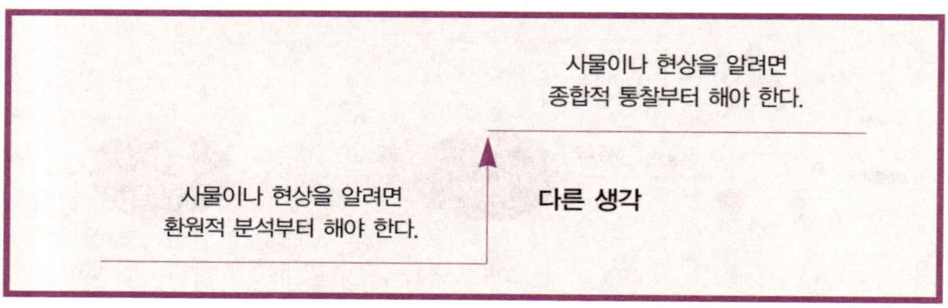

35

# 위인전을 읽으라고?

## 부루노와 갈릴레이

16세기 유럽 사람들은 지구가 우주의 중심이며 하늘이 움직인다는 생각을 가지고 있었죠. 지금도 눈으로 보면 지구는 평평하고 하늘의 별들이 움직이니까 피상적인 천동설은 절대적인 진실처럼 보입니다. 지동설을 처음으로 증명하였던 사람은 폴란드의 코페르니쿠스였습니다. 하지만 지동설이 담긴 자신의 책이 죽고나서 출판되었으므로 코페르니쿠스는 죽임을 면합니다. 코페르니쿠스의 『천체의 회전에 관하여』란 책은 부르노의 세계관을 바꾸어버렸습니다. 그는 유럽 전역을 떠돌며 지동설이 진리라며 설파하였습니다. 이러한 부루노의 행동은 기득권 세력인 교회에 용서할 수 없는 도전이었죠. 재판을 받게 된 부루노는 자신의 생각을 꺾지 않고 서슴없이 독설을 퍼부었습니다. 결국 그는 화형을 당합니다. 부루노 이후에 저 유명한 갈릴레이도 지동설을 주장하였지만 그는 나중에 교회로부터 재판을 받으면서 기득권 세력에 굴복하고 말며 조용하게 말년을 지냅니다. 이렇게 굴복하며 속으로 내뱉던 말이 "그래도 지구는 돈다"라고 전해집니다.

## 위대한 사람의 실체

진정 천동설을 몸으로 저항했던 사람은 화형까지 당했던 부루노이지만 후세의 사람들은 갈릴레이를 기억합니다. 이러한 갈릴레이는 한마디로 위인전에 나오는 인물입니다. 갈릴레이를 위인전으로 읽으면 기득권 세력의 권위에 대해 그래도 "지구는 돈다"며 끝까지 저항했던 위인이지만, 인물전으로 읽으면 기득권 세력에 굴복한 허약한 지식인이었습니다. 어떤 사람이 위인이라는 시각을 가지고 읽으면 그 사람에 대한 편협한 생각을 가질 수 있습니다. 링컨을 위인전으로 읽으면 어릴 때부터 빌린 책을 되돌려준 정직한 아이로, 또 노예를 해방시킨 인간미 넘치는 대통령입니다. 하지만 사실은 그렇지 않습니다. 링컨은 노예 해방을 추진한 휴머니스트가 아니라 오로지 미국 연방을 추진한 내셔널리스트였습니다. 링컨을 인물전으로 읽으면 남부가 연방 탈퇴 선언을 하자 이에 맞서 결단력 있게 일으킨 남북전쟁을 승리로 이끌어 USA(美合衆國)라는 미국 연방을 만든 사람입니다. 노예 해방이라는 공적은 그냥 자동으로 얻어진 덤이었죠. 나폴레옹을 위인전으로 읽으면 "내 사전에 불가능은 없다"라는 명언을 남긴 전쟁 영웅으로 그려지지만, 인물전으로 읽으면 전쟁의 승패보다 냉랭해진 조세핀이라는 한 여자의 마음을 돌리려고 애간장을 태우며 안절부절했던 한 남자를 만나게 됩니다.

## 위인이 아니라 인물

〈아주 기묘한 이야기〉라는 일본영화를 본 적이 있습니다. 영화를 보면 그 사람은 원래 영웅이 아니라 아주 겁 많은 바람둥이였는데 어찌어찌 되다보니까 그냥 운좋게 혼란시대를 통일한 영웅이 되었다는 것이지요. 하지만 그 무사시대의 영웅을 위인전으로 보면 허상을 보게 됩니다. 그래서 위인전이 아니라 인물전을 보아야 합니다. 또 위인전을 읽으면 슈바이처나 이순신처럼 훌륭하다는 사람만 알게 되지만, 인물전으로 읽으면 히틀러나 폴포트처럼 악랄하다고 하는 사람들도 알게 됩니다. 수많은 사람들을 학살한 역사적 배경이 무엇인지 이해할 수 있습니다. 무조건 나쁜 사람이라고 비난하는 것이 아니라 왜 나쁜 사람이 되었는지 비판할 수 있게 됩니다. 비난과 비판에서 '비'는 한자가 다릅니다. 비난에서의 '비'는 부정을 뜻하는 아닐 '非'를 쓰지만, 비판에서의 비는 비교를 뜻하는 견줄 '批'를 씁니다. 비판은 비난이 아니며, 또 비판은 부정이 아닙니다. 비난(非難)이 무조건적인 부정으로 남의 잘못이나 결점을 책잡아서 나쁘게 말하는 것이라면, 비판(批判)이란 상대적인 비교로 사물의 옳고 그름을 가리어 판단하거나 밝히는 것이지요. 위인전을 읽으면 비판적 사고 없이 그 위인을 위인으로 만들기 위한 다양한 찬미적 수식으로 그 인물의 꾸며진 허상을 볼 수 있지만, 인물전을 읽으면 그 사람이 왜 그런

그를 인물로 보는 비판적 시각
그를 위인으로 보는 찬미적 시각

사람이 될 수 있었는지 비판적 사고로 그 인물의 진정한 실체를 알게 됩니다. 위인전을 읽으면 가슴속이 찡하지만, 인물전을 읽으면 머릿속이 깨어나는 경험을 합니다.

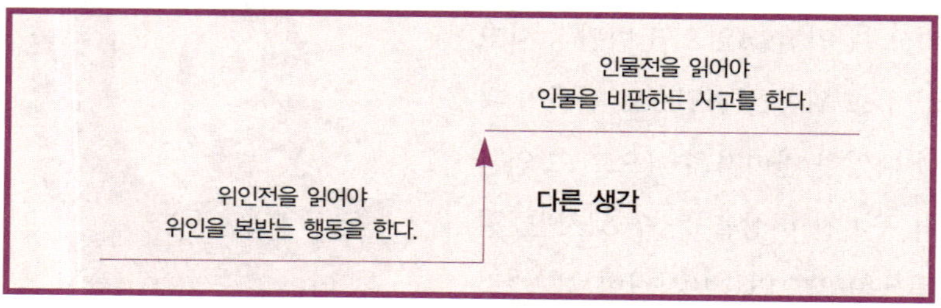

36

# 상식을 많이 알라고?

## 파편적 암기 지식

나는 생각한다. 고로 나는 존재한다(데카르트), 아는 것이 힘이다(베이컨), 내일 지구가 망하더라도 오늘 사과나무를 심겠다(스피노자) 등등…… 뭐 이런 격언식의 명언들은 참 많이 있습니다. 우리는 이런 명언들을 학교 다닐 때 사회 시간에 많이 배웠습니다. 이런 명언들을 많이 아는 사람들은 좀 유식해 보입니다. 그래서 사람들은 "17세기에 영국의 철학자 누구가 무슨 말을 했더라!"라는 말로 자신의 유식을 과시하기도 합니다. TV 퀴즈 프로그램에서도 어느 명언을 얘기하며 이 명언을 말한 사람의 이름을 묻는 질문을 할 수도 있습니다. 이렇게 명언을 많이 알면 유식한 것일까요? 그런데 우리는 그 명언을 누가 말했는지에 대한 단편적 암기 지식만 있고 그 말이 왜 그렇게 나왔는지에 대한 복합적 이해 지식은 없을 수가 있습니다. 그렇다면 그 암기 지식은 우리 머릿속 지혜와 아무런 관련이 없는 파편적 지식에 불과할 수 있습니다.

## 악법도 법이라는 명언

가령 소크라테스가 "악법도 법이다!"라는 명언을 남기며 독배를 마시고 죽었다고 합니다. 사회를 가르치는 선생님은 소크라테스가 그런 명언으로 법의 중요성을 우리에게 일깨워주며 아무 저항없이 죽게 되었다고 말할 수 있습니다. 바로 이러한 현상이 단편적 암기 지식만 있고 그 말이 왜 그렇게 나왔는지에 대한 복합적 이해 지식이 없는 경우입니다. 사실 "악법도 법이다"라고 하는 말은 과거 군사독재 정권자들에게 아주 근사한 말이었습니다. 자신들의 권력 유지에 맞는 법을 만들어 놓고 무조건 복종하라며 국민들에게 은근한 압력을 행사하는 데 딱 적당한…… "저 훌륭한 철학자 소크라테스도 악법도 법이라며 독배를 마시고 죽은 경우도 있지 않았느냐? 법은 무조건 따라야만 하는 것이야!" 그러나 사실 소크라테스가 독배를 마시고 죽게 된 앞 뒤 맥락의 연유를 알고 보면 "악법도 법이다"라는 말은 정반대의 의미를 가집니다. 소크라테스는 그 당시 젊은이들을 타락시켰다는 죄목으로 붙잡혀 들어갔을 때 탈출할 수도, 굴복할 수도 있는 상황에서 "악법도 법이다!"라는 말을 남기고 독배를 마시며 기꺼이 죽었습니다. 이 때 "악법도 법이다!"라는 말의 의미는 "악법도 법인가?"라는 반항에 가깝습니다. 그것은 소크라테스가 할 수 있는 가장 무게 있는 저항이었습니다. 소크라테스는 악법을 지키기 위해서가 아니라 자신의 철학을 지키기 위해 스스로 죽음을 택했던 것이지요.

## 통상적 통념의 위험

이렇게 우리는 어떤 단편적인 암기 지식만 가지고 사태의 본질에 대해 전혀 잘못 알고 있을 수 있습니다. "악법도 법이다"라는 말을 소크라테스가 했다는 상식 퀴즈 수준의 얇은 지식만 가지고 유식하다고 할 수 없습니다. 이 글에서 말하는 상식이란 Common sense보다는 Common knowledge에 가깝습니다. 즉 Common sense가 사리를 분별하는 일반적 감각이라면, Common knowledge는 머릿속에 가지고 있는 일반적 지식이지요. 그래서 첫 데이트에서 여자는 남자의 Common sense를 테스트합니다. 도대체 이 남자가 여자를 위하는 센스가 있는지 알려고…… 하지만, TV 퀴즈 쇼에서는 출연자의 Common knowledge를 테스트하지요. 이 사람이 어떤 특별한 지식을 알고 있는지 알려고…… Common sense가 아닌 Common knowledge의 차원에서 'commom' 은 상식적이라는 뜻인데, 통상적이면 통념적이기 쉽습니다. "악법도 법이다 = 소크라테스"는 통상적으로 우리가 알고 있는 통념입니다. 통념적인 상식은 우리를 무지몽매하며 우둔하게 만듭니다. 우리의 통념적 상식대로 하면, 소크라테스가 악법이라도 지키기 위해 "악법도 법이다"라는 명언을 남기고 독배를 마시고 기꺼이 죽은 것으로 알 듯이…… 통상적인 통념에서 벗어나기 위해서는 상식을 전반적 맥락으로 이해해야 합니다. 그렇게 상하 전후 좌우로 깊게 이해하는 상식만이 진정 유식하게 하여 우리를 지혜롭게 하는 것이지요. 입사시험용 상식책을

그대 정녕 유식한가요?

통째로 외워 아무리 많은 상식들을 머릿속에 가지고 있다한들, 퀴즈 쇼에서 대단한 상을 받았다고 한들 그것이 평면적인 Common knowledge 라면, 별 가치 없는 죽은 상식이고 맙니다.

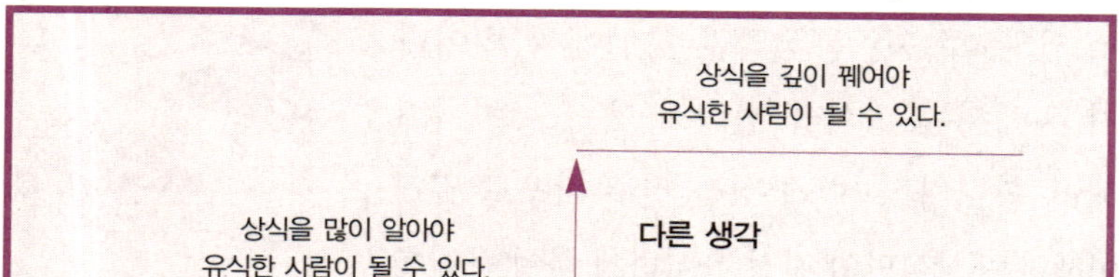

37

# 그대가 지식인이라고?

## 지식인인 김유식씨

김유식이라는 사람이 있었습니다. 이름 그대로 이 사람은 꽤 유식한 사람이었습니다. 공부도 많이 하고 책도 많이 읽어 모르는 게 거의 없는 사람이었습니다. 새로운 책이 나오면 가장 먼저 읽는 사람이 그였습니다. 자신의 전문 분야는 물론 일반상식에 이르기까지 그야말로 걸어다니는 백과사전이라 할 정도로 그는 유식했습니다. 그냥 많이 알고 있는 것이 아니라 아주 깊게 아는 사람이었습니다. 김유식씨에게 어떤 문제의 해답을 물어보면 그는 즉각 명쾌하게 대답하였습니다. 가령 DNA가 무엇이냐고 질문하면, 그는 생명복제가 이렇다느니 저렇다느니 하면서 아주 자세하게 얘기하였습니다. 아울러 DNA를 이용하는 생명기술이 우리 인류를 획기적으로 발전시킬 것으로 생각한다고 말하였습니다.

## 지식과 생각의 관계

김유식씨는 과연 머릿속에 지식이 많았습니다. 하지만 김유식씨가 머릿속에 가진 생각은 옳은 것일까요? 지식과 생각! 이건 따져 보아야 할 화두입니다. 어떤 사람이 지식을 많이 가지면 그의 생각은 옳다며 '지식 많음=생각 옳음'의 패러다임으로 볼 수 있습니다. 하지만 지식과 생각은 전혀 상관관계가 없을 수 있습니다. 지식이 머릿속에 아무리 많이 있다고 하더라도 그의 생각은 잘못될 수 있으며, 머릿속 지식은 별로 없다고 하더라도 그가 가진 생각은 옳을 수 있습니다. DNA를 이용하는 생명기술에 대한 지식이 많았던 김유식씨가 DNA를 이용하는 생명기술이 우리 인류를 획기적으로 발전시킬 것이라고 생각하는 것은 전혀 잘못된 생각일 수 있습니다. DNA를 이용하는 생명기술에 대한 지식이 별로 없는 시골 농부가 DNA를 이용하는 생명기술이 우리 인류를 전체적으로 파멸시킬 것이라고 생각하는 것이 오히려 옳은 생각일 수도 있습니다. 인텔리로 자부하는 이 땅의 지식인들보다 보통 교육을 받은 평범한 촌부가 옳은 생각을 가질 수 있습니다. 김유식씨처럼 지식은 많지만 생각이 그른 사람이 어떤 조직의 결정권자가 되는 것은 매우 위험합니다. 오히려 지식은 없지만 생각이 옳은 촌부가 더 낫습니다. 대개 그 조직의 결정권자가 어떤 지식을 가졌느냐가 아니라 어떤 생각을 가졌느냐가 그 조직의 앞날을 좌우합니다. 옳지 않은 생각을 가지면 망하고, 옳은 생각을 가지면 흥하게 되는 것이 뻔한 이치입니다. 저는 마케팅 전공의 경영학 박사학위를 가지고 있지만, 실제 마케팅에 있어서 그런 학위는 별 중요하지 않다고 봅니다. 알량한 지식보다 근본적 사고가 성공하는 마케팅을 가능하게 한다고 생각합니다. 가령 우리

제품의 브랜드 인지도를 높이기 위해 브랜드 인지도를 높이기 위한 지식을 바탕으로 온갖 수단을 다 동원하는 마케팅보다, 브랜드 가치를 높이기 위한 생각을 바탕으로 다양한 브랜드 접촉점을 관리하는 마케팅이 비교할 수 없을 만큼 더 좋은 결과를 가져옵니다.

## 지식과 다른 지혜

머릿속으로 지식을 받아들이는데 있어서 우리는 그 지식들을 단편적으로 받아들여서는 안 됩니다. 그 지식들이 나의 통찰력 · 판단력 · 사고력을 키우도록 분별력 있게 지식들을 흡수해야 합니다. 김유식씨에게는 그런 분별력이 없었던 것 같습니다. 그러니 DNA를 이용하는 생명기술에 대한 많은 지식들을 그냥 그대로 받아들였겠지요. 그리 되다 보니 DNA를 이용하는 생명기술에 대해 아무런 통찰력 없는 천박한 생각을 가지게 되었을 겁니다. 이것이 왜 천박(淺薄)한 생각, 즉 낮고(淺) 얇은(薄) 생각이 될 수 있는지에 대한 구체적 논의는 나중에 말씀드리겠습니다. 홍수나는 곳에 식수가 모자라고, 자료가 많으면 정보가 귀하다는 말이 있습니다. 이와 같이 "머릿속에 쓸데 없는 지식만 쌓이면 쓸모 있는 지혜가 사라진다"라는 말도 가능합니다. 가방 크다고 공부 잘하는 것이 아니라는 우리 속담도 같은 의미를 가지고 있습니다. 물론 지식이 많으면 그 지식들을 바탕으로 하여 나의 생각에 큰 발전을 가져올 수 있지만,

지식 많음
knowledge

생각 옳음
intelligence

나의 생각이 커지는 것이 아니라 괜히 깡통머리만 잔뜩 커지는 결과가 될 수도 있습니다. 지혜나 지성은 지식에서 나오지 않습니다. 생각에서 나옵니다.

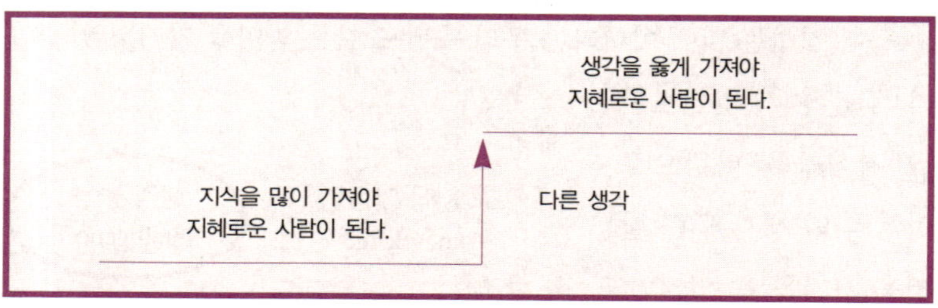

38

# 아는 것이 많다고?

## 안다고 설치는 모모씨

모모씨는 좀 무식했습니다. 좀 무식한 것이 아니라 아주 무식했습니다. 모모씨는 머릿속은 텅텅 빈 것 같았는데 아주 말이 많았습니다. 말이 그냥 많다기보다 시끄러울 정도로 많았습니다. 빈 깡통이 요란하다는 우리말 속담이 딱 들어맞았죠. 모모씨는 무슨 문제가 나오든 자기가 누구보다도 잘 알고 있다는 식으로 말하였습니다. 굉장히 자신감이 넘쳤습니다. 모모씨는 무식했지만 누구보다도 말발은 셌습니다. 그 말발은 자신의 무식을 덮고도 남음이 있었죠. 무식한 사람이 말발까지 셌으니 모두들 당해내지 못했습니다. 모모씨는 모든 문제에 대해 겁없이 설쳐대었습니다. 그러던 모모씨가 어찌된 연유로 자기가 아는 게 모자람을 알게 되었습니다. 돈과 시간이 많았던 모모씨는 자신의 모자라는 지식을 보충하고자 모 대학교 부설 최고경영자 과정을 수강하게 되었습니다. 이때 들은 여러가지 단편적 지식들은 모모씨가 남 앞에서 말을 하는데 아주 좋은 재료가 되었습니다. 조금 아는 것을 부풀리는데는 원래 천부적 자질이 있는 모모씨였습니다. 그래서 모모씨는 자신의 말발을 더욱 강력하게 키우게 되었습니다.

## 아는 것이 없는 무식

우리 주위에 모모씨 같은 사람이 있습니다. 좀 아는 체 하는 사람들이죠. 무식하면 용감해진다는 말이 있습니다. 이 말은 사람이 제 분수를 모르고 겁없이 설칠 때 하는 말입니다. "선 머슴이 사람 잡는다"는 우리말 속담도 비슷한 뜻이지요. 섣불리 안다고 하는 사람이 치명적인 실수를 저지릅니다. 무식하면 모모씨처럼 말발이 세지 않더라도 행동이 용감해질 수 있습니다. 그렇다면 무식한 사람은 왜 용감해질까요? 이 질문에 대답하기 위해서 우리는 무식이란 말의 정의를 바르게 내려야 합니다. 무식이란 말의 피상적 정의는 유식의 반대말로 머리 속에 지식이 없다는 것입니다. 모모씨와 같은 경우도 머릿속에 지식이 없었지요. 사실상 아는 것이 없는 모모씨는 빈 머리를 채우기 위해 공부를 했습니다. 즉 무식에서 벗어나 유식해지기 위해 공부를 하였습니다. 이렇게 공부를 하면 유식해질까요? 과연 그렇게 무식이란 유식의 반대말이며, 공부를 하면 유식해지는 것일까요? 이 문제는 그냥 '네' 라고 대답해야 할 것처럼 보이는 당연한 질문 같습니다. 하지만 당연함 너머에(beyond) 생각해 볼 거리가 있는 의미있는 질문입니다.

## 모르는 것을 모르는 무식

유아적 사고의 특징
"모르는 걸 모른다"

모모씨는 아는 게 모자라 공부를 시작했고 그 모자람을 채웠지만, 진정한 공부는 모자람에 대한 인식을 더욱 크게 합니다. 진정한 공부를 하면 아는 게 많아지는 게 아니라 모르는 게 많다는 엄중한 사실을 깨닫습니다. 진짜 공부는 빈 머리를 채우는 공부가 아니라 나의 빈 머리를 알아가는 공부입니다. 이런 공부를 하면 아는 게 많아지는 게 아니라 내가 모르는 게 많다는 사실을 알게 됩니다. 무식이란 모르는 것이 아니라 모르는 것을 모르는 것입니다. 모르는 것을 모르면 다 안다고 유아적으로 생각하기에 용감해질 수밖에 없지요. 참된 지혜는 아는 것이 많은 유식에서 나오는 것이 아니라, 모르는 것을 아는 인식에서 나오는 법입니다. 이 말은 불교의 어느 경전에 나올 법한 지혜의 말씀입니다. 뉴턴처럼 근대에 절대 물리학의 체계를 완성시킨 위대한 과학자도 자기가 가진 지식의 양은 바닷가 모래 한 알의 분량밖에 안 된다고 했다지요. 자신있게 모른다고 말하는 사람은 적어도 무언가는 알고 있는 게 틀림없습니다. 정말 모르는 사람들은 자기가 무엇을 모르는지도 모르는 법이지요. 모르는 것을 모르면, 즉 무식하면 용감해지지만, 내가 모르는 것이 많다는 것을 알게 되면, 즉 참 지혜를 가지면 나는 용감해지기보다 겸손해집니다. 그런데 더욱 오묘한 건 모르는 걸 모른 채 무식하다가, 철이 들면 모르는 걸 아는 참 유식의 단계에 도달하는데, 거기서 더 나아가 입신(入神)의 경지에 오르면 커다란 원리를 깨닫게 되므로 참으로 모르는 것이 없게 되는 열반(nirvana)에 도달한다고 합니다. 하지만 그런 해탈(無我之境)의 경지는 우리네 보통 사람들로서는 어림도 없는 법이니까, 모르는 걸 아는 수준에 가는 것만도 큰 지혜를 얻는 것이겠지요.

모르는 걸 모르는 게 무식이며
모르는 걸 아는 게 유식이다.

아는 것이 없는 것이 무식이며
아는 것이 많은 것이 유식이다.

**다른 생각**

39

# 추진력이 강하다고?

## 추진력이 강한 나

저는 예전에 회사 다닐 때 추진력이 강하다는 말을 좀 들었습니다. 저는 그 말을 듣는 게 그리 기분 나쁘지 않았습니다. 아니 반대로 무척 좋았습니다. 사실 저는 그런 칭찬을 받을 만한 사람이 못 되는데, 사람들이 그렇게 평하는 게 좋았던 겁니다. 제가 왜 그런 평을 들었는지 처음에 저는 솔직히 잘 몰랐습니다. 저는 원래 유순한 사람이라 강한 추진력은 없는데 사람들이 왜 나한테 추진력이 강하다고 하는 것이지? 이런 질문을 할 때 사람들이 저를 잘못 평하고 있다고 생각하였습니다. 저는 '남이 보는 나' 라는 사람보다 '내가 보는 나' 라는 사람을 '객관적으로 보는 나' 라고 생각했었습니다. 남이 보는 나는 추진력이 강한 사람이지만, 내가 보는 나는 추진력이 약한 사람이었습니다. 나는 추진력이 약한 사람이라고 생각하는데 나를 보고 추진력이 강하다고 평하는 이유는 무엇이었을까요? 결국 객관적으로 보는 나는 과연 무엇이었을까요? 저는 그렇게 객관적으로 보는 저의 실체를 오랜 시간이 흐른 후에, 철이 좀 든 후에 알 수 있었습니다. 저는 남이 보기에 추진력이 강한 사람도, 제가 보기에 추진력이 약한 사람도 아니었습니다. 단지 똥고집이 유달리 강한 사람에 불과했습니다. 저를 보고 쇠심줄이라고 평한 것은 알고보니 똥고집이 강하다는 비아냥이었지요.

## 똥고집이 강한 나

사람들은 저를 보고 추진력이 강하다고 했지만 그것은 철들어 생각해보니 그냥 좋게 얘기하는 것이었습니다. 사실 저는 추진력은 약하지만 똥고집은 강한 사람이었습니다. 왜 똥고집이 강한 사람이었느냐 하면 저는 제가 생각한 것에 대해 그것을 어떻게 해서든지 밀어부치려 했습니다. 상대방이 저와 다른 생각을 가지고 있으면 그것은 틀린 생각이라 그 틀린 생각을 바꾸어 저의 생각에 맞추도록 강요하였습니다. 이를테면 광고회사에 다닐 때 회의를 할 때면 저는 광고기획자(AE)로서 제가 설정한 기획 방향에 대해 억세게 몰아부쳤던 것이지요. 카피라이터나 디자이너가 제 기획 방향에 대해 문제를 제기하면 단칼에 잘라버렸습니다. 그리 되다보니 사람들은 제가 추진력이 강하다고 좋게 얘기했던 것입니다. 하지만 저의 실체는 저의 의견만 강하게 고집하는 똥고집이 센 사람이었습니다. 저는 순한 사람이라 늘 열린 마음을 가진 사람이라고 생각하였지만 사실 전혀 열린 마음이 안 된 사람이었습니다.

## 똥고집과 추진력

진정한 추진력은 상대방의 생각을 받아들일 수 있는 열린 마음에서 나옵니다. 하지만 똥고집은 상대방의 의견이나 생각을 부정하고 나의 그것만 생각하는 닫힌 마음에서 나옵니다. 일본 사람들은 몇몇 사람이 조그만 방에서 하는 회의를 공식적인 회의(かいぎ)와 구분하여 우찌아와세(うちあわせ)라고 하는데, 이 말을 한자로 쓰면 打合입니다. 칠 打, 맞출 合! 즉 네 머리의 생각과 내 머리의 생각을 쳐서 하나로 맞춘다는 뜻이지요. 즉 네 생각은 내 생각과 다르니까 틀린 것이라고 보는 것이 아니라 네 생각은 내 생각과 다르지만 틀린 것은 아니니 한번 머리를 맞대고 맞추어보자는 의미가 담겨 있습니다. "사공이 많으면 배가 산으로 간다"는 말은 여러 사람의 의견을 듣다보면 불가능도 가능하다는 뜻으로도 해석될 수 있지요. 틀림(different)과 다름(wrong)은 비슷하게 쓰이기도 하지만 뜻이 전혀 다릅니다. 가령 "난 네 생각과 틀려"라는 말은 "난 네 생각과 달라"라고 해야 맞지요. 서로의 생각이 다르다고 이를 서로 틀린 것이라고 보면 생각을 맞출 여지가 없어집니다. 하지만 서로의 생각이 다르다고 틀린 것은 아니라고 보면 더 발전된 생각을 이끌 여지가 있습니다. 똥고집이 있는 사람은 다른 사람의 생각이 내 생각과 다르면 일단 틀리다고 보지만, 추진력이 있는 사람은 다르다고 이를 틀리게 보지 않는 열린 마음을 가집니다. 일을 하다보면 때로는 자신의 주장을 강하게 관철해야 할 필요도 있지만, 전반적으로 볼

| 똥고집 | 추진력 |
| --- | --- |
| 네 생각은 틀려!<br>내가 하라는대로 해! | 네 생각은 달라!<br>하지만 나는 이해해! |

때 상대의 생각을 받아들이는 것이 진정한 추진력이 됩니다. 물론 여기서 남 생각을 수용한다는 것은 줏대 · 지조 없이 이래도 좋고 저래도 좋다는 식이 아니라 상대방 관점에서 이해하는 易地思之이겠지요.

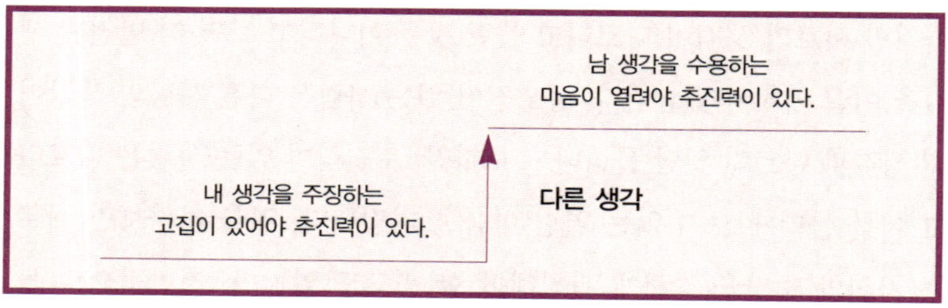

## 40
# 카리스마가 강하다고?

### 추진력과 카리스마

카리스마가 강한 사람이란 어떤 사람일까요? 목소리가 크며 강력한 추진력을 가진 사람…… 회사에서도 카리스마가 강한 사람이란 대개 그런 사람입니다. 그래서 카리스마가 강한 어떤 전형적인 모델을 그리면(typical image modelling), 씩씩하고 용감한 장군의 이미지입니다. 장군도 여러 가지 유형이 있는데 가장 밑에는 우리가 카리스마의 이미지로 떠올리는 용맹스러운 용장(勇將)이 있습니다. 용장 위에 머리를 쓰는 지장(智將), 지장 위에 인간적인 덕이 많은 덕장(德將)이 있습니다. 이 덕장보다 한 수 위의 장군이 있습니다. 바로 복이 많은 복장(福將)입니다. 복장은 뒤로 엎어지면 재수 없게도 코가 깨지는 것이 아니라 재수 좋게도 미인의 허벅지에 닿습니다. 이 복장보다 한 수 위의 장군이 있습니다. 바로 수명이 길어 오래 사는 명장(命將)이라나요? 그런데 이런 복장이나 명장보다 최상급의 장군이 있습니다. 바로 신의 은총을 받은 성장(聖將)입니다. 카리스마가 있는 장군이란 용장, 지장, 덕장, 복장, 명장, 성장의 여섯 가지 단계별 유형 중에서 가장 최하급의 용장이 아니라 최상급의 성장을 뜻합니다. 즉 씩씩하고 용감한 장군이 아니라 신의 은총을 받은 장군에게 카리스마가 있다는 표현을 쓸 수 있습니다. 카리스마란 절대자이신 신이 부여한 특별한 능력입니다. 그렇게 보았을 때, 우리가 카리스마에 대해 용장의 이미지로 가지고 있는 일반적 생각은 통념이자 오해이며 착각입니다.

## 흡입력과 카리스마

카리스마라는 말을 사전에서 찾아보면 우리가 통념적으로 알고 있듯이 강한 추진력과 같은 뜻의 설명은 절대 없습니다. 대신에 신학적 용어로 신이 특별히 부여하는 권능이라고 되어 있습니다. 한마디로 성령의 은사(恩賜)가 바로 카리스마이지요. 우리 역사에서 인간적인 권력이 셌던 인물은 많았지만 신이 특별히 부여하는 권능으로서 카리스마가 있는 인물은 별로 없었습니다. 인간적이 권력이 있는 사람은 추진력이 있으므로 일을 강력하게 이끌어 갈 수 있습니다. 하지만 신이 어떤 사람에게 특별한 권능을 주면 그 사람에게는 추진력과 전혀 다른 동력이 작동하게 됩니다. 그 동력은 바로 흡입력입니다. 흡입력이 강한 사람은 이 흡입력으로 사람들을 끌어들입니다. 추진력이 이끌어 가는(push) 힘이라면, 흡입력은 끌어 당기는(pull) 힘입니다. 그래서 카리스마가 있는 사람이란 목소리가 크며 강력한 추진력을 가진 사람이 절대로 아닙니다. 정반대로 목소리가 작아도 흡입력이 강해 사람들을 끌어당기는 특별한 능력의 소유자입니다. 아무나 가질 수 없는…… 용장마냥 무섭고 목소리가 크고 핏대를 잘 내서, 그래서 사람들이 그 앞에서 벌벌 떨며, 추진력이 있다고 해서 카리스마를 가졌다고 할 수는 없는 이치입니다.

## 카리스마와 인간

흡입력으로서의 카리스마는 억지로 가지려고 해서 되는 것이 아닙니다. 신이 부여하는 특별한 권능이므로…… 그러므로 그 사람이 단지 목소리가 크고 추진력이 강하다고 해서 카리스마가 강하다는 잘못된 표현을 삼가야 합니다. 그것은 카리스마의 본질적 의미와 전혀 어울리지 않는 표현입니다. 카리스마란 아무 때나 쓸 수 있는 통속적 표현이 아닙니다.

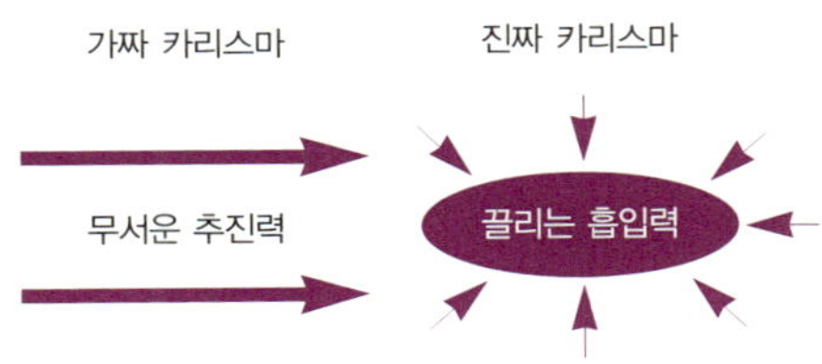


가령 어떤 사람이 참 조용조용한데 이상하게도 그 사람이 하는 작은 목소리의 한 마디 한 마디가 예사롭게 들리지 않으며, 그 사람이 하는 모든 말이라면 다 믿고 싶고, 오직 그 사람을 위하여 그 모든 것을 제쳐두고 어떤 희생도 마다하려 하지 않고 달려들고 싶을 때, 바로 그럴 때 그 사람에게 카리스마가 강하다는 표현을 쓸 수 있습니다. 그런 사람에겐 보이지 않는 어디선가 묘하게 풍기는 어두우면서도 묵직한 향기(暗香)가 납니다. 소프트 파워! 현실적으로 카리스마가 강한 사람을 만나는 게 가능한가요? Impossible dream! 목소리 크고 추진력 강한 사람은 간혹 만날 수 있어도 목소리 작고 흡입력 강한 사람은 좀처럼 만나기 힘듭니다. 카리스마란 결국 우리 인간 저 너머에 있는 신비한 능력이죠. 그렇다면 사이비 교주에게 카리스마가 있는 것일까요? 나름대로 생각해 보세요.

카리스마란
일을 이끌어 가는 추진력이다.

**다른 생각**

카리스마란
사람을 끌어 당기는 흡입력이다.

## 지혜에 대한 사고의 전환

- 감수성이 높은 사람은 센티멘털한 감상이 풍부하다.
  **감수성이 높은 사람은 센서티브한 감성이 예민하다.**
- 비전이란 하고 싶은 것을 이루려는 희망이다.
  **비전이란 남이 못 보는 것을 볼 수 있는 능력이다.**
- 거시적 시각이란 작은 걸 안 보는 통 큰 시각이다.
  **거시적 시각이란 작은 걸 큰 틀에서 보는 힘이다.**
- 사물이나 현상을 알려면 환원적 분석부터 해야 한다.
  **사물이나 현상을 알려면 종합적 통찰부터 해야 한다.**
- 위인전을 읽어야 위인을 본받는 행동을 한다.
  **인물전을 읽어야 인물을 비판하는 사고를 한다.**
- 상식을 많이 알아야 유식한 사람이 될 수 있다.
  **상식을 깊이 꿰어야 유식한 사람이 될 수 있다.**
- 지식을 많이 가져야 지혜로운 사람이 된다.
  **생각을 옳게 가져야 지혜로운 사람이 된다.**
- 아는 것이 없는 것이 무식이며 아는 것이 많은 것이 유식이다.
  **모르는 걸 모르는 게 무식이며 모르는 걸 아는 게 유식이다.**
- 내 생각을 주장하는 고집이 있어야 추진력이 있다.
  **남 생각을 수용하는 마음이 열려야 추진력이 있다.**
- 카리스마란 일을 이끌어 가는 추진력이다.
  **카리스마란 사람을 끌어당기는 흡입력이다.**

# 5 건강 Health

건강은 그 무엇보다 소중합니다.
돈보다 명예보다 권력보다 소중한 것이 바로 건강입니다.
이런 건강에 대해 그럴 듯한 통념을 가질 수 있습니다.
하지만 이런 통념에서 벗어난 다른 생각을 가지면
더욱 건강한 생활을 할 수 있지 않을까요?

## 건강에 대해 이렇게 생각하세요?

1. 날씨가 추우면 감기에 걸리므로 옷을 따뜻하게 입어야 한다.
2. 감기란 기침, 콧물, 몸살이 나는 경미한 병이다.
3. 온 몸 곳곳이 전체적으로 따뜻해야 건강하다.
4. 건강해지려면 골고루 잘 먹어야 한다.
5. 좋은 음식이란 내 입에 맞는 미식이다.
6. 고혈압은 난치 불치병으로 약으로 내려가게 해야 한다.
7. 염증과 통증을 없애려면 좋은 의약품을 먹어야 한다.
8. 지금은 천연물질로 질병을 고치는 대체의학의 시대이다.
9. 모든 병의 원인은 제각각이며 그 치료법도 제각각이다.
10. 헬스장 운동으로 살 빠지면 몸이 건강한 사람이 된다.

41

# 추워서 감기 걸렸어?

## 추위와 관련된 감기

날씨가 추워지면 가장 많이 듣는 말이 감기 걸리지 않게 조심하라는 으레적 인사말입니다. 날씨가 추워지면 감기 걸린다! 너무도 당연하게 들리는 이 말이 과연 맞는 말일까요? 조심한다는 것이 추운 날씨에 노출되지 않도록 옷을 따뜻하게 입으라는 말입니다. 또는 이불 걷어차지 않고 따뜻하게 자야 한다는 말입니다. 그렇게 감기는 추위에 조심하면 안 걸리나요? 가장 근본적인 질문은 "감기는 왜 걸릴까요?" 입니다. 감기는 영어로 'cold' 인데, 이 말도 날씨가 '춥다' 는 의미입니다. 사전에서 감기(感氣)라는 단어를 찾아보면 '추위에 상하여 일어나는 호흡기 계통의 염증성 질환' 이라고 되어 있습니다. 하지만 우리가 감기에 대해 가지고 있는 지금까지의 생각은 틀린 것입니다. 감기는 날씨가 춥다고 걸리는 것이 전혀 아니지요. 추운 날씨가 감기의 원인이 아니라면 감기는 왜 걸릴까요?

## 추위와 무관한 감기

러시아 사람들은 추위에 강합니다. 우리나라 사람들에게 영하 20도는 정말 끔찍한 추위입니다. 우리네 한겨울은 아주 어쩌다 영하 20도가 됩니다. 그러면 우리는 꼼짝 안 하고 방에 틀어박혀 지내고 싶습니다. 하지만 러시아 사람들은 그런 강추위에도 야외활동을 즐겁게 한다고 합니다. 우선 날씨가 추우니까 보드카와 오리고기로 몸을 따뜻하게 한 다음에 이 정도 추위는 아무 것도 아니라는 듯이 웃는 얼굴로 골프를 친다고 하더군요. 그들에게 추위는 생활화되어 있습니다. 오히려 추위를 즐기는 문화에 가깝다고나 할까요? 가끔 러시아 사람들이 추운 겨울날 해수욕으로 몸을 단련한다는 신문 기사나 TV 보도를 접합니다. 우리나라에서도 이런 이벤트가 열리더군요. 추운 겨울날 계곡에 가서 얼음을 깨고 물속으로 첨벙 들어갑니다. 그런 것을 보면 신기합니다. 추운 날 얼음물 속에 들어가는데도 감기 걸리지 않으니까요. 날씨가 추우면 감기 걸린다고 하는데, 혹한에서도 감기는 커녕 추위를 즐깁니다. 또한 극한의 추위가 있는 남극이나 북극 대륙에서는 오히려 감기에 걸리지 않는다고 합니다. 오히려 푹푹 찌는 무더위의 한 여름에 더 지독한 감기에 걸릴 수 있습니다. 이러고 보면 감기는 날씨가 춥다고 걸리는 것이 절대로 아닌 것이 확실합니다.

## 찬 몸과 감기의 관계

우리가 잘 알고 있듯이 감기는 감기 바이러스에 의해 생깁니다. 남극이나 북극에서 감기가 걸리지 않는 이유는 날씨가 너무 추워 감기 바이러스가 아예 없기 때문입니다. 바이러스는 박테리아(세균)와 전혀 다릅니다. 스스로 에너지를 낼 수 있는 박테리아와 달리, 에너지를 낼 수 없는 바이러스는 살아있는 숙주세포 안에서 기생하여야만 살 수 있는 원시 생명체로 감기, 소아마비, 에이즈 바이러스 등이 있습니다. 공중에 떠다니는 감기 바이러스가 몸 안에 들어오면 모두 감기가 걸리는 것이 아니라, 감기 바이러스에 대한 저항력이 약한 사람들만이 감기에 걸립니다. 이렇게 감기에 잘 걸리는 사람들은 원래 몸이 찬 사람들입니다. 감기는 날씨의 한기가 아니라 몸의 냉기에서 옵니다. 물론 날씨가 추워지면 몸이 차지므로 감기에 걸릴 확률이 높아질 수 있으므로 추운 날씨와 감기는 상관관계는 있을지 몰라도 직접적 인과관계가 없습니다. 상관관계(correlation)와 인과관계(causation)의 차이가 궁금하지요? 가장 쉽게 설명하자면 닭 울음과 아침 해는 인과관계가 아니라 상관관계입니다. 닭이 울면 해가 뜨므로 상관관계가 있지만, 닭 울음이 원인이 되어 아침 해라는 결과를 가져오는 것은 아니니까요. 날씨와 감기의 관계도 그렇지요. 추운 날씨와 감기는 상관관계가 있을 뿐 추운 날씨가 직접적 원인이 되어 감기를 가져오는 것은 아니니까요. 날씨가 아무리 추워도 몸이 따뜻하면 감기 바이러스에 대한 저항력이 있으므로 감기에 걸리지 않습니다. 결국 감기에 걸리지 않으려면 나의 몸을 따뜻하게 해야 합니다. 여기서 몸을 따뜻하게 한다는 것은 단

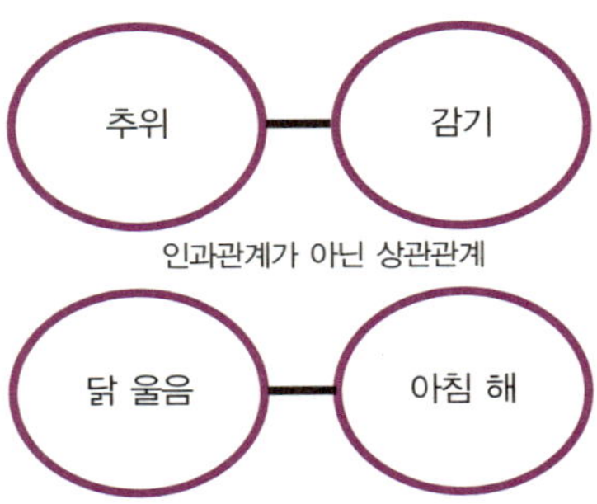

지 따뜻한 옷을 입고 따뜻한 음식을 먹는다는 일시적 방편이 아니라 평소 나의 몸 자체를 근본적으로 따뜻하게 만든다는 뜻이지요. 우리 몸을 따뜻하게 한다는 것은 건강의 가장 근본적인 원리입니다.

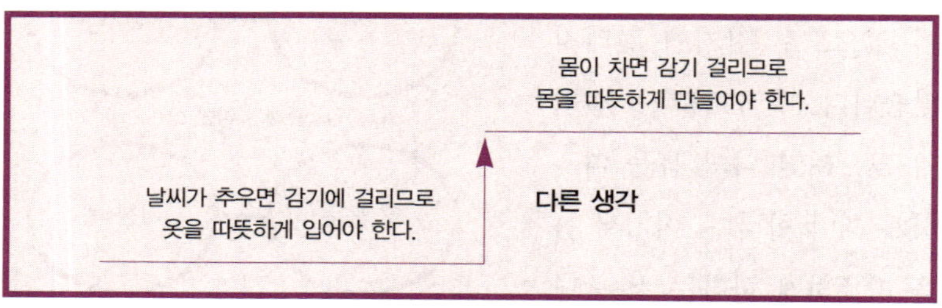

42

# 그냥 가벼운 감기라고?

## 손이 찬 여중생

어느 레크리에이션 모임에서 중학교 여학생의 손을 잡은 적이 있습니다. 손을 잡으면서 깜짝 놀랐습니다. 손이 너무 차서…… 추운 데 나갔다가 들어 온 것도 아니고 따뜻한 실내에 같이 오래 있었는데 여학생의 손은 너무 차가웠습니다. 냉장고에서 갓 나온 고기를 만지는 것처럼…… 그 여학생은 뚱뚱했습니다. 뚱뚱한 여학생의 차가운 손을 만지는 기분은 좋지 않았습니다. 어린 여학생의 근본적인 건강이 좋지 않아 안타깝다고 생각되었기 때문입니다. 우리 몸의 정상 체온은 36.5도입니다. 이 여중생의 체온은 확실히 이보다 낮았습니다. 이 여학생 뿐만 아니라 요즘 아이들의 체온은 36.5도에 못 미친다고 합니다. 대부분 35도라고 합니다. 나쁜 섭생과 운동 부족 때문이라지요. 지구 온도가 1도 올라가면 심각한 재앙이 생기듯이 우리 몸의 작은 체온 차이는 아주 심각한 증상을 가져옵니다. 몸이 차면 몸의 전반적인 신진대사가 활발해지지 않습니다. 먹은 음식이 몸의 대사활동으로 소진되지 않고 칼

로리가 쌓여 비만이 되기도 쉽습니다. 아니면 체격이나 체형은 좋을지 몰라도 체력은 약하며 체질도 좋지 않을 수 있습니다.

## 손이 따뜻한 어른

우리 몸에서 암이 생길 수 없는 곳이 딱 하나 있습니다. 심장! 심장암은 없습니다. 심장은 죽을 때까지 수축 · 팽창 운동을 하느라 열이 나서 따뜻하므로 암이 생길 수 없습니다. 암이라는 악성종양은 열에 가장 약합니다. 암을 포함한 만병의 근원은 몸의 냉기입니다. 이 말은 대단치 않은 병으로 보이는 감기에 대해 참으로 맞는 말입니다. 감기란 결국 몸의 냉기를 말하는 것이니까요. 몸의 냉기는 모든 병을 가져옵니다. 감기(感氣)란 감기(減氣)입니다. 즉 기가 떨어진 상태로 이는 몸의 냉기에서 비롯되는 것입니다. 몸의 냉기란 몸 전체가 찬 것이 아니라 하반신이 상반신보다 차가운 상태입니다. 또한 몸속이 몸 밖보다 차가운 상태입니다. 이렇게 몸이 차면 혈행이 좋지 않게 되어 아토피성 질환, 면역기능 저하, 순환장애, 통증, 염증, 우울증 등이 생깁니다. 감기는 순 우리말로 코에 불난다고 해서 고뿔이라고 하는데, 감기에 걸리면 코에 불이 나는 이유는 몸의 냉기를 없애기 위한 자동치유를 위한 우리 몸의 순리적인 반응입니다. 몸이 건강하려면 몸의 냉기를 없애야 합니다. 즉 하반신을 상반신보다 따뜻하게, 몸 속을 몸 밖보다 따뜻하게 해야 합니다. 그러면 혈행이 좋아져 손발이 따뜻해집니다. 언젠가 70살이 넘으신 어르신네와 악수를 했는데 손이 따뜻했습니다. 마치 손난로를 만지는 기분이었죠. 이 분은 젊을 때부터 일 주일에 한 번은 꼭 등산을 다니셨답니다. 한번은 회식을 한 적이 있었는데 삼겹살과 함께 소주 한 병과 밥 한 공기를 거뜬히 비우시더군요. 전 이 분의 건강 비결을 따뜻한 손에서 찾습니다. 손이 손난로처럼 따뜻한 것은 몸의 냉기가 없는 것입니다. 그러니 혈행이 좋아져 몸 전체가 건강하지 않을 수 없습니다.

## 후천적인 체온

그렇다면 사람 몸의 체온은 선천적으로 타고난 것일까요? 손이 찬 사람이 친구에게 "난 원래 냉혈인간이야!"라고 우스개 소리를 할 수 있지만 틀린 말입니다. 자기 몸은 얼마든지 따뜻하게 만들 수 있습니다. 이를 위해 되도록 찬 음료를 마시지 않으며 몸을 따뜻하게 하는 음식을 먹어야 합니다. 몸을 따뜻하게 하는 음식이란 따뜻하게 데워진 음식이 아니라 음식물 자체가 양성이라 몸을 따뜻하게 하는 식품입니다. 대표적인 식품은 당근이나 고구마와 같은 뿌리 식물이지요. 또 운동을 하면 몸이 따뜻해집니다. 운동하면 건강해지는 이유는 튼튼한 근육이 붙어서라기보다 활발한 혈액순환으로 몸이 따뜻해지기 때문이죠. 또 긍정적인 마음으로 많이 웃으면 혈액순환이 잘 되어(血行), 몸이 따뜻해집니다. 몸이 따뜻해지면 자연 치유력이 당연히 높아져 건강해지는 것이지요. 풍수지

리에서도 보면 집에 냉기가 차면 안좋다고 합니다. 좁은 집에서 여러 식구들이 북적북적 대야 집에 양기가 차서 흥한다지요. 대궐처럼 넓은 집에 고작 두세 식구가 살면 빈 방이 생기고 그리하면 집에 냉기가 강해져, 즉 집에 감기가 걸려 집안이 쇠한다고 하더군요. 우리 몸이나 집이나 다 같은 원리입니다.

감기란 몸의 기가 빠진 것이라
중대한 병이다.

**다른 생각**

감기란 기침, 콧물, 몸살이 나는
경미한 병이다.

43

# 온 몸이 따뜻하다고?

## 반신욕의 좋은 효과

요즘 집안에 욕조기를 아예 없애버리고 샤워기만 놓기도 하는데, 이는 가장 훌륭한 건강시설을 파괴하는 무식한 행위입니다. 욕조기에서 배꼽 밑의 하반신만 담그는 반신욕(半浴)을 하면 건강에 매우 좋으니까요. 반신욕은 웰빙 열풍에 따른 유행적 건강법이 아니라 근본적 건강법입니다. 집에 욕탕이 없다면 발만 담그는 족욕(足浴)도 참 좋지요. 반신욕을 할 때 배꼽 밑의 하반신만 따뜻한 물에 담그면 처음에는 좀 허전합니다. 목까지 몸을 푹 담고 싶어집니다. 하지만 책이나 신문을 보면서 반신욕을 20분 정도 하면 상반신이 서서히 데워지며 얼굴에 땀이 납니다. 반신욕을 하고 난 후 하기 양말과 바지를 입어 하반신을 따뜻하게 유지하는 것이 좋다더군요. 전 이 반신욕을 오래 전에 잘 아는 분의 소개로 시작했는데 그 효과를 제법 톡톡히 보고 있습니다. 전 환절기만 되면 감기가 걸렸었습니다. 그러니까 1년에 서너 번 걸리는 것이 보통이었죠. 하지만 반신욕을 한 이후로 아주 지독한 감기에 걸린

적이 별로 없는 것 같습니다. 감기가 들어오는 신호로 코가 맹맹하며 간질거리다가도 금방 나가버리는 것 같았습니다.

## 반신욕이 좋은 이유

그렇다면 반신욕은 전신욕보다 건강에 좋을까요? 전신욕은 몸에 부담을 줍니다. 더운 물이 심장을 직접 데우니까 온몸은 따뜻해질지 몰라도 몸의 냉기를 가시지 못합니다. 하지만 반신욕을 하면 아래로부터 피가 따뜻해져 심장을 서서히 데피면서 모세혈관 전체로 피가 퍼져 몸 전체가 따뜻해집니다. 한마디로 몸의 냉기를 없앱니다. 찜질방이나 사우나에서 땀내는 것은 몸 밖에 열을 내서 억지로 땀을 내는 것이므로 몸의 냉기를 가시지 못합니다. 하지만 운동을 하면 몸속에 열이나 땀이 나는 것이므로 몸의 냉기를 없앱니다. 불은 위로 올라가는데 따뜻한 피도 그렇습니다. 아래에서 위로, 속에서 밖으로 흐르는 것이 순리적이지요. 몸이 따뜻한 사람이 건강하다고 했는데 문제는 몸의 어디가 따뜻하느냐입니다. 심장에서 먼 손과 발, 다리 부분이 따뜻해야 합니다. 대신에 심장 위의 얼굴 부분은 상대적으로 차야 합니다. 그래야 불은 위로 올라가듯이 더운 피가 위로 올라가며 혈액순환이 잘 되니까요. 동양의학에 두한족열(頭寒足熱)이라는 말이 있습니다. 머리는 차고 다리는 따뜻해야 건강하다는 뜻이지요. 할머니들은 다리를 따뜻한 아랫목에다 두고 머리를 찬 윗목에다 두고 자라고 했었지요. 거꾸로 두열족한(頭熱足寒)이면 머리가 열나고 다리는 찬 것인데, 이것이 바로 몸의 냉기이며, 이는 바로 병들기 딱 좋은 약한 몸입니다. 머리에 열이 많다면 그

열은 아래로 내려가지 않는 법입니다. 그러니 혈액순환이 안 되어 다리 쪽은 차갑습니다. 결국 상반신과 하반신 사이의 혈액순환이 안 되므로 몸이 차지고 당연히 손발이 얼음처럼 차지는 것이지요. 그런데 반신욕을 하면 하반신을 덥혀서, 즉 몸의 냉기를 없애서 열이 위로 올라가 상반신을 데우므로 혈액순환이 잘 됩니다. 그래서 반신욕이 좋습니다. 거꾸로 한여름에는 상반신에 찬 물을 뿌리는 등목, 즉 등욕이 좋습니다.

## 혈액순환의 기본 원리

제가 예전에 어느 여학생이 찬 음료를 마시길래 찬 음료를 마시면 몸이 차지니까 자제해야 한다고 말했죠. 그랬더니 얼굴이 화끈거려 찬 것을 마셔야 한다고 하더군요. 얼굴이 화끈거린다면 이 여학생의 몸은 건강하지 못한 것입니다. 병약한 체질의 사람은 상반신과 몸 밖의 얼굴에 열이 많지만, 하반신과 몸속은 냉합니다. 그런 열을 식히느라 찬 음료를 마시면 얼굴이 식는 게 아니라 하반신과 몸속이 식습니다. 차가운 것은 밑으로, 안으로 내려가는 성질이 있으니까요. 얼굴에 열난다고 그렇게 늘상 찬 음료만 들이키면 몸은 항상 차지므로 건강을 서서히 망칩니다. 그렇게 해서 몸속과 하반신이 차지고 상대적으로 몸밖과 상반

신이 더우면 혈액순환, 즉 혈행이 자연스럽지 못하게 되기 때문입니다. 더운 것은 몸속과 하반신 아래에서부터 몸 밖과 상반신 위로 흐르는 것이 순리적이지요. 몸 밖과 위의 상반신이 상대적으로 차갑다면 몸속과 아래의 하반신으로부터 올라오는 열을 받을 수 있으니까요.

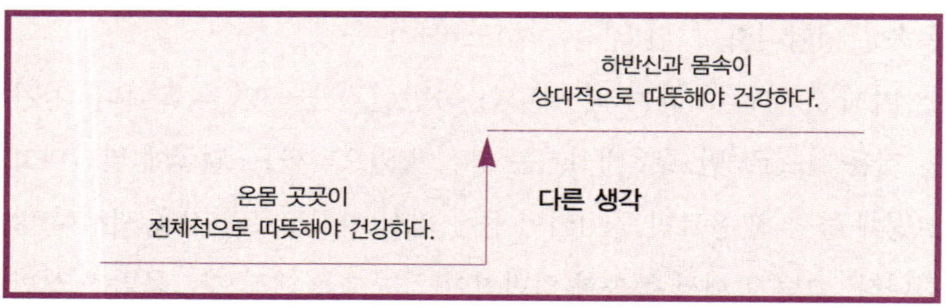

44

# 골고루 잘 먹는다고?

## 건강의 바로미터

저는 1년에 한두 번 헌혈을 합니다. 제 어머니께서는 헌혈하면 귀한 아들의 피를 빼니까 절대 하지 말라고 하지만 아직 헌혈로 몸에 이상이 없었습니다. 물론 피를 빼면 일시적으로 몸의 균형이 깨지는 것은 어쩔 수 없고요. 피가 필요한 사람에게 내 피를 줄 수 있어서 기분좋고, 또 헌혈하면 자동적으로 건강 체크를 할 수 있으니 일석이조입니다. 고혈압이나 저혈압이면 헌혈을 못합니다. 혈압이 정상이 아닌데 헌혈을 하면 본인 건강에도 문제가 되며, 피의 질이 좋지 않으므로 수혈받는 환자에게도 문제가 됩니다. 헌혈 전에 뽑는 피 한 방울로 피의 질을 알 수 있습니다. 피의 질을 알면 중요한 건강진단을 거의 할 수 있습니다. 피 한 방울로 간염, 매독, 에이즈, 혈당, 지혈, 콜레스테롤, 에이즈 등 많은 검사가 이루어집니다. 머리카락 한 올, 살 한 점, 오줌 한 방울, 내장조직 한 점, 뼈 한 조각 등 그 무엇보다도 한 방울의 피는 그 사람 건강의 가장 중요한 바로미터입니다.

## 더러운 피의 의미

모든 병은 피가 더러워서 생깁니다. 전에 만병의 근원은 감기, 즉 몸의 냉기라고 했는데 몸이 냉한 것의 근본 원인은 결국은 피가 더럽기 때문입니다. 여기서 더러운 피란 더러운 인간을 뜻하는 감정적 의미가 아니라 피 속의 성분이 그렇다는 의학적 의미입니다. 피가 맑으면 혈액순환이 잘 되어 손발이 따뜻해지지만 피가 더러우면 혈액순환이 안 되어 몸이 차질 수밖에 없습니다. 의학적으로 피가 더럽다는 것은 무슨 의미일까요? 우선은 콩팥 기능의 이상으로 피 속의 노폐물 처리가 잘 안 되어 피가 더러워지는 경우가 있습니다. 이렇게까지 피가 더러워지면 전신의 장기를 파괴하고 온 몸에 병이 납니다. 이렇게 심각한 오염은 아니더라도 피는 더러워질 수 있습니다. 몸이 피로하여 젖산이 늘어나거나, 동물성 식품이나 인공 식품을 많이 먹어 유해물질이 간에서 해독되지 못하고 쌓여 피로 흡수될 때, 또 담배를 피워 니코틴 등의 유해물질이 혈액으로 흡수되어도 피는 더러워집니다. 유해물질이 아니더라도 피에서 적혈구 · 백혈구 · 혈소판 등 특정 성분이 너무 많거나 적어도 더러운 피로 봅니다. 가령 백혈병에 걸린 피도 피 속에 백혈구가 너무 많아 더러운 피로 보아야 합니다.

## 음식과 피의 관계

피가 더럽지 않으면, 즉 피가 맑으면 사람은 건강해지는 법입니다.

피를 맑게 하려면, 즉 피가 더럽혀지지 않으려면 어떻게 해야 할까요? 이 질문

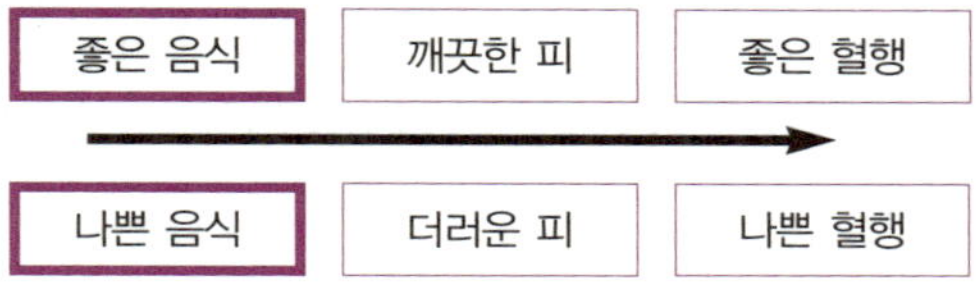


에는 아주 단순하면서 당연한 대답이 나옵니다. 잘 먹어야 합니다. 하지만 잘 먹는다는 말은 우리의 통념에서 벗어납니다. 잘 먹는다는 것은 탄수화물 · 단백질 · 지방 · 비타민 · 무기질 · 섬유소 등 6대 영양소를 골고루 섭취한다는 뜻이 아닙니다. 좋은 음식 · 나쁜 음식을 가려 먹는다는 뜻입니다. 좀 무게있게 표현해서 섭생을 잘해야 한다는 의미지요. 우리의 머리는 우리가 읽은 책에 달려 있듯이(We are what we read!), 우리의 몸은 우리가 먹은 음식에 달려 있습니다(We are what we eat!). 우리 몸은 피가 돌므로 생명을 유지하는데, 이 피의 성분은 대부분 입으로 들어온 음식으로 만들어집니다. 좋은 음식(飮食)을 먹으면 피가 맑아지지만, 아무리 영양분이 많더라도 나쁜 음식을 먹으면 피가 더러워지는 법입니다. 가령 같은 지방이라고 하더라도 생선기름에서 나온 필수 지방과 식물성 콩기름이라 좋다고 여겨지는 식용유에서 나오는 트랜스 지방은 한마디로 좋은 나라와 나쁜 나라입니다. 지방은 우리 몸의 세포막을 이루는 가장 중요한 성분인데, 필수 지방으로 이루어진 세포막은 선택적 여과 기능으로 영양분을 받아들이고, 노폐물을 방출합니다. 하지만 트랜스 지방으로 이루어진 세포막은 부실하므로 엉뚱하게도 노폐물을 받아들이고 영양분을 내보낼 수 있습니다. 그렇다면 면역력이 약해지며 피가 더러워지는 것은 당연한 수순입니다. 그러니 어찌 맛있는 음식과 나쁜 음식이 아니라, 좋은 음식과 나쁜 음식을 가려먹는 편식을 안 할 수 있겠

습니까? 아무리 깨끗하게 조리된 맛있는 음식들이라 하더라도 그것이 트랜스 지방처럼 나쁜 성분이라면 골고루 안 먹는 것이 건강에 좋습니다.

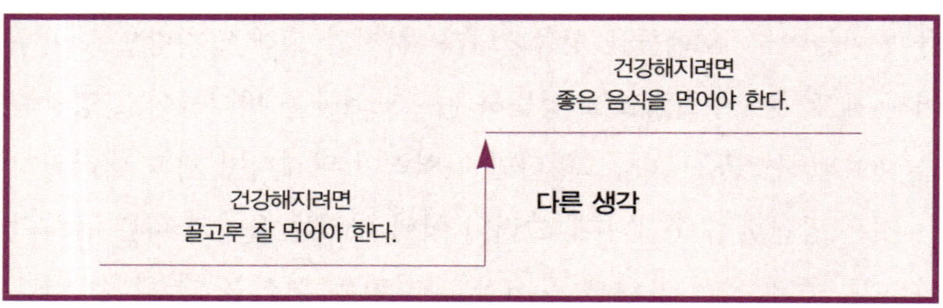

45

# 미식을 한다고?

## 나쁜 음식

흰 쌀밥, 국에 넣은 화학 조미료, 계란을 후라이하기 위한 정제 식용유, 흰 빵의 원료가 되는 흰 밀가루, 자판기 커피에 들어갔을 흰 설탕, 음식점에서 넣은 흰 정제 소금 등…… 이런 식품들의 공통점은 무엇일까요? 그것은 바로 인위적으로 정제하였다는 것이지요. 가장 대표적인 정제 식품인 식용유를 볼까요? 식용유는 콩으로 만든 식물성 기름이라 동물성 기름보다 좋다고 생각합니다. 하지만 식용유란 참기름이나 들기름처럼 물리적 압착을 거쳐 짜낸 기름이 아니라 화학적 정제를 통해 뽑아낸 기름입니다. 우리 조상들이 해먹던 식으로 동물성 돼지기름으로 만든 부침개가 식물성 콩 식용유로 만든 부침개보다 우리 몸에 더 맞습니다. 화학적 정제 과정을 거친 식품이 우리 몸에 좋을 리 없습니다. 정제되어진 식품을 지속적으로 자주 먹는다면 우리 건강은 지속적으로 나빠집니다. 제 아무리 영양분 섭취를 골고루 한다고 하더라도…… 여기에 육식을 좋아하고, 짜게 먹으며, 술과 담배까지 즐긴다면 이 사람의 몸은 점점 약해지기 마련입니다. 아이들이 좋아하는 치킨, 피자는 가장 대표적인 나쁜 식품입니다. 감자 튀김 한 봉지를 먹는 것은 담배 한 갑 피우는 것만큼 위험하다고 하더군요. 치킨은 트랜스 지방 덩어리인 기름으로 튀기고, 피자는 그것을 데피는 데 전자 레인지를 사용합니다. 전자레인지는 물 분자인 $H_2O$에 물리적 열을 가하여 물 분자 운동을 활발하게 하는 방식이 아니라, 물 분자 안의 산소 원자를 진동시켜 그 진동 마찰 열로 음식을 조리합니다. 그렇게 물 분자 안의 산소 원자에 자극을 주는 것이므로 전자레인지로 데워진 물은 물 분자로서의 고유한 속성을 잃게 됩니다. 마찬가지로 전자레인지로 데워진 피자는 단백질이나 지방의 고유한 성분들을 잃고 우리 몸에 유해한 다른 성분으로 변화된 것일지 모릅니다. 비근한 예로 예전에 어느 병원에서 더운 물이 없어 전자레인지로 피를 데워 수혈을 하였는데 수혈받은 환자가 죽었다고 하더군요. 아마도 피의 고유한 성분을 잃어서 그랬을 겁니다.

## 좋은 음식

건강해지기 위해서는 내 입에 맞는 맛있는 음식으로의 편식이 아니라 내 몸에 맞는 좋은 음식으로 편식을 해야 합니다. 좋은 음식이란 대개 자연적인 식품들입니다. 가령 흰 쌀밥이 아니라 현미밥, 정제 식용유보다는 압착 들기름, 정제된 흰 소금이 아니라 굵은 소금, 흰 밀빵이 아니라 통밀 빵, 흰 설탕이 아니라 검은 설탕, 화학 조미료가 아니라 천연 조미료가 좋지요. 동물 시체의 조각인 육식보다는 채식이 우리 몸에 맞는 자연건강식입니다. 제 철과 제 고장에서 나는 채소, 과일을 먹어야지요. 과일도 껍질을 깎지 말고 먹으면 좋습니다. 우유와 계란을 완전식품이라고 하는데 그것은 현실적으로 불량해질 수 있는 식품입니다. 젖소를 기르는데 많은 화학물질이 들어가며, 짜낸 우유를 가공하는 데 많은 유해물질이 들어갑니다. 근본적으로 소젖이 사람 몸에 딱 맞을리 없습니다. 또 한 발짝도 움직일 수 없는 닭장에서 공장식으로 자동 생산되는 무정란 계란이 완전식품이 되기도 힘듭니다. 완전식품이 있다면 콩입니다. 인위적으로 유전자 조작된 콩이 아니라 순수한 자연산 국산 콩으로 만든 콩밥, 두부, 된장, 청국장 등은 진짜 좋은 식품입니다.

## 소식의 뜻

미식가는 별나고 맛있는 음식을 좋아하는 사람입니다. 하지만 미식은 과식하게 되므로 건강을 해치는 지름길입니다. 정말로 건강해지려면 소식가가 되어야 합니다. 여기서 소식이란 두 가지 의미가 있습니다. 첫번째로 素食! 즉 美食과 달리 소박한 음식을 말합니다. 두번째로 소식이란 小食! 즉 大食과 달리 적게 먹는 것입니다. 과식은 만병의 근원입니다. 아무래도 흰 쌀밥에 기름진 고기, 튀김 등의 미식을 배부르게 먹으면 좋겠지만 현

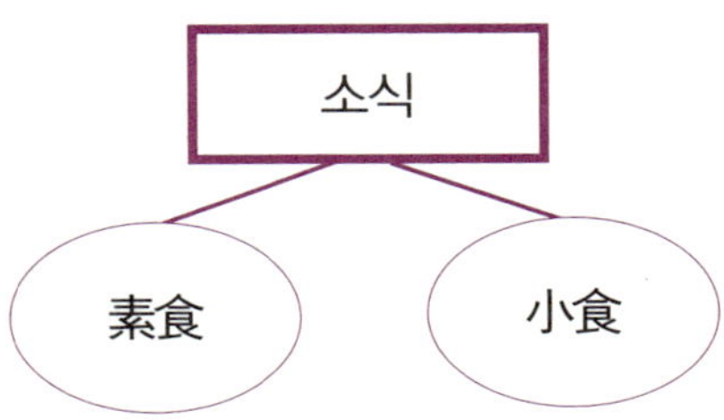

미밥에 된장국, 무침과 같은 소박한 음식을 적당히 먹는 것이 건강의 비결입니다. 그것이 우리 몸에 맞는 것이지요. 그런데 이게 말로는 쉬운데 실천이 어렵지요. 맛있는 음식을 보면 많이 먹게 되는데, 그래도 건강하다면 그건 참으로 은혜로운 축복입니다.

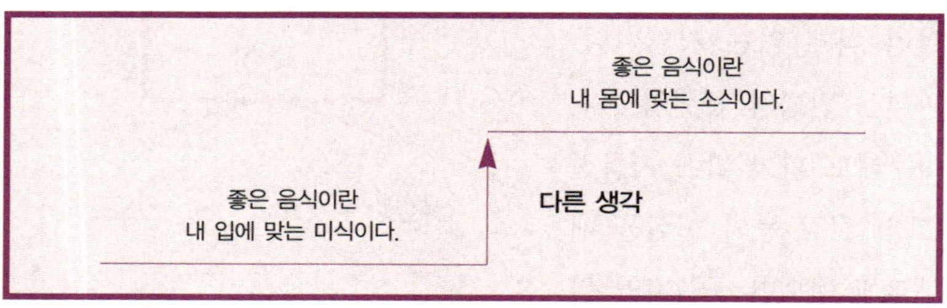

46

# 혈압을 내린다고?

## 혈압과 수명

야모리 유키오라는 일본인이 세계 각국의 식생활을 연구하여 『장수의 비밀』이란 책을 썼습니다. 그루지야 공화국의 코카서스 지방 사람들은 과일을 껍질과 씨까지 통째로 먹으며 요쿠르트를 음료처럼 마신다고 합니다. 아프리카 마사이족들은, 껍질을 벗기지 않은 통밀과 옥수수를 이겨서 만든 우가리를 주식으로 하며 염분 섭취량이 세계에서 가장 적다고 합니다. 일본의 오키나와 사람들은 다시마와 같은 해초류와 두부와 같은 콩 요리를 잘 먹으며 돼지고기를 먹더라도 지방을 없애기 위해 삶아 먹는다고 합니다. 이곳 사람들은 건강하게 장수하는 사람들이 많다고 합니다. 하지만 지방이 많이 들어간 버터차와 염분이 많은 소금차를 즐기면서 물고기나 채소를 거의 못 먹는 티베트 사람들, 고기 덩어리를 꼬챙이에 채워 소금을 뿌려 구워 양껏 먹는 브라질 사람들, 소금에 절인 생선을 동물성 기름으로 요리하여 먹는 캐나다의 뉴펀들랜드 사람들은 단명한다고 합니다. 유키오는 세계 각국을 다니면서 그

나라 사람들의 평균 혈압을 반드시 체크하였습니다. 잘못된 식생활로 티베트, 브라질, 뉴펀들랜드처럼 평균 혈압이 높은 나라 사람들은 오래 못산다는 것이었습니다. 결국 그의 연구는 음식 생활 → 평균 혈압 → 평균 수명의 인과관계를 보는 것이었죠.

## 고혈압의 원인

물론 혈압 만이 아니라 여러 요인이 수명에 영향을 주겠지만 혈압은 영향력이 제일 큽니다. 혈압 중에서 저혈압도 문제지만 우리 주변에 더 많은 것은 고혈압입니다. 왜 고혈압이 될까요? 고혈압은 난치병이나 불치병이 아니라 완치될 수 있는 현상입니다. 필수 지방이 아닌 트랜스 지방과 같은 나쁜 지방이 많은 음식이나 염분이 많은 음식을 많이 먹으면 피가 더러워집니다. 더러운 피는 끈끈해져서 잘 흐르지 못합니다. 몸의 냉기로 혈관이 수축되면 더 못 흐르게 됩니다. 끈끈한 혈액이 좁아진 혈관을 통하려니 말초혈관까지 혈액을 공급하기 위해 우리 몸은 자연적으로 혈압을 올립니다. 즉 고혈압은 피를 잘 통하게 할 필요성이 있어서 생기는 우리 몸의 순리적 대처 현상입니다. 하지만 혈압만 내리도록 계속 무리를 하면 몸의 전체적인 균형이 깨져버립니다. 그래서 당뇨병에 걸리고 치명적인 후유증이 생기고 일찍 죽게 되는 것이지요. 사태가 이런데 억지로 혈압 내리는 약을 먹으면 일시적으로 심장의 힘을 약하게 하여 혈압이 내려갑니다. 하지만 그만큼 피가 말초혈관까지 더 잘 안 통하게 됩니다. 피가 잘 안 통하니 몸의 신진대사가 잘될리 없습니다. 몸 컨디션이 안 좋아지며 정력도 약해져 남자는 발기가 잘 안 되며 여자는 분비가 잘 안 됩니다. 발기나 분비란 결국 피의 흐름이 원활할 때 일어나는 것이니까요. 예전에 혈압 강하제를 쓴 사람으로부터 직접 들었는데 혈압약 먹고 좀 둔하고 멍해졌다고 하더군요. 고혈압 약을 먹으면 삶의 행복감이 그만큼 줄어드는 것이지요.

## 삶과 고혈압

고혈압의 원인을 안다면 근본 치료법은 그 원인에서 근본 원리가 나옵니다. 혈압을 인위적으로 내리려고 하는 것이 아니라, 혈압은 자연적으로 내려갈 수 있는 것입니다. 혈압 내리는 것이 중요한 것이 아니라 혈액 순환을 잘 시키는 것이 중요합니다. 염분과 지방이 든 음식을 과식하지 않아 피를 맑게 하고, 몸의 냉기를 없애 혈액순환이 잘 되면 피가 정상적으로 잘 흐르게 되어 자연적으로 혈압은 반드시 내려가는 법입니다. 적당히 운동하면 피를 더 많이 돌리려고 일시적으로 고혈압 상태가 되지만 혈관이 확장되므로 지속적으로는 혈압이 내려갑니다. 미식이 아니라 소식을 하고, 적당히 땀이 날만큼 지속적으로 운동을 하여 몸의 냉기를 없애면 혈액순환이 원활해져서…… 혈압 내리는 약을 먹으면 피의 흐름이 약해져서 발기나 분비도 시원찮고 사람이 멍해지고 둔해진다면 사는 맛이 떨어

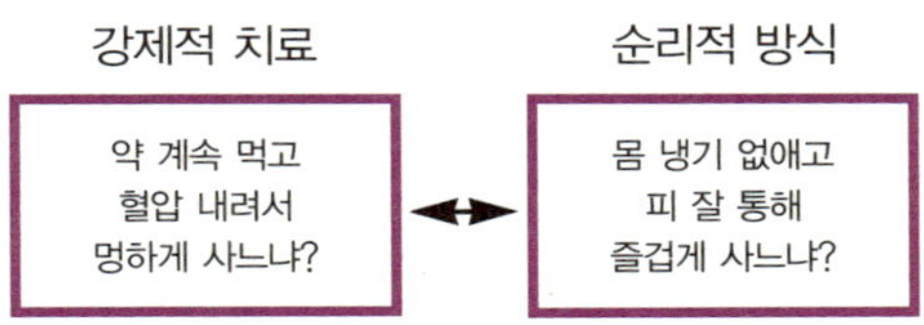

지겠지요. 안타깝습니다. 그런 부작용이 있는 약을 먹을 바에는 삶의 방식을 바꾸는 편이 당연히 낫지요. 좀 느긋하면서도 느슨하게 사는 맛을 즐기는 식으로…… 고혈압은 치료 대상이라기보다 인생 방식의 문제입니다.

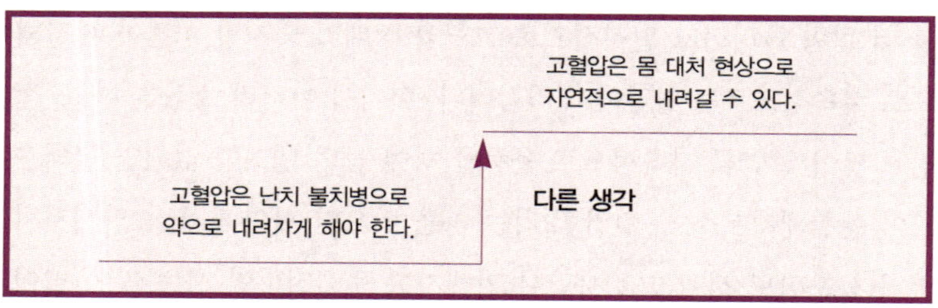

47

# 아픈 증상을 없앤다고?

## 아내의 포도막염

제 아내가 눈이 아프다며 대학병원으로 가더니 포도막염이란 진단을 받았습니다. 눈 망막에 염증이 생기는 병이지요. 염증이 생기면 안압이 높아져 녹내장이 된다고 하더군요. 백내장은 수정체가 흐려지면서 시야가 흐려지지만, 녹내장에 걸리면 안압이 높아지면서 시야가 좁아진다더군요. 안압이 신경에 압박을 가하여 신경을 죽게 하여 실명까지 간다더군요. 백내장이야 수정체를 수술하면 되지만, 녹내장은 신경이 죽는 것이므로 무서운 병입니다. 포도막염의 염증이 어떤 것인지 보았는데, 그 염증은 현미경으로 보이는 아주 미세한 염증이었습니다. 현미경으로도 먼지처럼 보이는…… 제 아내는 대학병원에 일 년 동안 다니면서 염증과 안압을 검사하며 염증약을 먹었습니다. 안약을 눈에 넣으면 동공을 확대시켜 염증이 안 생기도록 만듭니다. 밝은 대낮에도 동공이 확대되니 눈이 부셔 밖에 안 나가게 됩니다. 또 스테로이드제인 포도막염약을 먹으면 살이 찐다고 하더군요. 정말로 제 아내는 약을 먹으면서부터 몸이 10kg이나 불었습니다. 그래도 낫지를 않자 도대체 포도막염의 원인이 무엇이냐고 의사에게 물었습니다. 포도막염의 최대 권위자라고 하는 의사는 이렇게 말했습니다. "I don' t know!"

## 의사병 환자

지금 와서 생각해보면 제 아내는 포도막염보다 더 심각한 의사병을 앓고 있었던 것입니다. 의사병이란 의사들이 만들어낸 병입니다. 어느 글에서 보니까 병원에 다니는 환자의 70% 이상이 의사들이 만들어 낸 의사병 환자라고 합니다. 제 아내는 눈에 작은 염증이 있었던 경미한 환자였습니다. 하지만 병원을 다니기 시작하면서 염증을 없애는 약을 넣고 먹느라 제 아내는 그만 중증 환자가 되어가고 말았습니다. 의사는 포도막염의 원인도 모르고 단지 염증을 없애는 약을 처방하였던 것입니다. 그렇게 해서 나으면 자기의 실력이 알려져 명성이 오를 것이고, 안 나으면 환자가 계속 병원에 다녀 병원 수입이 오르니 좋겠죠. 지금 생각하면 참으로 억울합니다. 병원에 다니느라 쏟은 시간과 돈만이 아니라 염증약을 복용하고 눈에 넣느라 당했던 몸의 고생, 그리고 마음 고생까지 생각하면 말이지요.

## 대증의학과 근본의학

저는 의사가 모르는 포도막염의 원인을 감히 압니다. 모든 염증의 원인도 역시 몸의 냉기입니다. 몸에 냉기가 생기니 우리 몸은 염증을 생기게 하여 몸을 따뜻하게 하려고 합니다. 몸에 염증이 생기면 통증이 오며 열이 납니다. 몸이 아프고 열나는 것은 몸에 냉기가 생겨 더 심각해질 수 있다는 몸의 고마운 신호 경고입니다. 이런 경고만을 없앤다고 나을까요? 몸의 냉기를 없애면 염증이 생기지도 않으며 생기더라도 자연치유력으로 저절로 낫습니다. 근본 원인인 몸의 냉기를 생각하지 않고 염증만 제거하는 것은 현대의학이라는 이름으로 저질러지는 만행이 아닐 수 없습니다. 가령 스테로이드제는 당장의 염증은 억제하지만 면역력을 저하시켜 오히려 감염질환에 더 잘 걸리게 만듭니다. 염증이 생기면 소염제, 통증이 생기면 진통제, 혈압이 오르면 혈압 강하제, 열이 나면 해열제, 기침이 나면 진해제, 종양이 생기면 그 부위를 도려내고, 여드름이 나면 여드름 제거약을 바르는 당연한 의존 행위! 참으로 무식하고 어리석지 않을 수 없습니다. 가령 여드름이란 피부질환이라기보다 하반신에 있어야 할 몸의 열이 상반신인 얼굴에 있으므로 생기는 내부질환입니다. 그래서 여드름 약을 발라서 될 일이 아니라 몸의 냉기를 없애주어야지요. 제 아내의 포도막염이라는 염증도 마찬가지입니다. 하나의 증상을 단편적으로 없애려는 대증요법

전체적으로 연결된 우리 몸!
어디 아픈 한 군데
고친다고 될 일인가?

(對症療法)이 서양의학의 주된 방법입니다. 이와 달리 동양의학은 몸의 전체적인 관점에서 증상의 원인을 없애는 근본 요법입니다. 제 아내는 근본 요법을 받아들였지요. 의사병에서 벗어나 병원과 약을 완전히 딱 끊고 좋은 음식을 먹고, 적당히 운동하고, 반신욕을 매일 하고, 피의 순환과 기의 순환을 순리적으로 돕는 수행을 하면서 악몽과 같았던 포도막염에서 드디어 벗어나 건강해졌습니다. 歸根得旨 隨照失宗! 즉 근원으로 돌아가면 해답이 있고, 물결만 좇아가단 근본을 잃습니다.

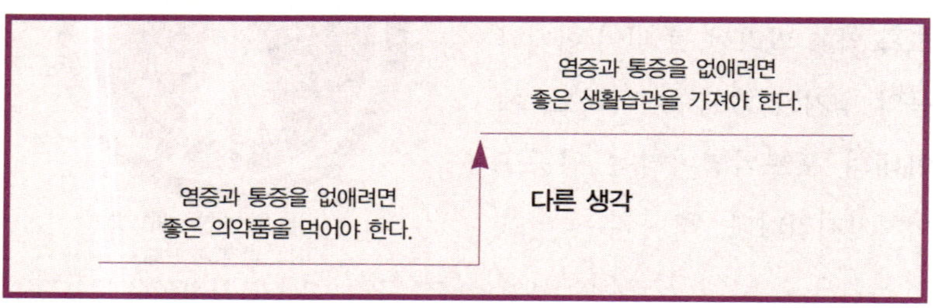

48

# 대체의학을 한다고?

## 천연물질로 대체하는 대체의학

예전에 TV에서 대체의학의 세계적 석학이라고 하는 미국인 의사가 나와서 인터뷰를 한 적이 있습니다. 저는 설레는 마음으로 보았습니다. 보고나면 뭔가 대단한 사실을 알게 되지 않을까라는 생각에서…… 그는 관절염 전문가인데 스테로이드 소염제는 통증을 제거하는 데 있어서 많은 부작용이 있다고 하였습니다. 그런데 뉴질랜드 마오리족의 식생활을 연구한 결과, 초록입 홍합을 많이 먹는 바닷가 사람들은 산에 사는 사람들과 달리 관절염에 안 걸린다는 사실을 알게 되었답니다. 그래서 초록입 홍합에서 리프리놀이라는 천연물질을 추출하여 이를 관절염을 앓는 환자에게 처방하였더니 통증이 획기적으로 없어졌다는 임상결과를 얘기하였습니다. 그가 말하는 대체의학이라는 것은 단지 스테로이드라는 화학물질을 리프리놀이라는 천연물질로 대체하는 것이었습니다. 그런 건 진정한 대체의학이라고 볼 수 없는 무늬만 대체의학이지요.

## 근본 원인을 제거하는 근본의학

병의 근본 원인을 알면 치료 방법이 있습니다. 암도 마찬가지지요. 암이란 무엇입니까? 우리 몸 안에 생긴 혹처럼 딱딱한 악성종양입니다. 암(癌)이라는 한자도 그런 의미를 가지고 있습니다. 돌 덩어리처럼 딱딱하다는 뜻이지요. 그렇다면 이 암은 왜 생길까요? 암 발생에 취약한 유전적 요인이 있더라도 다 암에 걸리는 것은 아니며, 똑같은 양의 발암물질을 흡입했다고 하더라도 다 똑같이 암에 걸리는 것은 아닙니다. 결국은 암도 혈액순환의 개인적인 차이 때문에 생깁니다. 몸의 냉기 때문에 피가 더러워져 혈액순환이 잘 안 되면 우리 몸은 혈액을 정화시키려고 힘씁니다. 그렇게 정화해도 안 되면 아토피, 두드러기나 습진, 여드름 등 피부병으로 나타날 수 있습니다. 모든 피부병은 혈액의 노폐물을 제거하여 혈액의 오염을 제거하려는 반응입니다. 이때 두드러기만을 없애려고 약을 바르면 당장은 좋아질지 모르지만 결국은 병이 도져 병원과 약국의 부를 키우게 됩니다. 피부병이 아니라면 몸속 염증을 통한 발열로 나타날 수도 있습니다. 염증(炎症)은 불 화(火)자가 두 개인 것처럼 한자 뜻 그대로 몸에서 불이 확확 나는 것입니다. 이러한 염증으로도 안 되면 우리 몸은 혈액의 오염이 온 몸에 퍼지지 않도록 오염된 혈액을 한 곳으로 모으는 장치를 만드는데 이것이 바로 암입니다. 암의 원인이 이럴진대 서양의학에서처럼 대증(對症)적으로 암을 없애려고 수술을 하고, 방사선을 쐬고, 항암제를 놓는다면 그 암 덩어리는 없어지지만 혈액의 오염은 그대로이므로 암은 또다시 다른 쪽으로 전이되고 맙니다. 결국 암이란 몸 한 군데의 병이 아니라 더러운 피가 흘러 면역력이 떨어져 생기는 몸 전체의 병입니다.

## 대증의학과 근본의학의 차이

제가 보았던 TV 프로그램에서 기대했던 건 통증이나 염증을 없애는 대증(對症)적인 약리물질이 아니라 통증이나 염증에 대한 근본적인 원인과 치료였습니다. 하지만 그는 그런 말을 한 마디도 꺼내지 않고 오로지 통증 제거 얘기만 했습니다. 증상을 없애기 위해 화학물질이 아닌 천연물질을 사용한다는 대체의학도 결국은 대증의학입니다. 대증의학을 대체하는 의학은 근본의학이어야 하지요. 대증의학은 증상을 없애지만 근본의학은 생명을 살립니다. 우리 한의학도 단지 양약을 한약으로 처방하는 것이라면 근본의학과는 거리가 먼 것이지요. 우리 몸은 작은 우주라고 합니다. 부분적인 자체가 종합적인 전체로 조화되려는 항상성(恒常性)을 가지고 있지요. 물리적 화학적 손상이나 정신적 스트레스로 인해 그 조화가 깨질 때 염증과 통증을 동반한 열로 우리 몸에 신호를 보내다가, 깨짐의 정도가 지나치면 암이나 심각한 자기면역질환이 생깁니다. 그래서 우리 몸의 전체적인 상태를 보아 오장육부의 경락을 잘 통하게 하고 몸의 냉기를 없애주어 피의 흐름을 순조롭게 하고 기의 흐름을 원활하게 하여 자연치유력, 면역력, 원력(元力)을 키우게 하는 것이 근본의학의 핵

심이지요. 근본의학을 기반으로 하지않는 대증의학은 서양의학이건 동양의학이건 한의학이건 간에 의학(醫學)을 가장한 의심스런 의학(疑學)입니다.

지금은 질병의 근본 원인을
없애는 근본의학의 시대이다.

**다른 생각**

지금은 천연물질로 질병을
고치는 대체의학의 시대이다.

49

# 원인이 다 다르다고?

## 과식으로 인한 질병

우리 몸은 순환기관, 호흡기관, 소화기관, 골격기관, 근육기관, 감각기관, 정보기관 등 여러 기관들이 모인 기계 장치를 돌리기 위해 각종 호르몬, 효소, 혈액 등 화학물질들이 처리되는 화학공장과 같습니다. 어느 기관의 이상은 교통사고처럼 물리적 상해나 세균에 의한 전염이 아닌 이상, 화학적 처리의 이상에 의한 결과입니다. 몸의 화학적 처리에 이상을 가져오는 대표적 원인은 과식입니다. 음식을 먹으면 피에 포도당 농도가 높아집니다. 이때 이자라고 하는 췌장에서 인슐린이 분비되어 포도당을 분해해 에너지를 만들게 되어 혈당치가 낮아져 원래 상태로 회복됩니다. 음식 중에는 빵처럼 인슐린 분비를 빨리 나오게 하는 음식이 있는가 하면, 야채처럼 서서히 나오게 하는 음식이 있습니다. 패스트 푸드나 슬로우 푸드란 빠르게, 느리게 조리되는 음식이라는 의미도 있지만, 인슐린 분비를 빠르게, 또는 느리게 한다는 뜻도 있습니다. 운동도 하지 않으면서 인슐린 분비를 빠르게 하는 패스트 푸드를 계속 많이 먹으면 몸에 무리를 주어 화학적 밸런스가 깨집니다. 또한 설탕이 많이 들어간 패스트 푸드인 단 음식을 과하게 먹으면 급격한 혈당치 상승을 불러오고 인슐린이 빠르게 분비되지만 정도가 지나칠 정도로 과하게 분비되어 오히려 혈당치 하락을 불러오며, 그것은 다시 단 음식을 먹고 싶은 충동을 불러 일으키는 악순환을 가져옵니다. 이러한 저혈당증도 우리 몸의 화학적 밸런스가 깨진 경우입니다. 그렇게 되면 인슐린 분비가 정상적으로 안 되어 포도당이 에너지로 이용되지 못해 무력해집니다. 대신 혈액 속에 포도당의 농도가 높아지면서 이것이 그대로 오줌으로 빠져나옵니다. 오줌으로 당이 빠져 나온다는 것은 단편적 현상이 아니라 몸의 전체적 화학대사 밸런스가 완전히 깨져버렸다는 치명적 증상입니다. 당뇨병이 생기면 피 속에 넘치는 포도당으로 피가 끈끈해집니다. 끈끈한 피는 혈액순환을 방해하며 이로 인해 고혈압을 유발합니다.

## 스트레스로 인한 질병

몸 이상의 또 다른 중요한 원인은 스트레스입니다. 정신적 스트레스는 육체적으로 큰 영향을 미칩니다. 노이로제는 쓸데없는 강박관념, 히스테리는 과도한 민감반응이지만 스트레스는 억압된 긴장감입니다. 스트레스는 어느 정도까지는 좋은 영향을 미칩니다. 그러나 불안 · 좌절 · 불만 · 증오 · 공포 · 근심 · 분노 · 짜증 · 신경질 · 초조 등의 누적된 스트레스가 지속되는 경우, 몸의 화학작용에 이상이 생깁니다. 가령 호르몬이 증가될 수도 감소될 수도 있죠. 화학작용 이상으로 몸의 밸런스가 깨지면 면역력이 저하될 수도 있습니다. 이 면역력 저하가 우리 몸 여기저기 나타날 수 있는 류머티즘입니다. 몸의 밸런스가 깨져 췌장의 인슐린 분비에 이상이 생길 수도 있습니다. 그래서 당뇨병에 걸립니다. 스트레스를 받으면 화가 난다고 하는데, 여기서 화는 불 火입니다. 화나면 열을 받는다고 하는데, 이 열을 받음이 몸의 냉기를 부추깁니다. 열을 받으면 뚜껑 열린다고 하는데, 머리에서 열을 받는다는 것이지요. 냉기란 하반신이 상반신보다 찬 것인데, 머리에서 열을 받으면 그만큼 하반신과의 온도차가 커, 몸에 냉기가 쌓여 각종 병을 유발합니다.

## 깨진 몸의 조화가 원인

당뇨병은 인슐린이 부족해서 걸리므로 돼지 췌장에서 추출한 인슐린을 우리 몸에 투여한다면 당장 혈당을 내릴 수는 있겠지만 인슐린을 만드는 췌장의 기능이 점점 더 무력해지고 맙니다. 물론 태어날 때부터 인슐린 부족한 선천성 당뇨병도 있겠지만 그런 경우가 아니라면 음식을 과식하지 않고 적당히 운동하며 스트레스 받지 말고 느슨하게 살면 우리 몸의 혈당치는 정상을 회복합니다. 대부분의 모든 병은 생활습관병(life style disease)입니다. 결국 염증이나 통증, 발열 증상, 고혈압, 암, 당뇨병, 루머티즘이라는 자기면역질환 등은 그 원인이 모두 같

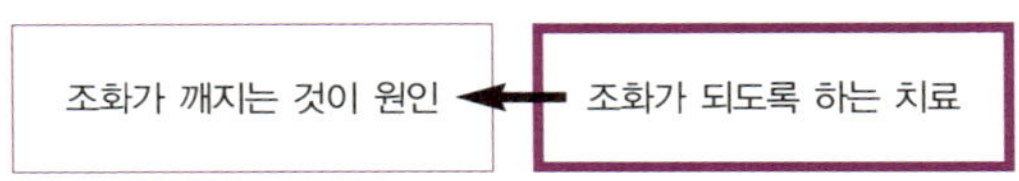

습니다. 우리 몸의 밸런스가 깨지는 것이지요. 단지 우리 몸의 어디에 그 증상이 어느 정도로 나타났느냐가 다른 것이지요. 원인이 같다면 치료법은 같을 수밖에 없습니다. 근본을 깨우치면 문제는 간단합니다. 모르면 무지하게 복잡해지는 보이는 법이지요.

모든 병의 원인은 다 똑같으며
그 치료법도 다 똑같다.

**다른 생각**

모든 병의 원인은 제각각이며
그 치료법도 제각각이다.

50

# 헬스장에 다닌다고?

## 비만에 대한 생각

요즘 사람들은 비만에 대해 많이 생각합니다. 그러나 우리는 이 비만에 대해 통념을 가지기 쉽습니다. 몇 가지만 따져 볼까요? ① 비만은 과식과 운동 부족으로 인해 후천적으로 생기나요? 꼭 그렇지 않습니다. 비만은 유전으로 인한 후천적 요인과 함께 생깁니다. 알고보면 선천성과 후천성이라는 둘 다가 원인입니다. 어떤 사람은 물만 먹어도 살찐다는 사람이 있는가 하면, 또 어떤 사람은 아무리 먹어대도 비쩍 마른 사람이 있습니다. ② 선천적 비만이건 후천적 비만이건 비만은 건강에 안 좋은 것인가요? 그렇지 않습니다. 비만은 건강에 안 좋다는 위험 신호가 아니라 비만 그 자체가 질병입니다. ③ 비만은 몸무게가 상대적으로 많이 나가는 과체중을 의미하나요? 이것도 그런 것 같지만 사실은 그렇지 않습니다. 뼈가 굵고 근육이 많은 사람은 상대적으로 몸무게가 많이 나가지만 비만은 아닙니다. 비쩍 말라 몸무게는 별로 안 나가는 사람이라도 올챙이처럼 배만 톡 튀어나온 사람은 비만한 사람입니다. ④ 비만은 몸의 한 부분보다 몸 전체가 뚱뚱한 것이 안 좋을까요? 이것도 그런 것 같지만 사실은 그렇지 않습니다. 몸 전체의 비만보다 뱃살이 찐 복부 비만이 더 안 좋습니다. 그래서 허리둘레와 수명은 반비례한다고 하는 것이죠. ⑤ 비만해지지 않으려면 살을 빼야 하나요? 이 질문은 가장 많이 가지는 통념입니다. 그래서 여기저기서 살을 뺀다는 다이어트 광고가 야단법석입니다. 한 달만에 10킬로그램을 감량했다느니 하면서…… 그리고 그런 광고에 현혹당하기 쉽습니다. 하지만 살 빼는 것보다 중요한 것은 몸이 건강해지는 것입니다. 살은 뺐지만 몸이 약해졌다면 건강에 더욱 안 좋은 질병을 가지게 되는 것입니다. 살은 뺐는데 빠지지 않았으면 하는 부분만 빠지고 꼭 빠져야 할 부분은 안 빠질 수 있습니다. 그렇게 다이어트 제품에 의지해 빠진 살은 곧 원상태로 돌아가고 맙니다. 바로 요요현상이죠. 단기간에 살을 뺐다는 사실보다 중요한 것은 빠진 살을 얼마나 잘 유지할 수 있느냐죠. ⑥ 비만해지지 않으려면 운동을 집중적으로 해야 하나요? 그렇지 않습니다. 운동은 집중적으로 열심히 하는 것보다 적은 운동량이더라도 꾸준히 지속적으로 해야 합니다. 가령 이번 주는 바빠서 운동을 못했으니 오늘만큼은 못다한 운동량을 채워야겠다고 생각하는 것은 보약을 며칠 굶었으니 며칠 보약을 다 먹겠다고 생각하는 것이나 마찬가지입니다. ⑦비만해지지 않으려면 적게 먹어야 할까요? 꼭 그렇지 않습니다. 적게 먹는 것보다 중요한 것은 과식하지 않는 것입니다. 즉 적게 먹는 것이 아니라 적당히 먹어야 합니다. 지금까지의 얘기대로 결국 비만해지지 않고 건강하려면 다이어트 제품에 의지해 살을 빼는 것이 아니라 비만해지는 근본적 원인을 이해하며 생활습관을 건강하게 고쳐나가야 하는 것입니다. 그렇다면 무엇이 건강한 생활습관일까요? 헬스장을 다니는 것일까요?

## 운동의 근본적 효과

간혹 길거리를 지나다 보면 밖에서 훤히 보이는 헬스장이 있습니다. 헬스장이 아니라 격조있게 휘트니스 클럽이라고도 부르지요. 거기서 운동을 하는 사람들이 많습니다. 다들 개인적인 사정이 있어서 그렇게 회원권을 끊어 돈 내고 시간 내어 운동을 하겠지만, 또 그런데서 운동을 하면 좋은 것도 많겠지만…… 저는 그런 데서 운동하느니 아침에 일어나 먼 데를 보며 뒷짐지고 앉았다 일어났다를 50번 정도 하면 충분하다고 단순하게 생각해 봅니다. 일 주일에 세 번 정도는 저녁밥 먹고 운동장 서너 바퀴를 돌면 더 좋겠지요. 우리 주변의 모든 것들이 다 훌륭한 헬스장입니다. 아파트 계단이나 지하철 계단은 살아있는 헬스장입니다. 일하면서 걷고 돌아 다니는 모든 환경도 자연 헬스장입니다. 우리는 헬스장에 다니지 않더라도, 특별한 건강기구 없이도 맘만 먹으면 일상생활 속에서 얼마든지 좋은 운동을 할 수 있습니다. 운동을 하면 살이 빠지고 근육을 불리기 위해서 하지만 그런 가시적인 효과보다 중요한 것은 근본적인 효과입니다. 운동으로 오장육부가 움직이면 몸 속이 따뜻해지면서 몸 밖과의 체온 차이가 생기므로 냉기가 없어지면서 혈액순환이 잘 됩니다. 하반신이 상반신보다 차가운 것도 몸의 냉기지만 몸 속이 몸 밖보다 차가운 것도 냉기지요. 예로부터 배는 늘 따뜻하게 하라고 했는데, 건강을 위한 참 지혜의 말씀입니다. 찬 물이나 음료를 습관적으로 마시는 것도 우리 몸속을 차게 합니다.

하지만 운동을 하면 몸속이 따뜻해지면서 몸의 냉기가 사라지므로 근본적으로 건강해집니다. 안 쓰던 근육을 쭉쭉 펼쳐주는 스트레칭이나 인도의 요가나 단전호흡도 알고 보면 몸 속을 따뜻하게 하는 몸놀림입니다. 중국의 파룬궁이나 우리의 국선도라는 기체조도 근본을 들어가보면 몸 안에 기(氣)를 불어넣어 몸 속을 따뜻하게 하려는 것입니다. 다만 운동도 너무 심하게 하면 몸 속에 활성산소라고 하는 유해산소가 쌓여 몸에 좋지 않습니다. 그래서 적당한 운동을 꾸준히 지속적으로 하는 것이 중요하지요. 과도한 운동을 일시적으로 열심히 하는 것보다 평상시 몸의 활동이 많아야 합니다.

## 모든 일상생활이 헬스장

그런데 운동은 노동과 다르며, 운동살과 노동살은 질적으로 다르다고 합니다. 이는 운동을 미화하고 노동을 격하하려는 말일까요? 이게 어느 정도 일리있는 말입니다. 운동하는 마음과 노동하는 마음이 다르기 때문입니다. 마음이 어떻게 다를까요? 그 다름의 핵심 어휘는 기쁨(pleasure)입니다. 기쁨은 즐거운 마음입니다. 운동을 할 때는 기쁨이 넘칩니다. 가장 좋은 운동은 경쟁심을 자극하여 스트레스를 줄 수 있는 골프보다는 함께 자연을 기쁘게 즐기는 등산입니다. 기쁘고 즐거운 마음으로 운동을 하면 엔돌핀이 돌아 운동의 효과를 배가시키지만, 노동을 할 때는 그런 기쁘고 즐거운 마음이 생기기 힘듭니다. 그러니 같은 강도로 몸을 움직여도 운동을 할 때와 노동을 할 때의 효과가 다릅니다. 이러한 사실은 우리에게 큰 지침을 줍니다. 우리가 일상생활을 하는데 있어서 즐거운 마음인 기쁨을 늘상 가진다면 모든 일상 환경이 좋은 헬스장, 아니 근사한 휘트니스 클럽이 됩니다. 특히 1분 동안 큰 소리로 웃는 웃음은 100미터 달리기 효과가 있으며, 우리 몸의 면역력을 증강시킨다는 것이 임상으로도 증명되었다더군요. 아마도 웃음은 서울 · 부산 거리의 300배나 되는 우리 몸 전체 혈관의 피 순환을 원활하게 해서 그럴 겁니다. 활짝 웃음은 암도 이긴다지요. 웃고 일하며 즐거운 마음을 가진다면 노동도 운동이 되는 법입니다. 그래서 건강의 가장 근본은 바로 즐겁게 사는 마음이 아닐까요? 기쁨보다 즐거움이 중요하지요. 슬픔과 반대말인 기쁨이 갑자기 좋은 일이 일어나 생기는 것이라면, 즐거움이란 특별히 기쁜 일이 없더라도 밝은 마음이지요. 일상에서 즐거운 마음이 있다면 건강한 사람입니다.

헬스장 운동

일상 운동

앉았다 일어나기
팔 굽혀펴기
빨리 걷기 뜀 뛰기
스트레칭
줄넘기 하기
계단 오르기
등산

헬스장 운동으로 살빠지면
몸이 건강한 사람이 된다.

**다른 생각**

일상에서 즐겁게 움직이면
맘도 건강한 사람이 된다.

## 건강에 대한 사고의 전환

- 날씨가 추우면 감기에 걸리므로 옷을 따뜻하게 입어야 한다.
  **몸이 차면 감기 걸리므로 몸을 따뜻하게 만들어야 한다.**
- 감기란 기침, 콧물, 몸살이 나는 경미한 병이다.
  **감기란 몸의 기가 빠진 것이라 중대한 병이다.**
- 온몸 곳곳이 전체적으로 따뜻해야 건강하다.
  **하반신과 몸속이 상대적으로 따뜻해야 건강하다.**
- 건강해지려면 골고루 잘 먹어야 한다.
  **건강해지려면 좋은 음식을 먹어야 한다.**
- 좋은 음식이란 내 입에 맞는 미식이다.
  **좋은 음식이란 내 몸에 맞는 소식이다.**
- 고혈압은 난치 불치병으로 약으로 내려가게 해야 한다.
  **고혈압은 몸 대처현상으로 자연적으로 내려갈 수 있다.**
- 염증과 통증을 없애려면 좋은 의약품을 먹어야 한다.
  **염증과 통증을 없애려면 좋은 생활습관을 가져야 한다.**
- 지금은 천연물질로 질병을 고치는 대체의학의 시대이다.
  **지금은 질병의 근본 원인을 없애는 근본의학의 시대이다.**
- 모든 병의 원인은 제각각이며 그 치료법도 제각각이다.
  **모든 병의 원인은 다 똑같으며 그 치료법도 다 똑같다.**
- 헬스장 운동으로 살 빠지면 몸이 건강한 사람이 된다.
  **일상에서 즐겁게 움직이면 맘도 건강한 사람이 된다.**

# 영업

# Business

이 장은 이 책의 10개 장 중에서 가장 실리적인 장입니다.
우리 인간이 잘 먹고 잘살기 위해 돈을 벌려고 하는 것이 영업이니까요.
영업이란 무엇이며 영업이 잘 되려면 어떻게 해야 할까요?
영업의 본질적 측면에서 한번 가만히 생각해 보면서
먹고 살 궁리를 해볼까 합니다.

## 영업에 대해 이렇게 생각하세요?

1. 기업 경영에서 영업이란 촉진의 하나인 인적 판매이다.
2. 영업이란 재화나 용역을 판매하여 돈을 버는 일이다.
3. 영업은 회사를 대표하여 회사 이익을 추구하는 활동이다.
4. 영업을 잘하려면 이기기 위한 전략적 사고를 해야 한다.
5. 영업을 잘하려면 제품에 대한 전문적 지식이 있어야 한다.
6. 영업을 잘하려면 손님을 왕처럼 친절하게 모셔야 한다.
7. 영업을 잘 하려면 발빠르게 주문을 잘 받아야 한다.
8. 영업 효과를 보려면 커다란 대규모 고객에게 집중해야 한다.
9. 영업을 잘하려면 고객 리스트를 많이 만들어야 한다.
10. 영업이란 고객만족 실현으로 이익을 얻으려는 현장 활동이다.

51

# 영업이 인적 판매라고?

## 기업경영에서 영업의 위치

기업의 경영에 있어서 영업이 차지하는 위치는 어디에 있을까요? 순차적으로 큰 개념부터 한번 따져 볼까요. 대개 기업 경영을 4M Mix라고 합니다. Man(인사관리), Money(재무관리), Manufacture(생산관리), 그리고 Market(시장관리)를 전반적으로 하는 것이 경영입니다. 4M Mix 중에서 맨 마지막의 Market(시장관리)이란 결국 마케팅이지요. 이 마케팅을 정통적으로 4P Mix라고 합니다. Product(제품), Price(가격), Place(유통), Promotion(촉진)을 전반적으로 하는 것이 마케팅입니다. 4P Mix 중에서 맨 마지막의 Promotion(촉진)은 마케팅을 잘 되게 하기 위한 활동입니다. 이 Promotion Mix를 이루는 활동들 중에 광고, 홍보, 판촉, 그리고 인적 판매가 있습니다. 이렇게 보는 것이 대개의 경영학 원론이나 마케팅 개론 또는 촉진관리론 등과 같은 교과서에 나와 있는 설명이지요. 그렇다면 영업이란 기업 경영에 있어서 어디에 있을까요? 마케팅이 영업일까요? 그렇지는 않습니다. 마케팅

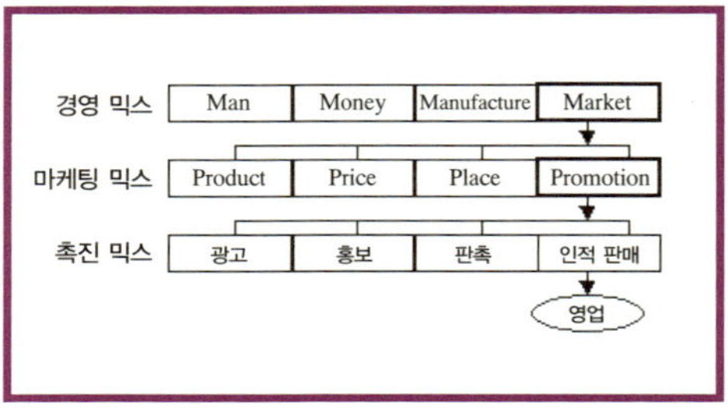


은 우리말로 시장 기획이라고 할 수 있는데, 시장에서 무엇을 어떻게 할 것인지 시장 기획을 잘하면 시장에서 실제로 영업이 잘 되는 것이지요. 쉽게 말해서 마케팅이 팔리도록 하는 시장 기획이라면 영업은 판매활동입니다. 그렇다면 유통이 영업일까요? 그렇지도 않습니다. 유통이란 영업이 일어나는 현장이라고 할 수 있지요. 결국 기업 경영에 있어서 영업과 가장 가까운 것은 Promotion Mix 중의 하나인 인적 판매라고 할 수 있습니다.

## 기업 경영에서 영업의 존재

그렇다면 기업 경영에 있어서 영업이란 촉진 믹스의 하나에 불과한 것일까요? 실제의 기업 경영에 있어서 절대로 그렇지 않지요. 기업 경영에 있어서 영업이 차지하는 지위는 절대적으로 막강합니다. 기업에서 광고부서, 홍보부서, 판촉부서는 없더라도 영업부서가 없는 곳은 이 세상 어디에도 없습니다. 마케팅부서가 없는 기업은 많아도 영업부서가 없는 곳은 없습니다. 왜냐하면 영업이 없으면 기업은 생존할 수 없는 것이니까요. 하다 못해 구두닦이라는 아주 작은 업을 하더라도 닦을 구두를 가져오는, 즉 일감을 만드는 영업이 없다면 존재할 수 없습니다. OEM(Order Equipment Manufacturing)처럼 발주처의 주문에 따라 생산만 하고 유통?판매는 발주처가 하더라도 발주처가 지속적으로 우리 기업을 통해 생산 주문을 하도록 만들어 가는 일도 영업입니다. 한마디로 영업이란 기업의 부분적인 활동이 아니라 절대적인 존재 기반입니다.

## 기업의 전반적 존재 기반

이러한 이유로 저는 경영학 원론 · 마케팅 개론 · 촉진관리론 등의 정통 교과서에 나와 있는 그림을 대폭 수정해야 한다고 생각합니다. 기업 경영에서 영업의 위치란 너무 중요하니까요. 교과서에 나오는 그림 대로라면 영업은 기업 경영의 하위 개념인 마케팅, 그리고 마케팅의 하위 개념인 촉진 믹스의 하나에 불과하지만, 사실 마케팅은 영업을 위해 필요한 것이며, 기업 경영도 영업을 위해 존재하는 것이니까요. 그래서 큰 기업이든 작은 기업이든 기업 경영에서 영업의 위치는 가장 중요한 존재 의미를 가지는 그림으로 바뀌어야 합니다. 영업은 마케팅을 기반으로 합니다. 여기서 마케팅이란 고객에게 혁신적 가치를 주고자 하는 가치 혁신이자 브랜드 관리입니다. 이러한 마케팅을 중심으로 하는 영업을 뒷받침하는 것이 기술(Research &

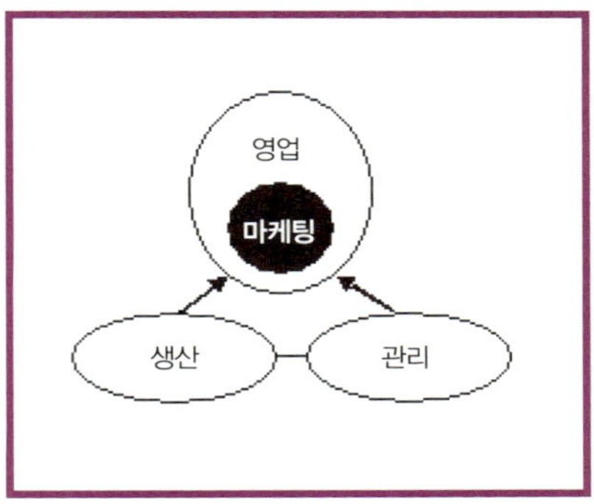

Development)을 기반으로 하는 생산이며, 전반적인 사람과 돈에 대한 관리입니다. 이러한 그림은 영업이 인적 판매라는 경영학 교과서적인 그림과 완전히 차원이 다른 실제적 그림입니다.

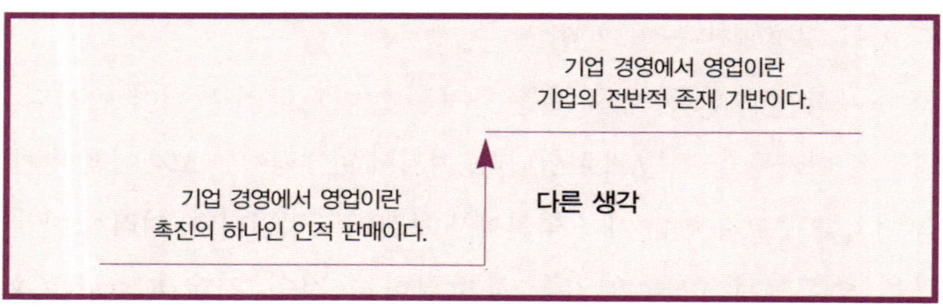

52

# 영업이 돈 버는 일이야?

## 기획자와 영업맨

저는 학교로 오기 전에 AE 일을 했었습니다. AE(Account Executive)란 광고회사에서 광고주(Account)의 광고 일을 집행하는(Executive) 직종입니다. 통상적으로 AE라는 일을 하나의 단어로 표현하면 광고기획자라고 하지요. 광고주의 광고 업무를 효과적으로 하기 위하여 광고를 기획하고, 그 기획되어진 방향대로 크리에이티브 디렉터, 카피라이터, 디자이너, CM 플래너 등의 제작팀으로 하여금 광고 제작 아이디어를 내도록 하며, 이렇게 해서 만들어진 기획 · 제작안을 광고주에게 프레젠테이션을 하여 광고주의 허가를 얻어 신문이나 TV 등의 광고매체에 실리도록 하는 것이 AE가 하는 일입니다. 그런데 이러한 AE 일을 하는 사람에게 광고 기획자라고 하지 않고 광고 영업맨이라고 하면 좀 기분나빠 합니다. 자기는 근본적으로 책상에 앉아 머리로 광고를 기획하는 사람이지, 여기저기 발로 뛰며 광고주를 좇아 다니는 사람은 아니라는 것이지요. 기획이 주(主)이고 먼저(先)이며, 영업은 부(副)이고 나중

(後)이라는 논리입니다. 하지만 곰곰이 따져보면 영업이 우선, 기획은 나중이라고 해야 맞지요. 광고기획을 할 거리가 있어야 광고기획을 할 수 있으니까요. 광고기획할 일거리를 지속적으로 만들어 가는 영업맨의 역할이 AE에게는 광고기획보다 더 중요한 것이지요. 광고기획을 잘해야 하는 것도 광고기획할 거리를 다른 광고회사에 놓치지 않도록 하기 위함입니다. 즉 영업을 위해 기획이 존재한다는 이치지요. 그래서 AE를 영업이라고 불리는 것에 대해 자존감을 가질 수 있어야 진정한 AE라고 할 수 있는 것이지요. AE란 광고주에게 실리적 이익을 주며, 이를 바탕으로 자기네 광고회사도 먹여 살리는 일을 하는 것이니까요.

## 판매업을 하는 영업

사실 저는 AE로서 광고회사를 다닐 때에 영업을 잘하지 못했습니다. 오히려 영업에 좀 초연하였다고나 할까요. 영업보다는 기획을 잘한다는 쓸데없는 자존심으로 20년 가까운 AE 생활을 용케 버텼다고 할 수 있지요. AE는 채권 가방 들고 다니는 영업사원 마냥, 시안 가방 들고 다니며 돈 버는 사람이 아니라 전략을 짜는 사람이라는 철없는 생각이었지요. 영업은 기획하는 머리도 없이 영업 실적을 채워 그저 돈 버는 일이라고 생각했던 거지요. 지금 와서 생각하면 참 한심합니다. 한마디로 전 영업의 영 자도 몰랐던 것이지요. 영업(business)이란 무엇인가요? 경영할 '營' 자를 쓰는 영업(營業)이란 뭔가를 다스리고 · 짓고 · 꾀하는 일입니다. 무엇을 다스리는 일일까요? 영업하면 가장 먼저 떠오르는 생각은 돈입니다. 그렇다면 돈을 벌기 위하여 다스리고 · 짓고 · 꾀하는 일이 영업이겠지요. 그래서 영업사원은 거래처를 다니며 재화나 용역을 판매하려고 하겠지요. 제약회사 영업사원은 약국에 재화인 약을 팔며, 영업사원으로서의 AE는 용역인 광고 아이디어를 광고주에게 팔겠지요.

## 인간업을 하는 영업

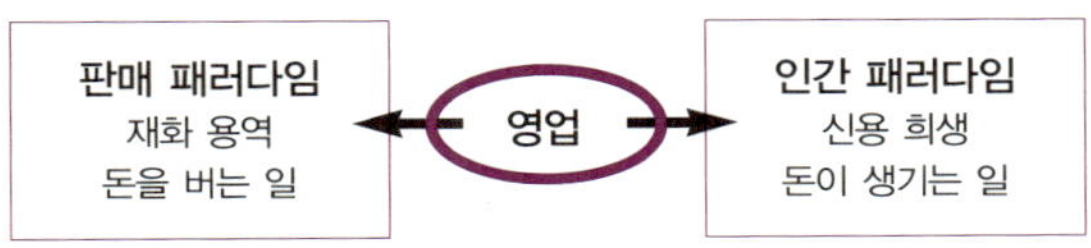


하지만 영업을 판매업으로 보는 것은 단편적 시각입니다. 꼭 판매업이라고 해야 한다면 영업이란 신뢰를 파는 일입니다. 더 정확히 말한다면 인간적 신뢰를 판매하는 일입니다. 결국 영업이란 판매업이라기보다는 인간업이라고 해야 하는 이치이지요. 이러한 저의 주장은 저만의 독창적인 생각이 아니지요. 소설 '商道'가 TV 드라마로 나왔을 때, 시청자의 가슴을 후려치는 강렬한 설명이 있었습니다. "장사는 돈을 버는 것이 아니라 사람을 버는 것이다!" 사람을 번다! 참으로 영업의 본질을 꿰뚫는 장사 철학이 아닐 수 없습니다. 그러한 장사 철학을 실천하는 영업맨은 영업에 도가 트인, 한마디로 상도(商道)의 달인이라고 할 수 있겠지요. 비즈니스에 있어서 사람을 얻는다는 것은 단지 인간성이 좋다는 것이 아닙니다. 저 사람이 나를 위해 희생할 수도 있으며, 나에게 실리를 지속적으로 줄 때, 그 사람에게 신용이 생기는 것이지요. 그렇다면 나는 그 사람에게 일을 믿고 맡기게 되니 그 사람에게 돈이라는 것은 자연스레 생기는 것이지요. 그러므로 영업에 있어서 돈이라는 것은 돈을 유일한 목적으로 하여 버는 것이 아니라 순리적 결과로서 돈이 생기는 것이라고 해야 옳습니다. 그러니 영업! 참 멋진 일입니다.

영업이란 인간적 신뢰를
가지고 사람을 얻는 일이다.

**다른 생각**

영업이란 재화나 용역을
판매하여 돈을 버는 일이다.

53

# 회사를 대표한다고?

## 정신의학의 역지사지

정신의학에서는 환자를 치료하기 위하여 사이코드라마를 활용하기도 합니다. 성격이 괴팍한 사람을 사이코라고 해서 사이코드라마라고 하니까 괴팍한 인간들이 나오는 이상한 드라마라고 오해할 수 있지요. 하지만 사이코드라마란 말 그대로 심리극입니다. 이러한 사이코드라마는 일정한 대본이 없고 연습도 없는 즉흥극입니다. 여기서 등장인물인 환자에게 어떤 역과 상황을 주어 그가 생각나는대로 연기를 하게 하여 그의 억압된 감정과 갈등을 표출하게 하여 정신적 장애를 치료하는 방법이지요. 이 경우 자신이 상대역을 하고 상대방이 자신의 역할을 하는 식으로 역할을 교환하면 타인이 자기를 보는 것처럼, 객관적으로 자신을 볼 수 있으며 통찰하기도 쉽습니다. 이것을 역할 연기(role playing)라고 하며, 더 정확히 말해서 역할 전환(role reversal)이라고 합니다. 즉 타인과 접하는 상황에서 서로 역할을 바꾸어 보도록 하는 기법이니까요. 이로써 서로의 역할을 바꾸어 봄으로써 상대의 입장을 이해할 수 있고,

아울러 결과적으로 자신의 행동을 되돌아 볼 수 있는 기회를 가지게 되는 것이지요. 즉 상대의 처지가 되는 것입니다. 이를 통해 자신의 문제를 발견 · 반성하며, 더 나아가 상대를 이해하도록 하는 것이지요. 이러한 롤 리버설은 거꾸로의 관점에서 생각해 보는 것이므로 역지사지(易地思之)라고 할 수 있지요.

## 영업에서의 역지사지

그런데 이러한 역지사지의 심리극인 롤 리버설 사이코 드라마는 정신의학에서만 쓰이는 것이 아닙니다. 영업에서 딱 맞게 사용될 수 있는 것이지요. 즉 영업을 하는데 있어서 회사의 입장이 아니라 고객의 입장이 되어 보는 것이지요. 하지만 대개 영업사원은 회사의 입장을 먼저 가지기 쉽습니다. 영업사원은 고객을 만나는 가장 가까운 위치에 있으므로 고객을 향해 회사를 대표하는 위치와 임무를 가지고 있기 때문이지요. 그래서 회사가 판매하려는 재화와 용역에 대해 고객에게 잘 설명하고 설득하면 된다고 생각할 수 있지요. 그래서 회사에서는 영업사원 교육을 시킬 때 고객보다 기(氣)가 세야 된다고 교육하기도 합니다. 기가 강해야 회사를 대표하여 고객 앞에서 당당할 수 있으니까요. 기가 약하면 고객 앞에서 주눅이 들어 제대로 회사를 대표할 수 없으니까요. 그러면 당연히 판매를 할 수 없겠지요. 하지만 이렇게 회사를 대표하는 관점에서 고객보다 기가 세야 한다는 생각으로 영업을 하면 뭔가 틀어지는 일이 생기기 쉽습니다. 이럴 때 롤 리버설, 즉 역지사지가 필요합니다. 회사를 대표하는 관점에서 생각할 때는 잘하는 것이며 아무 문제가 없는 것이라도, 고객의 관점에서 볼 때는 단지 잘난 체 하는 것이며, 때로는 형편없는 일을 하는 것일 수 있기 때문입니다. 가령 영업사원은 고객에게 우리 회사의 제품에 대해 잘 설명하여 팔 수 있도록 잘 설득했다고 생각하지만, 고객은 그 제품이 자신에게 어떻게 좋은 것인지 별 공감을 가지지 못할 수 있습니다.

## 인간사회의 역지사지

사실 이러한 역지사지라고 하는 것은 영업 뿐만 아니라 전반적인 인간사회 활동에 있어서 가장 바탕적 기반이 되는 뿌리적 기본이라고 할 수 있습니다. 부부간 대화에 있어서도, 노사 협상에 있어서도, 마케팅에 있어서도, 프레젠테이션에 있어서도, 교육에 있어서도 상대의 입장에서 생각하는 것은 가장 중요한 정신?철학이 됩니다. 대개의 부부문제나 노사문제는 서로 한쪽의 자기주장만 강할 때 격해집니다. 마케팅의 기본도 기업이 아니라 고객의 관점에 서는 것입니다. 프레젠테이션에서도 우리 주장의 설득력이 아니라 상대의 편익을 이야기해야 공감력이 생깁니다. 참된 교육도 피교육자의 입장에서 학생 한 명 한 명을 제대로 돌보는 것입니다. 영업에서 회사의 입장보다 고객의 입장에 서면 기를 세게 하려고 억지로 정신무장을 하지 않더라도,

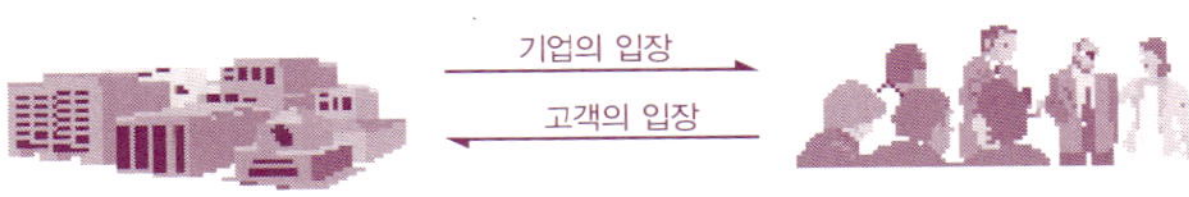

자연스레 기가 차게 됩니다. 영업에서의 기란 인위적으로 세게 하려고 해서 세지는 것이 아니라 순리적으로 고객 이익을 충실히 챙기면 기가 채워지며 생기는 것이지요. 그때 고객 앞에서 참으로 당당해질 수 있는 것이지요.

영업은 고객을 대표하여
고객 편익을 제공하는 활동이다.

**다른 생각**

영업은 회사를 대표하여
회사 이익을 추구하는 활동이다.

## 54
# 전략적이어야 한다고?

### 전쟁 용어의 일반화

현대인들이 가장 잘 쓰는 단어 중에 하나가 전략입니다. 한번 볼까요? 마케팅전략, 광고전략, 홍보전략, PR전략, 커뮤니케이션전략, 고객만족전략, 촉진전략, 가격전략, 유통전략, 판촉전략, 네이밍전략, 브랜드전략, 경영전략, 판매전략, 패션전략 등등등…… 어떠한 단어 뒤에라도 전략이란 말이 붙으면 그냥 그럴듯한 말이 될 정도입니다. 그렇다면 전략이란 무슨 뜻일까요? 사전적 의미로 전략이란 전쟁, 운동 경기 등의 승부에 있어서 투쟁을 위한 방책을 말합니다. 가장 짧고 쉽게 말한다면 싸움(戰)에서 이기기 위한 방법(略)이 전략입니다. 2,500여 년 전의 병법서인 『손자병법』은 이러한 전략을 다룬 고전입니다. 18세기에 클라우제비츠(Carl von Clausewitz)가 쓴 『전쟁론』은 군사과학으로까지 평가받는 전략 철학서이자 지침서입니다. 19세기 초의 나폴레옹과 20세기에 들어와서 두 차례에 걸친 세계대전은 전략이라는 말을 일반화시키는데 커다란 공헌을 하였습니다. 전쟁이 끝난 후 일반 기업체에 들어간 사람들은 전쟁에서 썼던 용어들을 그대로 썼으니까요. 가령 영국의 란체스터(Frederick W. Lanchester)는 세계대전을 계기로 고안한 역학관계의 법칙을 응용하여 기업 경영전략을 마련했습니다. 이렇게 하여 지금 우리는 전쟁이 아닌데도 마치 전쟁을 하는 것처럼 전략? 전술과 같은 전쟁용어를 쓰게 되었던 거지요. 가장 비근한 예로 고객공략이라는 말도 전쟁용어입니다. 공략이란 쳐들어가 무찔러 죽인다는 뜻인데, 고객이 공략 대상이던가요? 또한 브랜드 충성도와 같은 말도 군인들이 쓰는 말에서 나온 것입니다. 아무리 브랜드가 좋더라도 충성까지 할까요? 군인정신이란 바로 충성인데, 부하가 상사에게 충성하듯, 고객도 우리 브랜드에 꼼짝말고 충성토록 해야 한다며 브랜드 충성도라는 말을 씁니다. 그냥 브랜드 호의도라고 하면 될 것을……

## 전략 충성자의 고백

저 역시도 전략이라는 말의 충성적 사용자였습니다. 나 중심의 생각을 독창적 사고라고 하고, 반대로 바깥 중심의 생각을 전략적 사고라고 하며, 예술을 하려면 독창적 사고가 필요하겠지만 광고라는 일을 하려면 전략적 사고를 해야 한다며 강의하기도 하고 책도 썼습니다. 또 전략적 마케팅 커뮤니케이션이라는 책을 내려고도 마음먹기도 했습니다. 또한 제가 몸담고 있는 광고홍보학과의 영어 명칭이 'Strategic Marketing Communications' 임을 자랑하기도 하며, 학생들을 전략적 마케팅 커뮤니케이션에 강하도록 교육시키려고 했습니다. 하지만 작년부터 저는 전략이라는 표현이 가지고 있는 원천적 의미에 대해 근본적으로 사유하기 시작했습니다. 물론 전략이라는 말이 주먹구구식이 아니라 머리를 써서 하는 것이라는 의미이겠지만, 원래 싸움에서 이기는 방법이라는 뜻이기에 전략이라는 말을 될 수 있는 한 쓰지 않기로 마음먹었습니다. 왜냐하면 제가 연구 · 교육하는 PR이 공중과 호의적 관계를 맺는 것이기에, 공중과 싸워서 이기겠다는 것도 아니므로 PR 전략이라는 말은 애당초 전혀 어울리지도 맞지도 않기 때문에……

## 전략과 순리의 차이

영업도 전략과 결코 맞지 않습니다. 지금까지 제가 영업에 대해서 이야기한 바에 따르면 영업이란 기업의 전반적 존재 기반이며, 돈보다 사람을 버는 일이고, 고객을 대표하여 고객 편익을 제공하는 활동입니다. 이러한 영업철학에 공감한다면 영업과 전략이라는 말은 전혀 맞지 않지요. 전 그래서 영업전략이라는 표현 대신에 영업기획이라는 말이 맞다고 봅니다. 기획(企劃)은 계획(計劃)과 다른 뜻입니다. 기획이란 지금까지 하던 식 · 남이 하던 식에서 벗어나 다른 생각을 하는 것이지요. 이러한 기획에 따라 앞으로 어떻게 할 것인지 일정표를 짜는 것이 계획이지요. 이러한 기획의 의미대로 영업기획을 제대로 하려면 다른 것들보다 무조건 튀려는 독창적 사고보다 다른 것들 중에서 끌리는 통찰적 사고를 해야 하는 법이지요. 그러한 생각이 순리(nature)에 맞습니

다. 그래서 영업기획을 위한 통찰적 사고는 전략적이라고 하는 게 아니라 순리적(natural)이라고 할 수 있습니다. 돈을 버는 것이 아니라 사람을 얻는 것이 영업이며 그랬을 때 돈이라는 것은 순리적으로 자연스레 생기는 것이니까요.

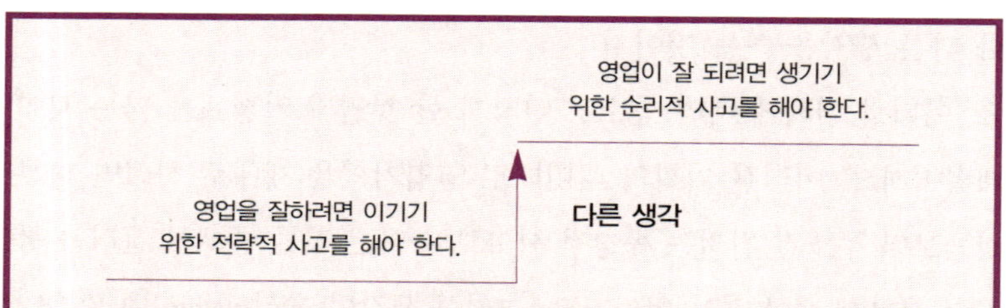

55

# 지식이 있어야 한다고?

## 현실적인 유교철학

요즘 시대에 공자님 · 맹자님 이야기를 하는 유교적 사고방식은 고리타분한 것으로 생각됩니다. 유교는 상층계급이 하층계급을 지배하기 위한 통치 이념에 불과한 것이라고 폄하되기도 하며, 사색당파를 일으켰다는 비난도 듣습니다. 특히 왕이 죽고 난 후 입어야 할 사소한 상복 문제 가지고 예송논쟁과 같은 치열한 정치싸움의 원인이 되었다고도 하지요. 하지만 우리가 알고 있는 유교는 2,500년 전 공자와 맹자의 원시 유교라기보다는 1,000여 년 전 중국 송나라 때 주희가 정립한 주자학과 이에 기반하여 500여 년 전 조선 시대에 이이와 이황이 우주의 근본이 理니 氣니 따지며 형이상학적으로 발전시킨 성리학, 그리고 조선 후기에 노론파의 거두, 송시열이 의례적 예식 절차를 지키려고 따졌던 예학에 가깝습니다. 그래서 유교가 뜬 구름 잡는 것이라고 오해받지만, 원래 공자 · 맹자의 유교는 아주 현실적 정치철학이었습니다. 유학은 인간으로서 어떻게 살아야 하는지에 대한 물음에 본질적 대답을 줍니다. 무위자연(無爲自然)을 말하는 노자 · 장자가 공자 · 맹자에 대해 그냥 자연스레 두면 될 것을 인(仁)이니 의(義)이니 하면서 쓸데없이 세상을 다스려 보겠다고 폼잡는 속세주의자라고 부정한다면, 인의정치(仁義政治)를 말하는 공자와 맹자는 노자와 장자에 대해 이 아픈 현실을 내버려 두고 무위니 자연이니 외치고 떠도는 은둔주의자라고 비난합니다. 그만큼 공맹철학인 유교와 노장철학인 도교는 하늘과 땅 만큼의 차이가 있지요. 노장사상인 도교가 지극히 초월적이라면, 공맹사상인 유교는 지극히 현실적입니다.

## 인간적인 유교철학

사실 전 이 두 사상을 다 좋아 합니다. 공자님 말씀인 '논어'와 '맹자'라는 고전을 제가 가르치는 PR의 기본 텍스트로 삼고 있을 정도이지요. 또한 절대적 · 지배적인 생각을 역설적으로 비꼬는 노자와 장자의 철학이 마음을 편하게, 생각을 넓고 깊게 만들기 때문이지요. 아무튼 우리 인간의 머리가 이룩한 현실적인 정치철학인 논어와 맹자의 유교사상은 우리 인간이 이 세상을 어떻게 살아나갈지에 대해 속 깊은 통찰력을 줍니다. 힘의 정치가 온통 판을 쳤던 약육강식의 춘추전국 시대에 공자와 맹자는 인의 정치와 의의 정치를 주장합니다. 그 당시 손자가 설파한 전략적 경쟁우위가 아니라 순리적 인간관계를 통한 온전한 정치철학을 설파했던 것이지요. 그 철학은 상대 국가를 이기기 위한 전략적 지식이 아니라, 주변 민중을 끌어들이기 위한 인간적 생각이었습니다. 공중관계 활동인 PR이 피할 건 피하고 알릴 건 알리는 전략적 홍보활동이 아니라 공중과 호의적 관계를 지속적으로 만들어 간다는 것도 그러한 공자 · 맹자의 사상철학과 같은 맥락이지요.

## 영업에서의 유교철학

이러한 유교철학은 영업에서 어떠한 의미가 있을까요? 즉 유교적 영업이란 무슨 뜻일까요? 유교적 영업이 인의의 영업이라고 하는 것일까요? 사실 그건 영업 현실과 맞지 않지요. 제가 말하고자 하는 유교적 영업이란 인간적 영업, 즉 유머적 영업입니다. 난데없이 웬 유머이냐고요? 유머란 단순히 개그적인 우스개 소리가 아니라 인간적 마음이지요. 유머(humor)와 인간(human)은 같은 어원입니다. 유머가 없는 영업은 제품에 대한 전문적 지식을 가지고 기업이 제품을 판매하도록

설득하려는 영업입니다. 하지만 유머가 있는 영업은, 즉 인간적 마음이 있는 영업은 인간에 대한 친화적 이해를 가지고 고객이 제품을 구매하게끔 공감되는 영업입니다. 비유머적 영업은 고객과 설전을 벌일 경우 전문적 지식으로 고객을 이기지만 고객은 나중에 외면하게 됩니다. 앞에서 이기고 뒤에서 지는 꼴이지요. 유머적 영업을 한다면, 고객에게 건네는 한 마디에 인간적 마음과 여유가 녹아 있습니다. Who do I buy from? 기업의 관점이 아니라 고객의 관점이 된다면, 저라도 전문적 지

식보다 친화적 유머가 있는 영업사원에게 끌리겠지요. 인지상정(human nature)입니다.

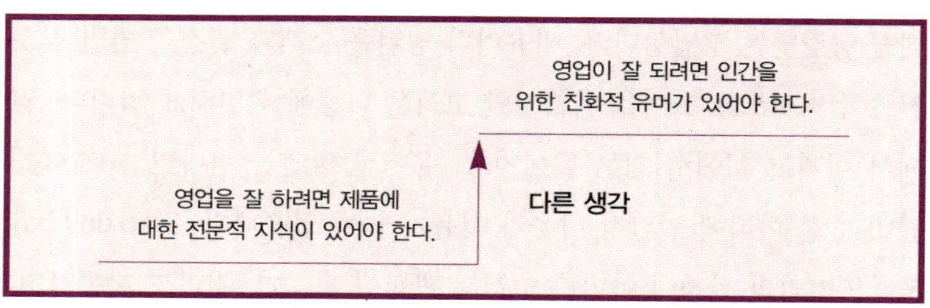

56

# 친절하게 서비스한다고?

## 인간적인 유머감각

수업시간에 학생에게서 들은 이야기를 해드릴까요. 어느 식당 손님이 음식 맛이 집에서 먹는 밥보다 맛없다며 불평을 심하게 했더랍니다. 이때 식당 종업원이 손님에게 어떻게 말해야 좋을까요? 우리 식당의 전통과 역사를 말해야 할까요? 식당 주방장의 화려한 경력을 말해야 할까요? 최고의 재료만 쓴다는 식당주인의 요리철학을 말해야 할까요? 아니면 다른 손님들은 다 만족하는데 손님께서는 왜 유별나게 그러느냐고 따져야 할까요? 아마 그렇게 했다면 손님의 불평은 없어지지 않을 겁니다. 설령 그 자리에서 불평을 그친다 하더라도 다시는 그 식당에 가지 않을 겁니다. 하지만 그 식당 종업원은 이렇게 말했답니다. 이 한마디에 손님의 불평은 눈녹듯 사그러졌다고 하지요. "손님! 물론 집에서 먹는 밥이 세상에서 가장 맛있지요!" 이렇게 말한 식당 종업원의 유머감각이 매우 탁월하지 않습니까? 아마 집 밥보다 맛없다고 불평했던 손님은 이 한 마디를 듣고 이렇게 생각했을 겁니다. "그렇지!

역시 집에서 해먹는 밥이 가장 맛있지. 이 식당 밥이 집 밥보다 당연히 못하지만 그런대로 먹을 만 하네. 그냥 맛있게 먹지 뭐!" 식당 종업원의 한마디는 손님의 불평에 논리적으로 대응한 것이 아니라 인간적으로 초월한 것이지요. 즉 맞서기보다 넘겼던 것이지요. 깐깐한 손님의 불평에 깐깐하게 맞대응하기보다 따뜻하게 품고 넘었으니까요. 결국 이 한 마디 코멘트에는 인간적 마음이 녹아 있었다는 뜻이지요. 이런 인간적 마음이 있는 종업원이 있다면 그 식당 영업은 틀림없이 잘 될 줄로 압니다. 그래서 영업사원의 기본 자질로 전문적인 영업지식에 앞서 인간적인 유머감각이 더 중요하다고 생각합니다.

## 친절함과 인간철학

식당처럼 서비스 경영을 하는 곳의 영업철학을 대변하는 가장 일반적인 슬로건은 "손님은 왕이다!"입니다. 손님을 왕처럼 모시듯 친절하게 대해야 한다는 뜻이지요. 그런데 이러한 친절한 서비스에 인간적인 마음, 즉 유머가 빠져 있다면 어떻게 될까요? 즉 인간미 없는 친절을 생각해 보세요. 아까 그 식당 종업원의 한 마디는 손님을 왕으로 모신다기보다 인간으로 이해한 것에서 나온 한 마디였습니다. 즉 친절한 서비스라기보다 인간적 서비스 정신에서 나온 유머적

친절한 인사에 인간적 마음이 담겨 있는가?

코멘트였지요. 하지만 대개의 서비스 경영에서 가장 중요한 지침은 친절입니다. 백화점에 가면 매장 안내원들이 출입구에서 손님들이 오고 갈 때 인사를 합니다. 그냥 인사가 아니라 백화점식의 특별한 인사이지요. 두 손을 모으고 상체를 앞으로, 하체를 뒤로 빼며 90도 가까이 깍듯이 숙이는 아주 정중한 인사입니다. 그 인사법은 손님을 깍듯이 왕으로 모신다는 정신을 말해주고 있습니다. 마음이 아닌 몸으로… 이러한 인사에서 간과하기 쉬운 것은 친절한 서비스를 넘는 인간적 서비스입니다.

## 기본적인 영업철학

친절하진 않더라도
인심이 느껴지는 할머니

친절을 넘는 것은 인간의 마음, 즉 인심입니다. 친절한 식당과 인심 있는 식당 중 어디를 택하게 되나요? 가끔 어떤 식당에 욕쟁이 할머니가 있는 경우가 있습니다. 그 욕쟁이 할머니는 절대로 손님에게 친절하지 않습니다. 손님에게 막 욕을 해대니까요. 그런데 중요한 건 그 욕에 담긴 할머니 한마디 한마디에 할머니의 인간적 정이 담겨 있고, 그 인심이 손님들에게 자연스럽게 흘러 넘친다는 사실이지요. 즉 표면적인 친절함보다 내면적인 정겨움이 살아 있는 것이지요. 그러니 그 식당은 영업이 저절로 당연히 잘 될 수밖에 없겠지요. 이러한 원리는 단지 식당이라는 서비스 업종에만 적용되는 것이 아니라고 봅니다. 어떤 업종이건 영업이 순리적으로 잘 되려면 있어야 할 기본 철학이라고 할 수 있습니다.

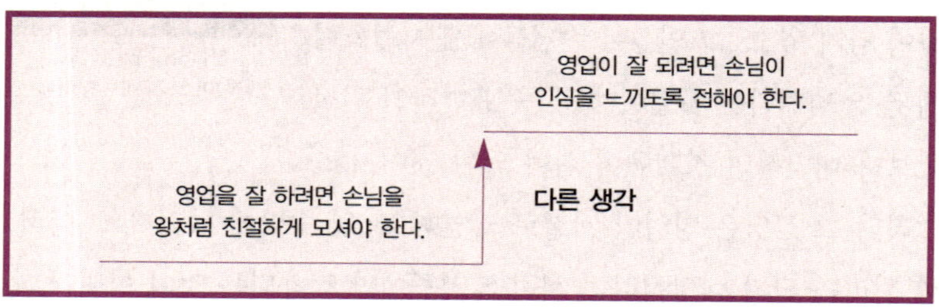

57

# 주문을 잘 따야 한다고?

## 비 오는 날의 영업

제가 예전에 회사 다닐 때 한창 비가 쏟아 붓는 어느 날, 사장님께서 사무실에 나타나셨습니다. 비가 너무 와서 비가 그치면 나가려고 했는데, 사장님 왈! "사무실에서 뭣들 해? 광고주 만나지 않고! 영업은 비 오는 날 하는 법이야. 비 올 때 찾아가면 비 올 때 찾아왔다고 더 잘 해 주는 법이라고! 어서들 움직여!" 다들 이런 사장님 말씀을 듣고 기분이 썩 좋지는 않았습니다. 아마 대개 속으로 이렇게 생각했을 겁니다. "광고회사 직원이 보따리 영업 사원도 아니고, 비 오는데 방문한다고 더 잘 될 턱이 있나?" 하지만 전 그 사장님 말씀에 영업에 대한 나름대로의 혜안이 담겨 있다고 생각했지요. 영업이라는 일은 원래 발품을 팔아 고객을 찾아다니는 일입니다. 그런데 비 오는 날에 찾아가면 좀 불쌍하게 보여 영업이 더 잘 될 수도 있으니까요. 즉 고객 입장에서 보았을 때 날씨 좋은 날에 찾아오면 구매 · 주문하지 않을 것을, 날씨 궂은 날에 찾아오면 구매 · 주문할 수 있으니까요. 광고회사의 영업처럼 당장 물건을 파는 보따리 영업이 아니라서 구매?주문을 하지 않더라도 비 오는 날에 찾아오면 측은히 여기는 마음이 생겨, 따뜻한 차라도 더 주고 싶고, 이러한 마음이 나중에 중요한 비즈니스?영업의 기회로 작용할 수 있겠지요.

## 손발을 파는 영업

영업이라는 말을 사전에서 찾아보면 영리를 목적으로 행하는 사업, 또는 그런 행위를 말합니다. 그렇다면 어떤 행위를 말할까요? 두 가지 행위 유형이 있다고 봅니다. 찾아가는 행위 유형과 찾아오는 것을 맞는 행위 유형이지요. 가령 보험, 카드, 정수기, 방문판매 화장품 등의 영업은 주로 영업사원이 고객을 찾아가는 영업입니다. 하지만 식당, 미용실, 병원, 은행, 시장판매 화장품 등의 영업은 주로 고객들이 매장?점포로 찾아오는 것을 맞는 영업이지요. 물론 변호사, 회계사, 광고회사, 컨설팅 회사처럼 고객을 찾아가기도 하며 고객이 찾아오기도 하는 경우도 있습니다. 이처럼 고객을 찾아가는 영업과 고객이 찾아오는 것을 맞는 영업이란 모두 발과 손을 쓰는 영업이라고 할 수 있습니다. 발로 고객을 열심히 찾아가며, 손으로 찾아온 손님을 열심히 맞아야 하니까요. 이러한 영업은 한마디로 구매 주문을 따는(order taking) 영업입니다.

발품을 팔아 무작정 열심히 찾아다니며, 찾아온 손님들로부터 주문을 받아 손으로 모시는 영업이니까요. 한마디로 발과 손으로 하는 영업이 오더 테이킹의 영업입니다.

## 머리를 쓰는 영업

그런데 한번 이렇게 생각하면 어떨까요? 찾아가는 영업이 아니라 찾도록 하는 영업, 찾아오는 것을 맞는 영업이 아니라 찾아오도록 하는 영업! 찾아가는 영업이 그냥 무작정 잘 모르는 잠재고객을 찾아가는 것이라면, 찾아가도록 하는 영업이란 뭔가 기획을 하고 준비를 해서 어떤 특별한 잠재고객이 우리를 찾도록 만드는 영업입니다. 찾아오는 것을 맞는 영업이 그냥 오는 손님을 맞는 것이려면 찾아오도록 하는 영업이란 고객이 우리를 굳이 찾아오게끔 만드는 영업입니다. 이렇게 찾아가도록, 찾아오도록 하는 영업을 하려면 단지 발과 손만을 파는 영업에서 벗어나야 하겠지요. 즉 발과 손에 앞서 머리를 써야 하겠지요. 여기서 머리를 쓴다고 하는 것은 단지 잔머리를 굴린다는 뜻이 아니라 뿌리 머리를 움직이자는 뜻입니다. 즉 근본적으로 마케팅 마인드를 가져야 한다는 뜻입니다. 마케팅 마인드 없이 하는 영업은 머리 없이 발과 손으로 열심히 하는 영업입니다. 하지만 마케팅 마인드를 가지고 하는 영업은 머리를 써서 제대로 하는 영

업입니다. 가령 누구를 찾아가야 좋을지, 무엇으로 손님을 끌 것인지에 대한 통찰력을 가지고 이루어지는 영업은 구매 주문을 소극적으로 받는 것이 아니라 적극적으로 만들어 냅니다. 그래서 머리를 쓰는 영업을 오더 테이킹이 아니라 오더 메이킹의 영업이라고 할 수 있지요.

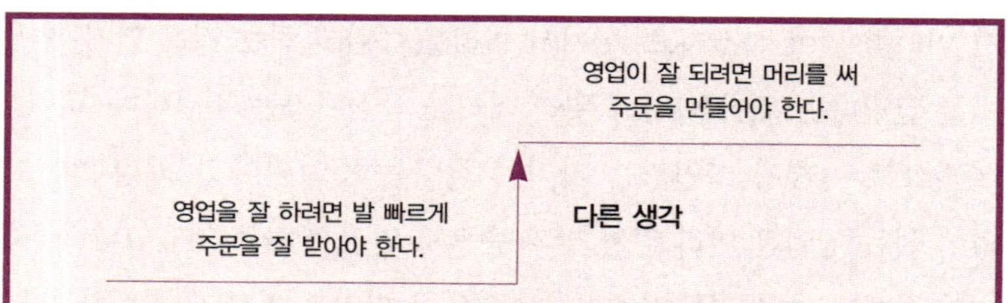

58

# 큰 고객에 집중한다고?

## 20 : 80의 법칙

한 학교에 100명의 학생이 있다고 합시다. 그렇다면 대개 20% 정도의 학생은 열심히 공부하며, 80% 정도의 학생은 노는 학생이라고 합니다. 이때 공부를 열심히 공부하는 학생 20%만 따로 모아서 공부를 시켰습니다. 처음에는 그 20%의 학생들이 모두 열심히 공부를 한답니다. 그런데 시간이 지나면 그 20%의 학생 중에서 노는 학생들이 생기기 시작한다지요. 그리고 한참 지나면 그 20%의 학생들 중에서 20 : 80의 비율에 맞춰 공부하는 학생과 노는 학생이 나뉘어진다지요. 이러한 현상은 공부를 안 했던 80%의 학생들에게서도 그대로 나타난다고 합니다. 80%의 학생들이 처음에는 놀기만 하더니 어느 순간부터 공부하는 학생이 생기기 시작하고, 한참 시간이 지나면 역시 20 : 80의 비율대로 공부하는 학생과 노는 학생이 나뉘어진다고 하지요. 이렇게 나뉘면서 20%의 학생의 공부량이 학생들 전체 공부량의 80%를 차지하겠지요. 이러한 20 : 80의 비율을 파레토의 법칙이라고 합니다. 20세기

초 이탈리아 경제학자인 파레토(Vilfredo Pareto)가 이탈리아 인구의 20%가 이탈리아 재산의 80%를 소유하고 있다는 사실을 알아냈지요. 이 20 : 80의 비율이 자연현상은 물론 사회현상에 나타난다고 합니다. 가령 20% 지역이 전 세계 80% 강우량을 가지고, 20% 구성원이 전체 80% 업무를 하고 있으며, 20% 상품이 전체의 80% 매출을 올리고 있다는 식이지요. 그래서 파레토의 법칙을 2080의 법칙이라고 합니다.

### 집중의 영업 법칙

특히 20%의 고객이 전체 매출의 80%를 차지한다는 사실은 영업활동에 있어서 시사하는 바가 큽니다. 100명의 전체 고객이 있을 때 100명 모두가 아니라 구매를 많이 하는 상위 20명만을 대상으로 영업하면 80%의 매출을 올릴 수 있으니까요. 영업 효율의 측면에서 이것처럼 좋은 일이 어디 있겠습니까? 이러한 것을 귀족 마케팅이라고 합니다. 구매실적 등을 기준으로 현재의 고객을 10등급으로 나누어(decile ranking), 1 · 2 등급의 고객을 대상으로 집중적인 영업활동을 하는 것이지요. 또 20%에서 더욱 집중시켜 상위 5% 고객 대상의 마케팅을 VIP 마케팅이라고 하고, 상위 1% 고객 대상의 마케팅을 VVIP(Very Very Important Person) 마케팅이라고도 합니다. 물론 이러한 집중적인 마케팅 · 영업활동이 효율적인 것은 자명합니다. 집중한 만큼 금방 눈에 띄는 매출 효과를 가져오니까요.

## 지속의 영업 법칙

그런데 파레토의 법칙을 뒤집는 새로운 법칙이 생겼습니다. 이른바 긴 꼬리(long tail) 법칙이라고 하더군요. 이 긴 꼬리 법칙은 현실 세계가 아닌 인터넷이라는 가상 공간에서 주로 일어나는 법칙입니다. 가령 아마존(amazon.com) 수익의 많은 부분은 파레토 법칙처럼 베스트셀러 상위 20%가 아니라 일 년에 몇권 정도씩 겨우 팔리는 책들을 통해 나타난다는 것이지요. 그렇게 일 년에 몇권씩 팔리는 책들이 무척 많으니까요. 또한 구글(google.com) 수익의 많은 부분은 파레토 법칙처럼 대형 광고주 상위 20%가 아니라 일 년에 몇십 · 몇백 달러씩 광고하는 소형 광고주로부터 나온다는 것이지요. 그렇게 구글에 검색엔진 광고를 하는 광고주들이 무척 많으니까요. 그렇다면 긴 꼬리 법칙이란 인터넷에

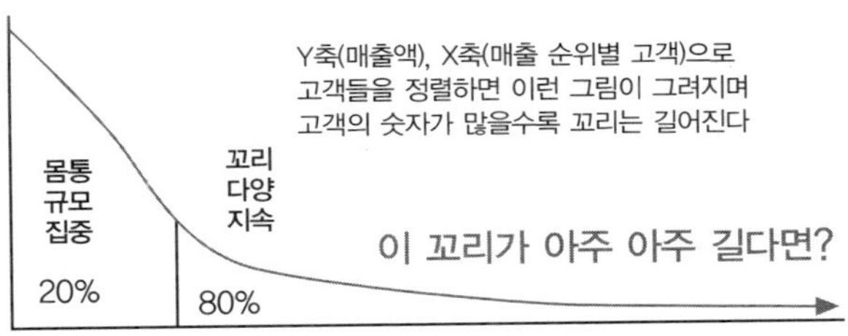


서만 적용되는 법칙일까요? No! 영업활동을 하는 기업은 계속기업(going concern)이지요. 현재 매출 순위 20%의 고객이 영원히 지속되리라는 보장은 없습니다. 또한 지금 작은 고객이 큰 고객이 될 수도 있는 것이지요. 그러므로 20%에만 치중한다는 것은 고객의 다양성 차원에서 그만큼 취약하다는 뜻입니다. 다양함이란 결국 생명력입니다. 결국

생명력이 약하다는 것은 지속가능하지 못할 수도 있다는 뜻입니다. 규모가 큰 고객을 적게 가지는 것보다 규모가 작은 고객을 많이 가지는 것(long tail)이 영업의 생명력을 강건하게 합니다.

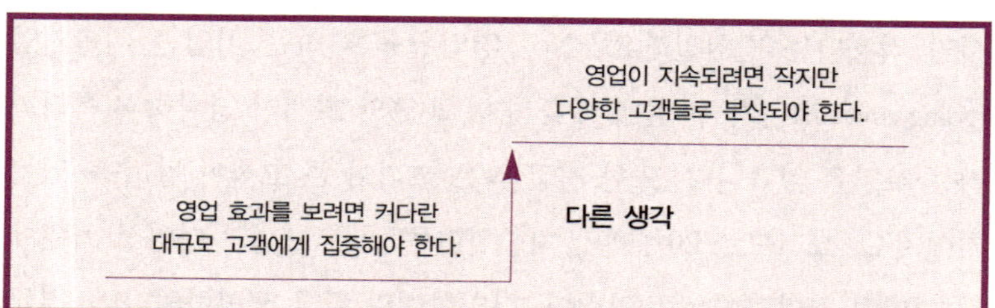

59

# 고객 리스트가 많다고?

## 부적 같은 성경 글귀

식당에 가면 가장 많이 걸려 있는 성경의 글귀가 있습니다. "네 시작은 미미하였으나, 네 나중은 심히 창대하리라!(욥기 8 : 7)" 지금 이렇게 작게 장사를 하고 있지만, 나중에 돈을 많이 벌어 큰 장사를 하겠다는 주인의 희망일 겁니다. 그런데 이 성경 구절은 원래 그런 뜻이 아니지요. 욥이 하나님의 시험으로 엄청난 고난을 받을 때, 세 친구들 중 하나가 빈정거리며 욥에게 비꼬듯 놀리며 하는 말입니다. 성경 욥기의 전체 맥락을 이해하면 이 구절은 식당에 걸 만한 내용이 절대로 아니지요. 그런데 전반적 맥락은 무시하고 부분적 구절이 그럴 듯 하니까 행운을 가져올 법한 기복적 부적마냥 근사하게 거는 것이지요. 그런데 이 성경 글귀는 이렇게 바뀌면 의미가 생깁니다. "네 고객은 처음에 미미하였으나, 네 고객은 나중에 심히 중대하리라!" 이는 식당의 번창이 아니라 고객의 가치를 뜻하지요. 처음의 미미한 고객이 나중에 가치있는 고객으로 될 수 있다는 뜻이지요. 어떻게 하면 그렇게 될 수 있을까요?

## 고객관계관리의 철학

고객관계관리를 잘하면 그렇게 됩니다. 너무나 당연한가요? 고객관계관리에서 관계라는 말은 매우 중요합니다. 관계란 거래와 다른 뜻이지요. 원래 영업이란 상거래 활동입니다. 그래서 기업은 고객의 필요와 욕구를 채울 수 있도록 재화나 용역을 통하여 편익(benefit)을 주고, 그 대가로 기업은 고객으로부터 이익(profit)을 얻는 것이 정통 마케팅의 핵심 개념이었던 교환 개념입니다. 그런데 요즘의 마케팅은 쌍방향적(two way) 거래 교환이 아니라 상호작용적(interactive) 관계를 가지려고 합니다. 그래서 관계 마케팅은 식당 영업이든 보험 영업이든 화장품 영업이든 영업을 위해 가장 중요한 기반이 됩니다. 쌍방향적 거래나 교환이 일시적으로 주고받는 것으로 이루어질 수 있는 것이라면, 상호작용적 관계란 지속적일 때 이루어질 수 있지요. 이처럼 지속적인 상호작용을 통하여 고객과 호의적 관계를 만들어 나가는 일이 바로 CRM(Customer Relationship Management)입니다. CRM이란 고객 데이터베이스라는 수단을 가지고 고객관계관리 목적을 달성하려고 하는 것이지요. 그런데 이 CRM이 너무나 정보기술(IT)에 의해 판매도구화가 되고 있어 문제입니다. 하지만 CRM이란 고객관계를 관리하는 판매도구라기보다는 영업철학입니다. 그래서 CRM을 CRM(Customer Relationship Mind)이라고도 할 수 있지요. 즉 성능 좋은 고객관계관리 프로그램보다 정성어린 고객관계관리의 마음이 CRM입니다. 가령 거창한 CRM 프로그램이 아니라, 예전에 아모레 아주머니의 소박한 고객 수첩이 바로 진정한 CRM이었던 것이지요. 이 수첩에 적힌 고객들과의 끈끈한 관계로 지속적인 영업을 할 수 있었으니까요.

## 지속적인 고객관계관리

그렇다면 그 고객 수첩에 담긴 내용은 고객 리스트였을까요? 고객 리스트가 고객의 이름과 연락처라는 단순한 자료라면, 고객 데이터베이스란 이름과 연락처는 물론 고객의 이력과 성향 등에 대한 풍성한 정보입니다. 고객 리스트는 아무리 많이 가지고 있어 보았자 고객 한 명 한 명과 접하는데 있어서 도움이 되지 못합니다. 단지 연말에 일괄적으로 카드를 보낼 때에 쓰일 수 있겠지요. 그런 카드는 분명히 한 명 한 명에게 보내어지지만, 한 사람 한 사람 인간으로서의 고객과 개별적으로 접촉하는 것은 아니지요. 하지만 고객 리스트가 아니라 고객 데이터베이스를 가지고 있으면, 고객 한 사람 한 사람이 누군지 이해할 수 있으며, 인간적으로 다가갈 수 있습니다. 가령 작은 규모의 고객들이 아주 많을 때, 즉 꼬리가 길 때, 그 고객들에 대한 데이터베이스를 가지고 그들 한 사람 한 사람과 지속적으로 상호작용을 하여 호의적 관계를 쌓아 간다면, 그 고객은 귀

연락처를 알 수 있는 고객 List
한 사람을 이해할 수 있는 고객 DB

한 고객이 될 것이 분명합니다. 그래서 "네 고객은 처음에 미미하였으니, 네 고객은 나중에 심히 중대하리라!"라고 할 수 있지요. 그런데 CRM을 한답시고 고객 데이터베이스를 고객 리스트처럼 사용하는 경우가 참 많지요. 영업맨에게 고객 데이터베이스는 필수 중 필수입니다.

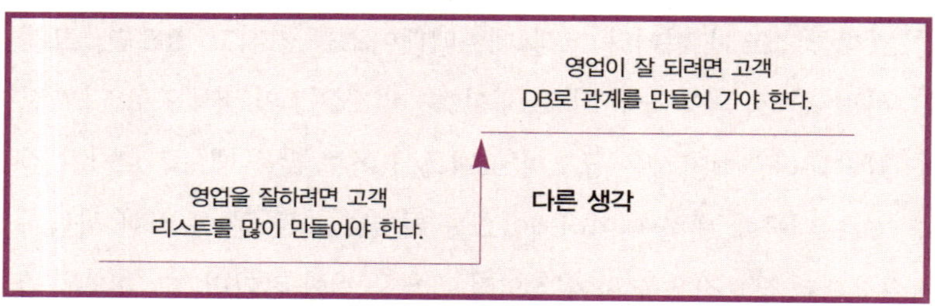

60

# 고객만족이 중요하다고?

## 인간의 욕심이 만든 치명성

조류독감(Avian Influenza)이 난리입니다. 조류독감에 걸린 닭이 한 마리라도 생기면 반경 3킬로미터 이내의 닭들은 참혹한 살육을 당합니다. AI란 쉽게 말해 닭 · 오리들이 걸리는 독한 감기이지요. 그런데 왜 같은 조류인데 비둘기 · 까치들은 걸리지 않을까요? 닭들이 사는 양계장을 보셨나요? 양계장 닭들은 생명이 아니라 상품입니다. '닭장' 이라는 표현처럼 비좁은 공간에 움직일 틈도 없이 닭들이 빽빽합니다. 태어나서 땅이란 것은 밟아본 적도 없습니다. 먹는 것도 항생제가 들어간 사료입니다. 게다가 깜깜하면 사료를 안 먹으므로 밤낮없이 불을 밝힙니다. 잠도 안 재웁니다. 닭고기로서의 상품을 빨리빨리 만들기 위해…… 스트레스가 치사상태, 면역력이 제로상태 아닐까요? 만일 사람이 닭들처럼 산다고 생각해 보십시오. 만일 모든 닭들이 흙을 밟으며 산다면, 조류독감이란 있지도 않을 테지요. 설령 철새들에게 감염되더라도 면역력이 약한 단 몇마리에 그치고 말 것입니다. 결국 닭이나 오리의 잘못이 아니라 인간이 조성한 환경이 조류 독감을 만든 것이지요.

## 하늘의 순리를 따르는 영업

인간의 탐욕이란 무엇인가요? 그것은 이익에 대한 욕심입니다. 빨리 닭고기를 많이 팔아 큰 이익을 보겠다는 인간의 탐욕이 치명적인 조류독감을 만들었습니다. 인간 역시 과도한 탐욕과 경쟁으로 인한 스트레스로 새들이나 걸리는 독감에 면역력도 없이 감염되는 것이지요. 영업이란 이익을 목적으로 꾀하는 활동입니다. 그런데 그러한 이익 목적의 꾀함이 하늘의 도리를 어기면(逆天) 탐욕이 되며, 그리되면 어찌 될까요? 이상한 바이러스가 생기는 것처럼 일들이 자꾸 꼬일 것입니다. 그래서 영업은 하늘의 도리를 순리적으로 따라야(順天) 흥하는 법입니다. 그렇다면 순리적인 영업이란 과연 무엇일까요? 그것은 이익을 목적보다는 결과로 보는 영업활동입니다. 이익은 결과로 자연스럽게 나타나는 것이니까요. 이런 이야기를 하면 그것은 너무 이상적이라고 말할 수 있지요. 하지만 가만히 생각해 보면 이는 이상적인 주장이 아닙니다. 지극히 현실적인 이치입니다. 우리가 고객에게 특별한 가치를 주게 되면 이익은 당연히 생기는 법이지요. 입소문이라는 것도 요란법석을 떨어 입소문을 내는 것이 아니라 고객 관점에서 보았을 때, 우리의 차별화된 가치가 특별하다면 입소문이 나는 법이지요. 즉 "입소문을 내려면"보다 "입소문이 나려면"이라는 질문에 충실히 답할 수 있을 때, 좋은 입소문이 나며, 이에 따라 자연스럽게 이익도 절로 생기는 법이지요. 그것이 순리적 마케팅이며, 영업의 기본입니다.

## 고객만족보다 고객 입소문

그동안 마케팅은 고객만족을 목적으로 하였습니다. 하지만 고객만족이란 이상적 구호에 그치기 쉬웠습니다. 그래서 고객만족을 구현하기 위한 실제적 방법이 고객관계관리(CRM)였지요. 하지만 CRM은 고객관계관리라는 애당초 목적보다 고객분석 등을 위한 기능적 수단으로 전락할 수 있으므로 고객관계관리를 위한 더 근본적인 방법이 모색되었지요. 그것이 체험 마케팅이며, 고객체험관리(CEM)입니다. 이제 마케팅의 패러다임은 고객만족에서 고객 입소문으로 전환되면서, 고객의 체험을 통해 좋은 입소문을 만드는 것이 중요해졌습니다. 고객만족이 정적으로 존재한다면, 고객 입소문은 동적으로 작동됩니다. 고객만족이 아니라 좋은 입소문이 나려면 고객의 브랜드 접촉점 차원에서 결정적 순간(Moment Of Truth)을 만들 수 있도록 차별화된 가치를 충실히 가꾸어가야(value building)하겠지요. 허상이기 쉬운 이미지를 활발히 만들기(image making)보다…… 이때 영업이란 우리의 가치를 고객이 제대로 이해할 수 있도록 돕는 현장 활동이지요. 이처럼 가치마케팅, 관계마케팅, 체

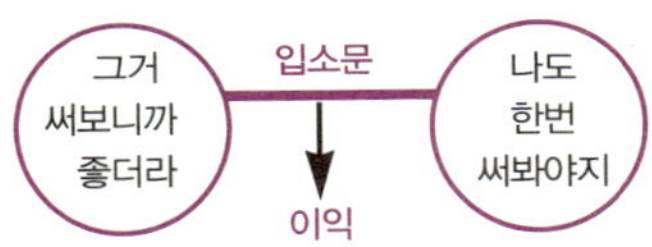

험마케팅 기반의 영업활동이라면 결과적으로 좋은 입소문이 나고, 이어서 이익이 날 수 밖에 없지요.

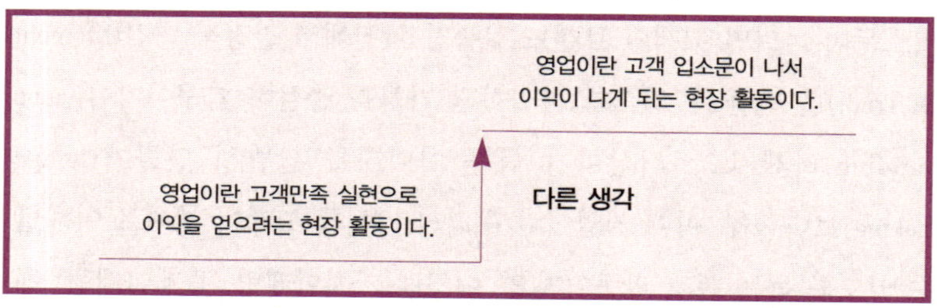

## 영업에 대한 사고의 전환

- 기업 경영에서 영업이란 촉진의 하나인 인적 판매이다.
  **기업 경영에서 영업이란 기업의 전반적 존재 기반이다.**
- 영업이란 재화나 용역을 판매하여 돈을 버는 일이다.
  **영업이란 인간적 신뢰를 가지고 사람을 얻는 일이다.**
- 영업은 회사를 대표하여 회사 이익을 추구하는 활동이다.
  **영업은 고객을 대표하여 고객 편익을 제공하는 활동이다.**
- 영업을 잘하려면 이기기 위한 전략적 사고를 해야 한다.
  **영업이 잘 되려면 생기기 위한 순리적 사고를 해야 한다.**
- 영업을 잘하려면 제품에 대한 전문적 지식이 있어야 한다.
  **영업이 잘 되려면 인간을 위한 친화적 유머가 있어야 한다.**
- 영업을 잘하려면 손님을 왕처럼 친절하게 모셔야 한다.
  **영업이 잘 되려면 손님이 인심을 느끼도록 접해야 한다.**
- 영업을 잘하려면 발빠르게 주문을 잘 받아야 한다.
  **영업이 잘 되려면 머리를 써 주문을 만들어야 한다.**
- 영업 효과를 보려면 커다란 대규모 고객에게 집중해야 한다.
  **영업이 지속되려면 작지만 다양한 고객들로 분산되야 한다.**
- 영업을 잘하려면 고객 리스트를 많이 만들어야 한다.
  **영업이 잘 되려면 고객 DB로 관계를 만들어가야 한다.**
- 영업이란 고객만족 실현으로 이익을 얻으려는 현장 활동이다.
  **영업이란 고객 입소문이 나서 이익이 나게 되는 현장 활동이다.**

# 7 생태

## Ecology

생태란 자연, 또는 환경이라는 말로도 쓰이고 있습니다.
현대사회에 있어서 생태 문제는 문화 문제보다 더 중요합니다.
하지만 우리는 이런 생태에 대하여 막연한 생각을 가지고 있을 뿐입니다.
본질적으로 이 문제에 대하여 따져 보려고 합니다.

## 생태에 대해 이렇게 생각하세요?

1. 인간의 무한한 능력으로 인류의 역사는 발전하여 간다.
2. 인간에게 인간 중심적인 인본주의 사고가 필요하다.
3. 인간은 사회적 동물이라 인간과의 관계를 잘 맺어야 한다.
4. 인간은 경제적 동물이라 경제 규모가 커지면 잘산다.
5. 생산량이 많다는 것은 그 만큼 생산성이 높다는 뜻이다.
6. 인간이 사용할 수 있는 에너지는 일정하게 보존된다.
7. 땅은 하나의 자원이므로 정복하고 개발해야 한다.
8. 환경 보호를 위해 지속적 시민운동을 벌여야 한다.
9. 자연이나 환경이나 생태는 모두 비슷한 말이다.
10. 사람들이 도시로 몰려들므로 도시를 확대해야 한다.

61

# 인류 역사는 발전한다고?

## 산업혁명과 생명혁명

산업혁명은 사람이나 동물의 에너지만을 가지고 가내수공업에 의존하던 인류에게 완전히 새로운 패러다임의 세계를 가져다 주었습니다. 땅속에 묻힌 석탄이나 석유 등의 압축된 에너지를 사용한 기계로 대량생산을 가능하게 했습니다. 국제적인 규모로 1851년에 개최된 런던 대박람회는 그러한 산업혁명의 혁혁한 성과와 우리 인류에게 다가올 풍요로운 미래를 알리며 성황리에 열렸습니다. 박람회에 참가한 사람들은 인간의 능력에 놀라워 하며 밝은 앞날을 가슴 부풀게 기대했습니다. 지난 2002년 충청북도 오송에서 국제 바이오 박람회가 열렸습니다. 생명의 미래에 대해 찬란한 미래를 알리는 박람회였습니다. 동물이든 식물이든 생명체 세포 안에 있는 염색체의 유전자를 기술적으로 조작하여 식량 · 의학 · 에너지 문제 등을 획기적으로 해결한다고 하였습니다. 150여 년 전의 산업혁명에 버금갈 생명혁명의 빛나는 성과입니다.

## 환경오염과 유전자오염

아마 1851년 열렸던 런던 대박람회 어디에도 산업혁명이 가져올 지구 환경오염과 파괴에 대해 경고가 없었을 겁니다. 2002년에 열렸던 오송 바이오 박람회 어디에도 생명혁명이 가져올 유전자 오염과 이로 인한 생태계 파괴에 대해 아무런 경고도 없었습니다. 표면(겉) 만을 보았지 이면(속)을 생각하지 않습니다. 해충에 강한 미생물의 유전자를 옥수수나 콩에 넣는다면 이를 먹는 가축 및 인간과 전체 생태계에 어떤 영향을 미치는지, 돼지 간을 환자가 이식받아 산다고 좋아할 게 아니라 유전자가 조작된 돼지 간을 이식받은 사람의 유전자는 어떻게 될 것이며 또 그 사람이 나은 아이의 유전자는 앞으로 어떻게 될 것인지, 산업혁명이 심각한 환경오염을 가져왔다면 생명혁명은 환경오염보다 무서운 유전자오염을 초래할 수 있습니다. 산업혁명으로 인한 환경오염은 시간이 지나면 복원될 수도 있습니다. 가령 폐식용유를 하수구에다 버리거나 음료수 페트병을 산에다 버리면 그것이 분해되는데 몇십 년이건 몇백 년이건 다시 원상으로 돌아올 여지라도 있습니다. 하지만 생명혁명으로 인한 유전자 오염은 시간이 지나갈수록 생태계의 근간을 흔드는 위험한 것입니다. 황우석 교수의 생명조작 기술에 대해서도 진실이냐 거짓이냐 아니면 윤리적이냐 아니냐만을 가지고 따졌지, 생명공학의 발전이 생태계에 어떤 치명적 문제를 야기시킬 것이냐 등을 따지지 않았습니다. 하지만 생명공학의 문제에 대해 가장 거시적이며 근본적인 질문은 그것이 생태계를 오염시킬 것이냐 아니냐의 문제입니다.

## 늑대나 곰과 같은 인간

과학기술과 바벨탑

에스키모인들은 늑대를 잡을 때 잔인한 방법을 쓴다고 합니다. 날이 잘 선 칼에 피를 잔뜩 발라 늑대들이 잘 나타나는 곳에 둡니다. 피 냄새를 맡고 온 굶주린 늑대는 칼에 묻은 피를 핥아 먹죠. 그렇게 맛있게 핥아 먹다가 자기 혀가 자기도 모르는 사이에 칼에 베어집니다. 베어진 혀를 통해 피가 흐르지만 늑대는 그것이 자기 피인지도 모르고 맛있게 핥아 먹습니다. 그러면 혀는 더 베어지고 피는 더 많이 나오고 그렇게 피를 많이 흘리고 피를 맛있게 핥아 먹다가 결국 늑대는 피를 너무 많이 흘려 죽고 맙니다. 또 인디언들은 곰을 잡을 때 좀 웃기는 방법을 쓴다고 합니다. 커다란 돌덩이에 꿀을 바르고 나뭇가지에 밧줄로 매달아 놓습니다. 그것을 발견한 곰은 먹이로 생각하고 다가와 발길질을 하면서 돌덩이를 잡으려고 합니다. 그러면 돌덩이가 진자운동을 시작합니다. 이때 왔다 갔다 하면서 앞으로 갔던 돌덩이가 뒤로 올 때마다 곰을 툭툭 칩니다. 곰은 화가 나서 점점 더 세게 돌덩이를 칩니다. 세게 치면 칠수록 돌덩이는 더 큰 반동으로 곰을 때려칩니다. 마침내 돌멩이와의 싸움에서 곰은 나가 떨어져 버리고 맙니다. 이게 단지 어리석은 동물들의 이야기일까요? 늑대가 자기 피 맛에 현혹되어 피핥기를 멈추지 않고, 곰이 자기 중심만의 생각으로 돌치기를 멈추지 않았듯이 인간도 탐욕으로 산업혁명과 생명혁명의 한계를 모르고 멸망의 바벨탑을 쌓고 있는 것은 아닌지 점점 그런 생각에 소름이 끼칩니다.

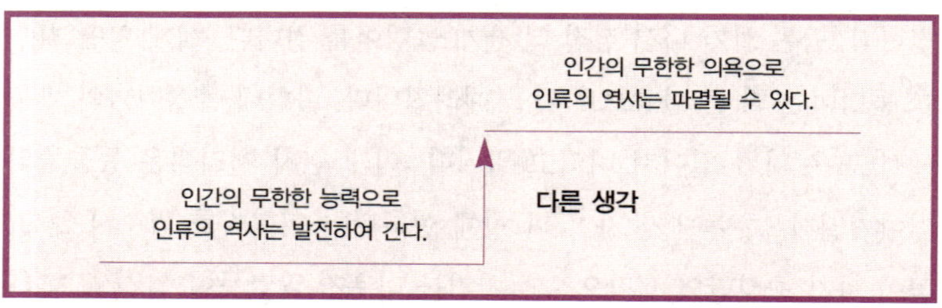

62

# 인간이 중요하다고?

## 어느 유명 연예인의 변신

예전에 TV에서 왕년의 유명 연예인을 보았습니다. 아주 잘 나갔던 사람이 도사처럼 긴 수염을 기르고 나타난 걸 보니까 신기했습니다. 이제는 건강을 전달하는 명상가로 자신을 소개하더군요. 그러면서 건강의 비결은 적게 먹는 소식(小食)이라고 하였습니다. 아침에 과일 몇 조각을 먹고 점심에는 단골 식당에서 주로 비빔밥을 먹는다고 하더군요. 이 양반이 비빔밥을 먹는 걸 보니까 정말 적게 먹었습니다. 나온 반찬은 거의 하나도 안 먹고, 또한 비빔밥도 다 먹지 않고 몇 숟갈 남기는 것이었습니다. 그러면서 자기의 건강이 음식보다 중요하기 때문에 버리건 말건 상관없이 남는 음식이 아까워 억지로 먹지 않는다고 하였습니다. 이 명상가의 말을 듣고 무슨 생각을 하시나요? 나도 이 사람처럼 소식을 해야겠다고 다짐하시나요? 참으로 지당하신 좋은 생각입니다. 과식은 당뇨병과 비만을 유발하는 만병의 근원이니까요. 하지만 더 이상 아무 생각이 없으신지요? 저의 경우 확실히 다른 생각이 있습니다.

## 인간 중심적인 사고

저는 이 명상가의 말을 듣고 화가 났습니다. "건강을 위해 소식을 한다면 처음부터 식당 아주머니에게 적게 먹으니까 반찬을 주지 말고 밥도 적게 달라고 해야지! 아까운 반찬을 왜 남겨서 버리게 해!" 만일 명상가가 앞에 있다면 이런 말을 하면서 군밤을 먹여주고 싶었습니다. 미안합니다. 반말을 해서! 이 명상가는 자기 몸에만 관심이 있었지, 먹는 음식에 대한 감사함이 하나도 없는 것이었습니다. 자연으로부터 나오는 음식에 대한 감사함을 모르고 음식을 마구 버리게 만드는 사람이 무슨 명상을 한다고 폼 잡을 수 있는지? 자기의 몸 건강이 음식보다 중요하기 때문에 남는 음식이 아까워 억지로 먹지 않는다고 하는 명상가의 점잖은 말 속에는 인간 중심의 사고가 흉물스레 짙게 배어 있습니다. 소식을 하기에 앞서 소식을 하기 위한 주변 정리가 필요했습니다. 그 주변 정리란 식당 아주머니에게 적게 달라고 부탁하고, 또 주변 사람들에게도 적게 먹으라고만 할 것이 아니라 귀한 음식물을 남기지 않도록 적게 시키는 것이 중요하다고 먹기 전에 분명히 말하는 것이지요.

## 생태 중심적인 사고

저는 결혼식이 있는 식당에서 마구잡이로 버려지는 엄청난 양의 음식물을 보거나, 사무실에서 시킨 음식을 먹고 내놓는 그릇에 반도 못먹고 남겨진 음식물을 보면 참으로 안타깝습니다. 그렇게 남기려면 시키지나 말지. 교회 점심시간에 보면 아이들이 대충 먹다 말고 음식을 버립니다. 아무런 거리낌 없이…… 그런 안타까움에 저는 가훈을 조금 장난스럽고 직설적으로 만들었지요. "깡그리 싹싹!" 밥상에 나온 음식을 하나도 남기지 말고 깡그리 싹싹 다 비우자는 뜻이지요. 절에서 스님들이 밥 먹듯이…… 그렇게 하기 위해서는 음식을 너무 많이 하지 말자고 합니다. 한두 가지 반찬만 해서 먹자고 하지요. 이는 돈을 절약하자는 뜻이 절대 아닙니다. 음식에 대한 감사의 마음, 즉 생명에 대한 감사의 마음을 가지자는 뜻이지요. 고기이건 야채이건 생명체가 우리를 위해서 희생하는 것이 음식이니까요. 하지만 제가 이렇게 집에서 강조해도 버려지는 음식이 많습니다. 우리나라는 음식물 쓰레기 양이 훨씬 많다고 합니다. 통계자료를 보니 한 해에 9조 원의 음식물 쓰레기가 버려진답니다. 어떤 사람들은 이런 말을 합니다. 음식물을 버리면서 소비해야 경제가 잘 돌아갈 것 아니냐? 소비의 양은 곧 경제의 규모라고…… 이건 또 경제 중심적인 발상이지요. 경제라는 단편적 시각에서 보면 이 말은 맞습니다. 하지만 생태(ecology)라는 전체적 시각에서 보면 이 말에는 오로지 인간 중심적인 사고가 깔려 있습니다. 인본주의 사고는 부분만 보고 전체를 보지 못합니다. 버려지는 음식물 쓰레기의 경제적 가치가 아까운 것이 아니라 그 어마어마한 쓰레기가 생태계에 버려지는 현실이 아픈 것이지요. 우리가 무시하고 외면하지만 버려진 결과는 당연히 엄청난 생태계 파괴

| 버려지는 쓰레기의 경제적 가치 | 버려지는 쓰레기의 생태적 영향 |
|---|---|

와 연결되어 있습니다. 끔찍합니다. 이는 9조 원이라는 시시한 경제 손실보다 더 큰 중대한 생태 손실을 가져옵니다. 경제 중시와 생명 경시에 따른 생태계 파괴는 돌이킬 수 없습니다.

인간에게 자연 중심적인
생태주의 사고가 필요하다.

**다른 생각**

인간에게 인간 중심적인
인본주의 사고가 필요하다.

63

# 사회적 동물이라고?

## 인간은 사회적 동물

사회(社會)란 무엇일까요? 어려운 질문이 아닙니다. 인간과 인간 사이의 관계로 이루어진 집단이 사회입니다. 심리학이 인간의 마음이라는 내부적인 문제를 다룰 때, 사회학은 이렇게 인간들 사이의 문제를 다룹니다. 노인 문제, 성 문제, 가정 문제, 빈부차이 문제 등등등…… 사회학 뿐만이 아니라 경영학, 언론학, 경제학, 정치학 등은 모두 인간들 사이에서 일어나는 사회 현상을 다루는 사회과학입니다. 무인도에서 혼자 산다면 사회가 아니지만 이 무인도에 또 한 사람이 오게 되어 같이 산다면 하나의 사회가 됩니다. 로빈슨 크루소처럼 불가피한 경우가 아니라면 인간은 혼자 사는 존재가 절대 못 됩니다. 고독을 즐기는 사람이라도 사회 속에서 살아가지 않을 수 없습니다. 그래서 인간은 사회적 동물이라고 합니다. 이 말에서는 '인간 〈 사회' 라는 등식이 성립됩니다. 인간은 사회적 동물이라는 말에는 인간이 인간답게 살기 위해서는 인간관계를 잘 맺고 살아야 한다는 의미가 있습니다. 이것을 최고의 선으로 생각할 수 있습니다.

## 따뜻한 느낌의 인간

사회를 이루는 인간 중심의 사고에서 나오는 말 중에서 가장 익숙한 말은 바로 사람의 권리를 뜻하는 인권입니다. 인권이라는 말에서는 절대 거부할 수 없는 정의로운 선의 향기가 납니다. 예를 들어 인권 변호사란 사회적 약자나 정치적 열자의 인간적 권리를 보호하기 위해 거대 권력에 대항하여 외롭게 싸우는 정의로운 전사의 향기가 풍깁니다. 인간 공학(Human Engineering)이란 인간에게 맞는 의자, 인간에게 맞는 사무실, 인간에게 맞는 주택처럼 모든 생활환경을 인간에게 맞게끔 하자는 취지에서 만들어졌습니다. 인간 마케팅을 뜻하는 사회 마케팅(Societal Marketing)이란 기업의 이익과 소비자의 편익을 위한 마케팅이 아니라, 시각을 좀 더 크게 가져서 사회, 즉 인간을 위한 마케팅을 하자는 것입니다. 인간 경영이란 기업 중심이 아니라 인간 중심적인 경영을 하자는 것입니다. 인본주의 철학이란 중세의 신본주의를 벗어나 그리스 · 로마시대의 인본주의로 돌아가자는 르네상스 운동처럼 인간 중심의 사고를 말합니다. 이처럼 인권, 인간 공학, 인간 마케팅, 인간 경영, 인본주의 철학과 같은 말을 들으면 아주 따뜻한 느낌이 납니다. 문화라는 말도 그렇습니다. 우리는 이들 용어의 의미에 대해서도 더 이상의 경지가 없는 최고의 선으로 생각할 수 있습니다.

## 인간은 생태적 존재

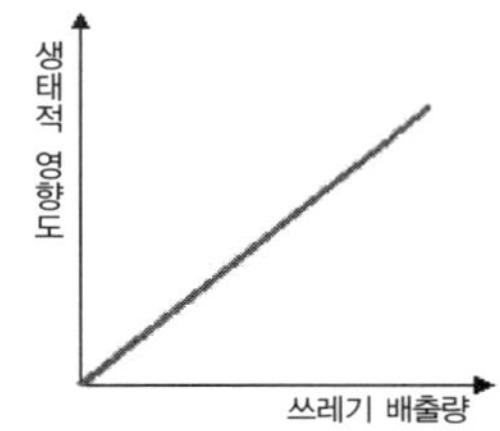


하지만 인간을 표방하는 용어들의 뜻을 따르면 큰 잘못을 하며, 그 잘못은 거대 폭력이 될 수 있습니다. 인간보다, 문화보다 더 상위의 절대적 가치가 있습니다. 그것은 생태입니다. 인권 만큼, 아니 인권보다 더 중요한 것은 산권(山權), 목권(木權), 강권(江權), 수권(水圈), 바다권, 개펄권, 하늘권 등을 생각하는 포괄적이며 거시적인 생태권입니다. 인권 변호사보다 중요할 수 있는 것이 생태권 변호사입니다. 인간에게 맞는 인간 공학보다 더 중요한 것은 자연과 조화되는 생태 공학입니다. 비교하자면 인위적 문화(文化)보다 자연적 생화(生化)가 중요합니다. 문화가 인위적으로 만드는 것이라면, 생화란 자연스럽게 내버려두는(let it be) 것입니다. 그래서 생화라는 말보다 생태라고 합니다. 뭘 화(化)하는 게 아니라 그냥 있는 그대로의 모습(態)이어야 하니까요. 문화 유산보다 생태 유산이, 인간 마케팅보다 생태 마케팅이, 인간 경영보다 생태 경영이, 공중 관계(Public Relations)보다 생태 관계(Eco Relations)가, 인본주의보다 생태주의가 중요합니다. '인간 〈 사회' 가 아니라 '인간 〈 생태' 라는 등식을 이해해야 합니다. 최고의 선이라면 인간이 인간답게 살기 위해 생태와의 관계를 잘 맺고 살아가는 것입니다. 그렇다면 무엇이 생태와의 관계를 잘 맺고 사는 것일까요? 인간관계를 잘 맺기 위해선 나 자신 중심이 아니라 상대방 입장에서의 배려가 필요하듯, 생태 관계를 잘 맺기 위해서도 인간 중심이 아니라 생태적 관점의 배려가 필요합니다. 생태적 관점의 배려란 결국 생태에 미치는 자신의 영향도를 최소화시킨다는 뜻이지요. 쓰레기를 덜 버려, 생태 발자욱(ecological footprint)을 줄이려는 자발적 노력이 바로 생태적 배려입니다.

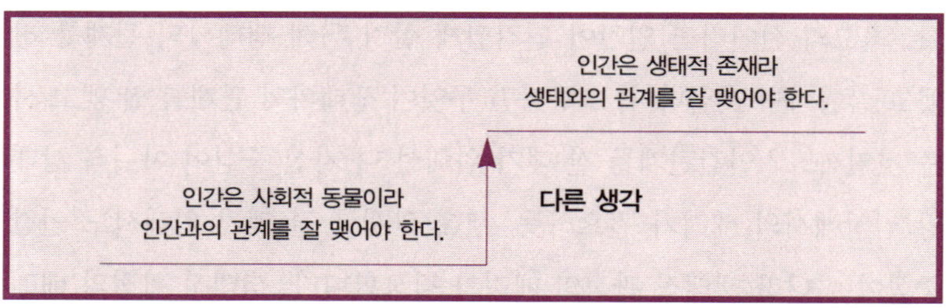

64

# 경제가 제일 중요하다고?

## 경제만 생각하는 사람들

서양 속담에 "바람난 남편에게는 골프채를 사주라!"는 말이 있답니다. 정말로 주위에 골프를 치는 사람들이 무척 많습니다. 그러니 어디에나 골프장을 건설하면 장사가 잘 될 것 같습니다. 그래서 경제 부처의 어느 고위 관료가 쓰러져 가는 지역 경제를 살리기 위한 방법의 하나로 골프장 건설이 활성화 되어야 한다고 주장하더군요. 앞으로 몇백 개나 더 지어져야 한다더군요. 골프장을 지으면, 그 지역 경제에 도움되는 것은 사실이겠지요. 그러나 골프장이 귀한 숲 등의 생태계를 훼손하는 대가도 생각해야 합니다. 숲은 경제적 계산만으로 따질 수 없는 엄청난 생태적 가치를 우리 인간에게 줍니다. 또 골프장은 막대한 농약 · 비료 살포로 인한 토양 및 지하수 오염 등을 가져오며, 고유한 지역사회의 문화마저도 파괴할 수 있습니다. 예전에 어느 고위 관료가 말하기를 상류층 사람들이 골프를 많이 쳐야 소비가 잘 되고 그래야 경제가 잘 돌아간다고 하더군요. 전 그렇게 말하는 사람들에 대해 실망감을 느꼈습니다. 이 나라를 이끌어가는 사람들의 생각이 이 정도밖에 안 되는구나…… 그런 단견으로 이 나라를 뭘 어쩌겠다는 건지 좀 답답합니다. 너무 미시적인 문제만 생각하면 더 큰 문제에 대해서 고려하기 어렵습니다. 전 진보냐 보수냐를 따지는 정치문제를 이야기 하는 것도, 또는 성장이냐 분배냐를 따지는 경제문제를 이야기하는 것도 아닙니다. 더 근본적인 이야기를 하려고 합니다.

## 경제중심적 사고의 피해

우리도 경제부처 사람과 같은 경제중심적 사고를 가지고 비슷한 발언을 할 수 있습니다. 소비는 미덕이라는 말이 그렇죠. 소비가 잘 되면 기업들이 물건을 많이 생산하게 되고 결국 장사를 잘 하게 되어 나라 경제가 잘 돌아가게 마련이라는 것이죠. 어느 나라를 이해하는데 있어서도 국민총생산량이 높으면 잘 사는 나라라고 생각하는 것도 그렇습니다. 어서 빨리 일인당 국민소득 3만불 시대가 와야 한다고 소리높여 주장하는 것도 그렇습니다. 우리가 무슨 말을 하는데 있어서도 생산적 · 경제적이라고 하면, 일단 좋은 뜻으로 받아들이는 것도 경제중심의 사고에서 빚어졌습니다. 경제중심의 사고는 우리의 삶이 선진화 · 도시화 · 산업화 · 현대화 · 서구화되어 가는 중에 모든 해악을 낳게 하였습니다. Only One! 경제 규모만 흉칙스레 커졌을 뿐입니다. 원래 소비하다라는 말의 의미는 써서 없애버린다는 의미, 즉 파괴하다라는 의미입니다. 대량생산과 대량유통을 기반으로 하는 대량소비는 대량폐기와 연관되어 있으며, 결국 대량폐기는 대량오염과 직결

되어 있습니다. 인간의 소비능력이 생태의 재생능력을 초과하면 언젠가 망하고 마는 것이 당연합니다. 소비가 잘 되면 경제가 잘 돌아간다는 발언은 경제만을 생각하는 단순한 논리입니다.

## 경제보다 중요한 생태여건

가계에서 소비가 잘 되어 기업에서 생산이 잘 되면 경제규모는 성장합니다. 하지만 경제 규모가 성장한다고 해서 삶의 질이 발전하는 건 아니죠. 성장이 양에 대한 것이라면, 발전은 질에 대한 것입니다. 전에 울산이 우리나라에서 가장 살기좋은 도시라는 신문기사를 보았는데 이 역시 경제중심의 사고에 따른 조사결과 때문입니다. 울산은 '現代' 라는 대기업이 있어 경제상황이 가장 좋은 곳일런지는 몰라도, 사람이 살기에 가장 좋은 곳이라는 주장은 과장일 수 있습니다. 하지만 우리 의식 중에는 경제가 잘 돌아가는 곳이 사람 살기좋은 곳이라는 절대적? 지배적 통념이 있습니다. 그렇게 경제중심 위주의 교육을 받아 왔으며, 우리 주변에 온통 경제중심의 관념과 대상들이 보이기 때문이죠. 하지만 경제보다 더 중요한 건 인간답게 살기 위한 우리의 생태적 자연환경입니다. 이를 파괴하고 이룩한 경제규모의 양적 성장은 인간 삶의 질적

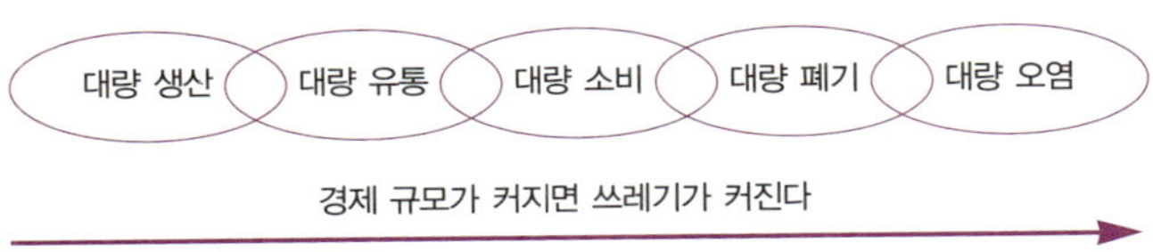

발전 측면에 있어서 가치가 없습니다. 그것은 우리가 후손에게 고이 물려줄 것을 도적질하여(generation theft), 그것을 미리 써버리므로 해서 얻는 경제규모의 허울적 거품 성장에 불과합니다.

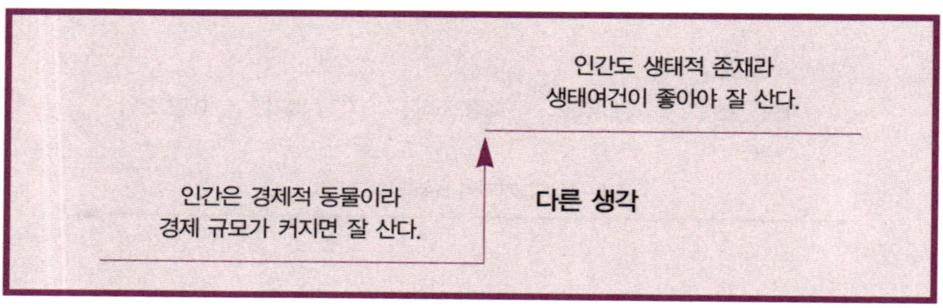

65

# 생산량이 많았다고?

## 피상적인 생산성 비교

한국에 갑돌이라는 농부가 있습니다. 이 사람은 벼농사를 짓는데 있어서 별다른 도구나 비료를 사용하지 않습니다. 누렁이라는 소와 함께 논을 가는데 쟁기, 그리고 벼를 수확하는데 낫을 가지고 농사를 짓습니다. 비료나 농약도 전혀 쓰지 않습니다. 그냥 논에서 사는 오리가 해충들을 잡아먹게 하고 오리의 배설물이 비료가 됩니다. 이렇게 갑돌이는 10,000평 정도의 땅에서 1년에 100가마의 쌀을 생산합니다. 갑돌이와 다르게 미국에 토마스라는 농부가 있습니다. 이 사람은 농사를 짓는데 아주 많은 도구들을 사용하는 완전 기계화된 농업을 합니다. 모를 심을 때 이앙기, 벼를 거둘 때 수확기와 같은 기계를 사용하며 헬리콥터로 때에 따라 갖가지 비료와 농약을 뿌립니다. 이렇게 토마스는 갑돌이와 똑같은 면적인 10,000평 정도의 땅에서 1년에 1,000가마의 쌀을 생산합니다. 누가 더 생산성이 높을까요? 생산된 쌀의 양을 놓고 본다면 똑같은 10,000평 정도의 땅에서 갑돌이는 100가마, 토마스는 1,000가마의 쌀을 생산하였으니 토마스가 당연히 갑돌이보다 10배나 더 높은 생산성을 이룩하였습니다.

## 본질적인 생산성 비교

피상적 · 부분적으로 보면 그렇습니다. 하지만 본질적 · 전체적으로 보면 전혀 아닙니다. 그 실체를 파고들면 갑돌이가 훨씬 더 효율적인 농업을 했다고 할 수 있습니다. 이게 무슨 뚱딴지 같은 말이냐고요? 쌀을 생산하는데 들어간 에너지의 양까지 따지면 그렇게 됩니다. 생산성이란 효과가 아닌 효율의 개념으로 설명됩니다. 효과가 목적 달성에 대한 것이라면, 효율은 투입량과 산출량을 비교하는 것이지요. 아무리 산출량이 많다고 해도 투입량이 많았다면 생산성이 떨어지게 됩니다. 갑돌이가 농사를 짓는 데 들어간 에너지의 양은 1년 동안 갑돌이가 힘쓰느라 먹은 밥이나 막걸리, 누렁이와 오리의 여물이나 먹이, 쟁기나 낫을 생산하는 데 들어갔던 대장간 아저씨의 에너지입니다. 그렇게 갑돌이가 투입한 에너지의 양을 1,000 Energy라고 합시다. 이와 비교하여 토마스가 투입한 에너지의 양은 무려 100,000 Energy나 될 수 있습니다. 토마스가 1,000가마의 쌀을 산출하기까지에는 막대한 에너지가 투입되었습니다. 이양기와 수확기, 그리고 헬리콥터를 만드는 데 들어간 에너지의 양, 또 그 기계장치들을 돌리는 데 들어갔던 석유 연료의 양, 비료나 농약을 생산하는 데 들어갔던 화학회사의 막대한 에너지들을 따지면 그렇게 됩니다. 산술적으로 따져서 갑돌이가 1,000 에너지를 투입하여 100가마의 쌀이라는 산출을 얻었다면(100가마 / 1,000에너지 = 생산성 0.1), 토마스는 100,000 에너지를 투입하여, 1,000가마의 쌀이라는 산출을 얻은 것이니까요(1,000가마 / 1,000,000 에너지 = 생산성 0.01). 갑돌이의 생산성은 0.1이며, 토마스의 생산성이 0.01이므로 토마스의 생산성은 갑돌이보다 10배나 떨어집니다. 비록 토마스의 생산량은 10배나 높지만……

### 엔트로피라는 진리

10배 높은 생산량을 위하여 100배나 높은 에너지를 사용하는 토마스의 농업이 과연 바람직한 것일까요? 과연 현대화 된 기계농업의 승리라고 칭찬할 수 있는 것인지요? 과연 식량문제를 해결하기 위해 식량 증산을 10배나 이룬 찬란한 업적이라고 할 수 있는지요? 과연 생산성을 10배나 높이는 데 이용된 과학기술의 발달이 우리 인류에게 지속적으로 이익이 되는 것일까요? 겉으로 보면 그렇습니다. 하지만 속으로 보면 10배나 더 커진 생산성이란 미래에 후손들이 쓸 수 있는 그 만큼의 에너지를 미리 앞당겨 쓴 결과에 불과합니다. 찬란한 과학기술 문명의 업적이란 대개 그런 류의 것들입니다. 토마스가 10배나 높은 생산성을 이룩하는 데 사용한 에너지 자원은 다시 사용할 수 없는 쓸모없는 에너지, 즉 엔트로피(entropy)라는 쓰레기가 되어 바람 속에 흩어져 우주 어딘가에 버려질 것입니다. 엔트로피를 모르고 인간이 무얼 이룩했다고 자만하는 건 어리석습니다. 엔트로피란 한마디로 쓰레기입니다. 갑돌이의 농사는 엔트로피를 적게 배출한 반면에, 토마스의 농사는 엔트로피를 많이 배출하였습니다. 단지 생산량을 늘리기 위해……

생산량이 많다는 것은
후에 쓸 걸 먼저 썼다는 뜻이다.

**다른 생각**

생산량이 많다는 것은
그만큼 생산성이 높다는 뜻이다.

66

# 에너지는 보존된다고?

## 다행한 열역학 제1의 법칙

열역학 제1의 법칙은 에너지 보존의 법칙입니다. 우주가 가진 에너지의 총합은 늘 항상 언제나 일정하다는 뜻이죠. 태양계라는 우주에 있어서 태양으로부터 받은 에너지가 식물의 화학 에너지로 되고, 그 식물을 먹고 동물의 운동 에너지가 됩니다. 사람이 김치와 고기를 먹고 움직이는 것은 태양 에너지에 근원이 있습니다. 김치라는 식물 속의 화학 에너지와 고기라는 동물 속의 화학 에너지를 먹고 우리가 운동 에너지를 얻는데 그런 에너지들이 모두 태양 에너지로부터 얻는 것이기 때문입니다. 전기 에너지도 태양 에너지로부터 생깁니다. 태양 에너지가 물을 증발시켜 비가 되는데 그 비가 높은 산에 있다가 떨어지는 힘으로 전기 에너지를 얻기 때문이죠. 바로 수력이라는 위치 에너지를 사용하는 수력 발전입니다. 화력 발전도 마찬가지입니다. 화력이란 석유라는 물질을 태워 열 에너지를 얻어 전기 에너지를 얻는 데 그 석유라는 게 아주 먼 옛날에 태양 에너지를 받고 살아갔던 식물과 동물이 땅 속에 묻혀 있다가 그것이 분해되어 얻어지는 물질이기 때문이죠. 원자력도 애초에 태양 에너지에 의해 우라늄처럼 불안정한 원소가 생기면서 그것이 분열되면서 얻는 에너지입니다. 에너지를 얻기 위해 바람의 힘을 이용하는 것도, 땅속의 지열을 이용하는 것도, 파도의 힘을 이용하는 것도 모두 태양 에너지로부터 얻는 것입니다. 열역학 제1의 법칙은 다행(多幸)의 법칙입니다. 에너지의 형태만 바뀔 뿐 태양계라는 우주가 가진 에너지의 총합은 아무리 써도 일정하게 보존되기 때문입니다.

## 불행한 열역학 제2의 법칙

하지만 세상만사에 공짜가 없듯 우주만사도 그렇습니다. 에너지 흐름에 대한 열역학 제2의 법칙이 있기 때문입니다. 이는 불행(不幸)의 법칙입니다. 왜 불행하냐 하면 에너지가 높은 곳에서 낮은 곳으로 흐르면서 그대로 흐르는 게 아니라 쓸모없는 엔트로피를 방출하면서 흐르는 거죠. 자동차는 휘발유에 있는 화학 에너지의 힘으로 운동 에너지를 얻어 움직이는데 20퍼센트 정도만이 제대로 쓰입니다. 나머지 80퍼센트는 쓸모없는 에너지가 되어 외부로 배출됩니다. 그것이 바로 엔트로피죠. 엔트로피란 물질계의 열적 상태를 나타내는 물리량의 하나입니다. 자연현상의 변화는 물질계의 엔트로피가 증가하는 방향으로 진행합니다. 생명체의 탄생처럼 때때로 무질서에서 질서로 옮겨가는 과정이 있지만 이것은 자발적으로 일어나지 않습니다. 한마디로 엔트로피란 쓸모없는 에너지란 뜻입니다. 엎지른 물을 다시 담을 수 없듯이, 엔트로피는 다시 쓸모있는 에너지로 되돌릴 수 없습니다. 억지로 되돌리려면 그보다 더 큰 에너지가 투입되어야 합니다. 그렇게 에너지가 쓰이면서 엔트로피만 잔뜩 쌓이게 되면 우주는 결국 열적 죽음의 상태에 도달합니다. 이때 흐를 수 있는 것이 없게 되고, 이때 시간도 멈춥니다. 가령 닫혀진 상하좌우 방 안 곳곳의 온도가 모두 같다면 아무 것도 흐를 것이 없는 상태가 되는 것과 마찬가지입니다. 우주 속의 에너지 총량은 보존되었지만 에너지가 흐르면서 쓸모없는 에너지인 엔트로피를 쌓아갔기 때문이죠. 이 엔트로피는 다시 거스릴 수 없는 우주의 절대 진리이며, 세상만사 · 우주만사 모든 일의 절대 법칙입니다.

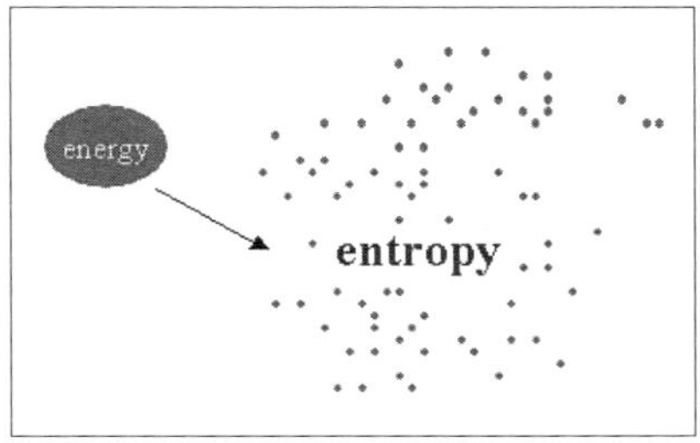


## 파멸의 길로 가는 경제성장

인간의 힘으로는 엔트로피를 막을 수 없습니다. 시간의 흐름과 엔트로피의 쌓임은 직접적 관련이 있기 때문입니다. 생활 쓰레기, 건축 폐기물은 물론, 생명체가 늙어가는 것도 엔트로피를 쌓아가는 과정입니다. 문제는 인간이 욕심을 부려 에너지를 왕창 써버려 엔트로피를 왕창 쌓는 짓입니다. 공업화 · 현대화 · 도시화 · 선진화 · 서구화의 이면에는 엔트로피의 과도한 축적이 있습니다. 경제활동이 왕성해 소비와 생산이 많아지는 이면에도 엔트로피의 위험한 축적이 있습니다. 무질서한 에너지이며 쓸모없는 쓰레기인 엔트로피를 모르면 좋아할 일이지만 엔트로피를 알면 좋아할 일이 아닙니다. 인간의 관점에서 보기에 성장이라고 하는 것이 우주의 관점에서는 오히려 파멸의 지름길로 더 빨리 가는 것이기에 무서워할 일입니다. 설마 그런 일이 일어날 수 없다고 믿었던 타이타닉 현실이 참으로 허망하게 파멸한 현실이었듯이……

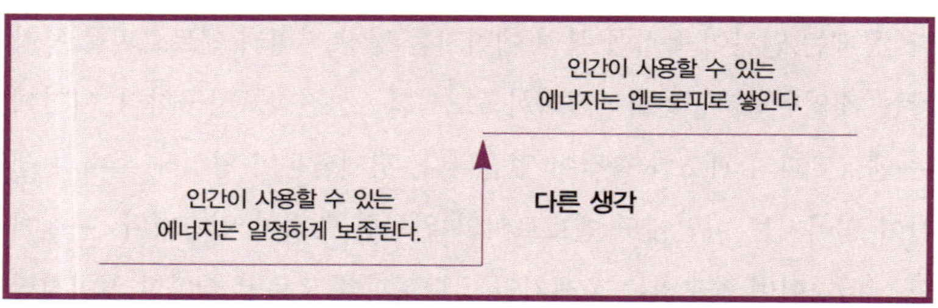

## 67
# 땅을 개발해야 한다고?

### 도시화와 인간 파괴

이창동 감독의 〈초록 물고기〉라는 영화가 있었습니다. 저는 개인적으로 이런 류의 영화를 좋아합니다. 어떤 영웅이 없이 우리 현실의 문제를 사실적으로 그리는 영화죠. 주인공이 한석규인데 군대에서 제대를 하고 자기의 고향으로 돌아가는 낭만스런 기차 장면으로 시작합니다. 이 순수한 청년이 도시화 된 자신의 고향 땅에서 어떻게 파멸되어 가는지 몸서리 처지도록 사실적으로 그려집니다. 아마도 그 땅은 지금의 일산 신도시입니다. 한적한 농촌이었던 그곳에 갑자기 아파트 개발 열풍이 불어 삭막한 회색 공간이 되고 맙니다. 주인공이 그곳에서 조직 폭력배 싸움에 휘말려 그들에게 이용되어 처참히 죽고 만다는 영화죠. 이 영화는 도시화로 개발된 상황이 불러온 인간성의 파괴를 리얼리즘의 시각으로 표현하고 있습니다.

## 끝없는 도시화 팽창

저는 얼마 전 4호선 전철을 타고 종착역인 오이도까지 갔었는데, 지겹도록 멀고 긴 거리의 차창 밖으로 아파트와 상가 건물, 공장들이 쭉 이어졌습니다. 십여 년 전만 해도 오이도는 한가로운 갯벌의 어촌 마을이었을텐데 급격한 도시화의 개발은 바다 끝까지 이어졌습니다. 제가 사는 잠실도 1970년대 중반만 해도 한적한 밭이었습니다만 이제는 포화된 도시의 한 부분이 되었습니다. 앞으로 100층짜리 건물이 들어올 정도로…… 이렇게 땅을 개발하여 도시화가 진전된다면 과연 잘 살게 되는 것일까요? KBS TV 저녁 프로그램 '6시 내고향'에 나오는 농촌이 없어져 그 땅에 도시나 공장이 들어서고, 농수산물은 모두 수입해다 먹고, 도시화가 대한민국 전역으로 퍼지며 GDP나 GNP가 높아진다면 살기좋은 나라가 되는 걸까요?

## 도시화와 환경 파괴

19세기 산업혁명 이전에 우리 인간은 지금보다 지구라는 생태계와 친화적인 삶을 살아왔습니다. 그러나 20세기 들어 산업화 · 공업화가 급속히 진전된 이후로 우리 인간은 좀 더 편하게 살 수 있게 되었을는지 모르지만 지구환경에 엄청난 피해를 주는 암적 존재가 되고 말았죠. 자동차의 석유 에너지 사용에 따른 대기오염, 공장의 화학물질 사용에 따른 수질오염, 자연의 법칙에 어긋나는 생태계 손상, 삼림을 찍어버리고 들어서는 아파트, 핵 사용에 따른 자연 파괴, 경제 효율에 따르는 천민 자본주의적 도시화…… 이루 헤아릴 수 없이 많은 암적 존재들이 이 세상을 병들게 하고 있습니다. 무엇이 이 지구상에서 가장 위험한 암적 존재일까요? 바로 인간입니다. 인간을 제외한 다른 동식물들은 이 지구 생태계에 별 해를 끼치지 않죠. 하지만 인간은 엄청난 피해를 줍니다. 지구의 입장에서 보았을 때 인간은 가장 위험한 암적 존재입니다. 인간의 땅 개발이 계속 넓게 퍼져 지구를 파괴하는 것은 암세포가 자라고 퍼져 몸을 파괴하는 메커니즘과 똑같습니다. 생태논리가 아닌 경제논리에 눈이 멀어 땅값을 올리려고 혈안이 된 인간의 끝없는 욕심은 땅을 그리 정복해 버리고 맙니다. 삭막 · 황량 · 건조한 환경에서 우리 인간은 비참해질 텐데 마구잡이 난개발에 답답해집니다. 경제적 동물인 인간의 개발욕구는 그칠 줄 모릅니다. 하지만 그런 인간의 욕심을 지속적으로 채워줄 만큼 지구의 생태적 환경은 넉넉하게 지속가능하지 않습니다. 저는 지금 개발도 하지 말고 이제 아프리카 토인들이나 아메리카 인디언들처럼 살아야 한다는 주장을 하는 것이 아닙니다. 다만 경제 논리와 개발 논리가 절대적 · 지배적인 지금 생태 논리와 보존 논리도 똑같이 중요하게 생각하자는 제안을 하고 있지요. 경제적 동물인 인간의 욕심에서 이익가능한(profitable)이 아니라 생태적 존재인 인간의 관점에서 지속가능한(sustainable)이라는 아젠다를 멈춰서서 생각해 보아야 한다는 뜻이지요. 먹고 사는 게 문제지 그깟 생태가 뭐 중요하냐고 항변할 수도

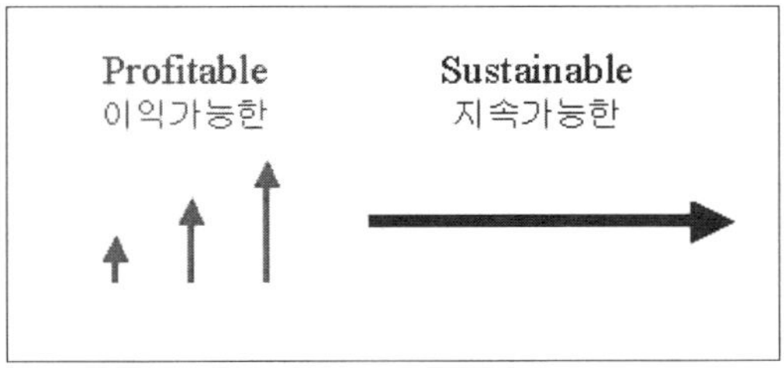

있지만, 정말로 지속적으로 먹고 살기 위해 생태는 중요합니다.

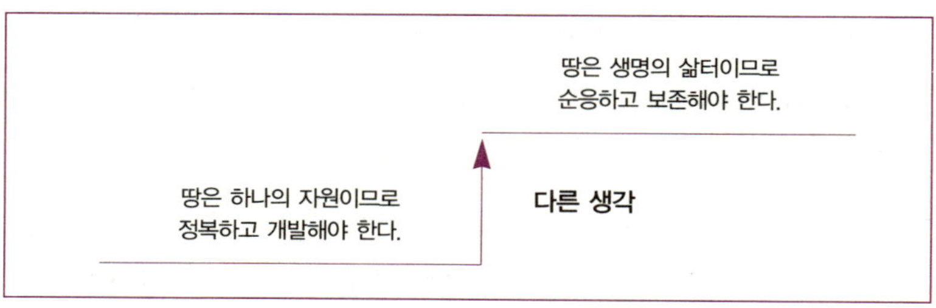

68

# 환경운동을 한다고?

## 새만금 사업의 논쟁

만경강이 서해바다와 만나면서 기름진 평야와 갯벌 안의 다양한 어족 생태계를 만들었습니다. 하지만 자연스러운 생태계를 인간의 힘으로 허물고 여의도 면적의 140배에 해당하는 새로운 만경강과 김제평야를 만든다는 것이 새만금 사업입니다. 새만금이라는 말 자체가 인위적입니다. 새만금에 생명존중의 생각은 없고 경제 위주의 욕심이 더 담겨있는 건 아닌지요? 생명적 생태에 대한 생각이 정말 엷고도(淺) 얇은(薄) 건 아니지요? 이 시대의 절대 담론인 경제를 위해 우리는 변방 담론에 불과한 생태를 물리치고 인간에게는 바람직한 것일는지 모르지만, 자연에는 심각한 타격을 가해왔습니다. 새만금사업 찬성론자들의 주장은 분명하며 현실적입니다. 지역사회의 경제에 주는 실제적 이익을 주장하기 때문이지요. 반면에 반대론자들의 주장은 상대적으로 비현실적으로 보입니다. 갯벌에 대해 생태계에 대해 이상적인 이야기만 하는 것 같으니까요. 결국 환경운동자들의 반대가 거세도 경제개발 사업은 더욱 많이 진행될 것입니다. 그 이유는 환경운동자들의 생태적 입장보다 아직은 경제개발론자들의 경제적 입장이 더 대세이기 때문입니다. 더 이상 새만금과 같은 경제개발 사업이 없길 바라는 건 단순한 생각입니다. 여기저기서 또 다른 갯벌이 메꿔지고, 산이 깎여지고 있으니까요. 생태 배려는 무시하고 경제 논리에만 의해서……

## 정치 권력화 필요성

이런 일들이 아무렇지도 않게 벌어지는 것을 막으려면 무엇을 어떻게 해야 하나요? 이 세상을 가장 직접적으로 움직이는 강력한 힘은 정치입니다. 정치란 결국 힘을 얻으려는 것이니까요. 하지만 지금까지의 정권은 자연 · 환경 · 생태에 대해 전혀 문외한이었습니다. 잘사는 것은 1인당 GNP가 몇만 불을 넘고 돈 많이 버는 것입니다. 그래서 "부자되세요~"란 어느 신용카드회사의 광고 카피가 유행한 적이 있습니다. 사람들이 돈 많이 벌어 부자될 생각만 한다면 자연 · 환경 · 생태에 대한 문제는 먼 집 불구경처럼 되고 맙니다. 교외로 나가면 경치좋은 곳에 카페 · 가든 · 탕집 · 횟집 · 모텔들이 많은데 이들은 돈 벌기 위해 자연을 관광상품화하는 흉물스러운 인공물들입니다. 이럴 때 바른 생각을 가진 사람이 자기의 삶을 그렇게 실천하면서 몇몇 사람들과 조직적인 환경운동을 벌인다고 자연환경 파괴와 생태계 파멸을 막을 수 있을까요? No! 그런 것으로는 안 될 정도로 지금의 상황은 너무 심각하며 총체적입니다. 그래서 운동보다 정치가 필요합니다. 이제 자연환경과 생태계에 대해 생각을 가진 사람들이 시민운동이 아니라 정치권력화 하는 길이 절실합니다. 물론 그런 환경운동 단체조직들이 여럿 있지만 정치적 힘이 미약합니다.

## 힘이 있는 녹색 정당

잘 아시다시피 독일에는 그러한 정치권력이 있습니다. 바로 녹색당입니다. 'Greenpeace' 와 같은 비정부기구인 NGO 차원의 시민환경보호 운동에 머무는 것이 아니라 녹색당과 같은 정당도 조화롭게 힘을 가져야만 한다고 봅니다.

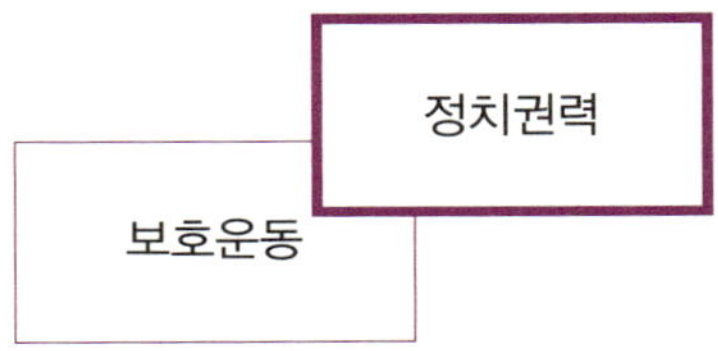


지금까지 민주주의와 인권을 지키는 정치권력이 중요했다면 이제는 범위를 본질적으로 넓혀 자연환경과 생태를 지키는 정치권력이 시급하게 필요합니다. 이런 정당도 조화롭게 힘을 가져야 할 이유는 자연환경 보호가 생태계 자체는 물론 이에 속한 인간에게 가장 소중하기 때문입니다. 지금까지의 정권이 그 소중함을 모르고 경제 위주의 개발에만 치우치기 때문입니다. 앞으로 생태계를 생각하는 참신한 정치권력의 힘도 조금씩 더욱 커져야 합니다.

생태 보호를 위한
전환적 정치권력이 생겨야 한다.

**다른 생각**

환경 보호를 위해
지속적 시민운동을 벌여야 한다.

69

# 자연이나 환경이라고?

## 자연과 환경과 생태

제가 지금까지 자연, 환경, 생태라는 표현을 섞어 썼는데 무엇이 가장 맞는 단어일까요? 자연(自然, nature)이란 푸른 숲과 맑은 공기를 뜻하는 'Green'의 의미가 강하지만 원래는 自然이라는 한자 표현의 의미처럼 '있는 그대로'라는 뜻입니다. 환경(環境, environment)이란 우리 인간의 주변을 둘러싼 상황(situation)입니다. 꼭 자연환경만이 환경이 아니라 정치 환경, 경제 환경, 사회 환경처럼 환경은 인간을 둘러싸고 있다는 의미이므로 인간 중심의 표현입니다. 생태(生態)란 동물-인간-식물-숲-바다-하늘 등이 서로 따로가 아니라 생명적인 관점에서 하나의 연결고리를 이룬다는 생명 시스템입니다. 즉 생태계를 이룬다는 의미이죠. 예를 들어 갯벌은 단지 조개나 캐는 죽은 땅이 아닙니다. 바다의 허파와 같은 것이 갯벌입니다. 또 바다 생물종의 70퍼센트가 갯벌에서 알을 낳고 어린 시절을 보냅니다. 어린 고기를 잡아먹기 위해 더 큰 고기가 몰려오고 이를 잡아먹기 위해 더 큰 고기가 몰려와 먹이사슬을 이루며 자연스레 어장이라는 생태계가 형성되는 것이지요. 지구(earth)는 그런 생태계를 가진 생명체적 존재인 가이아(gaia)입니다. 결국 가장 알맞는 단어는 있는 그대로의 자연이 아니고, 주변 상황을 뜻하는 환경도 아니라, 생명의 고리를 뜻하는 생태라는 표현입니다.

## 생태계 균형의 파괴

노래를 못하는 음치, 춤을 못추는 몸치는 자기만의 문제로 끝나지만 아름다움을 모르는 미치(美癡)와 함께 생태에 대해 무관심한 생치(生癡)는 심각한 문제를 연속적으로 초래합니다. 비근한 예로 생치들은 갯벌에 세계에서 가장 높은 510미터짜리 타워와 자기부상열차를 짓겠다며 개발 환상곡을 힘껏 외칩니다. 하지만 그 댓가는 메아리가 되어 우리에게 반드시 돌아옵니다. 불교에서는 모든 생명이 연결고리를 이루고 있다는 종교적 생각을 지금으로부터 2,500년 전에 가졌지만 우리 인간이 그것을 실제적 생각으로 인식한 지는 100여 년 정도 밖에 안 됩니다. 가장 극적인 사건은 살충제인 DDT입니다. DDT가 동물이나 인체에 해를 끼치지 않고 해충만 죽인다는 사실을 알아낸 사람들은 농작물을 키우는데 해충과 병균을 박멸하기 위해 DDT를 대량 살포하였습니다. DDT가 흡수된 나뭇잎은 낙엽이 되어 떨어진 뒤에도 그대로 남아 있었습니다. 지렁이들이 그 DDT가 흡수된 낙엽들을 먹었습니다. 봄이 되자 새들이 DDT가 흡수된 지렁이를 먹고 어떻게 되었을까요? 짝을 짓지 못하고 알을 부화하지 못해 하나둘씩 죽기 시작해 결국은 멸종 상태에 이르렀습니다. DDT는 해충에 대한 천적까지 죽이는 바람에 오히려 해충들이 더 많아져 더 강력한 살충제를 요하는 악순환이 계속되었습니다. DDT는 인간에게 직접적인 피해는 안 주지만 자연적인 분해가 서서히 일어납니다. 그래서 먹이 사슬을 통해 DDT는 동물과 사람의 체내로 올라와 암과 생식 이상을 일으킵니다. DDT가 생태계의 균형을 붕괴시키며 결국 인간에게 재앙을 초래했던 거죠.

## 자연 환경보다 생태

하지만 DDT보다 더욱 심한 총체적 생태계 파괴가 이루어지고 있습니다. 자연의 관점에서 보면 자연은 우리 인간이 보고 즐겨야 할 관광상품이 될 수 있습니다. 환경의 관점에서 보면 환경은 인간을 둘러싸고 있는 상황이므로 극복 대상이 될 수 있습니다. 하지만 생태의 관점에서 보면 우리 인간은 생태계와 연결되어 있으므로 생태는 관계 대상입니다. 관계 대상이란 정복 대상이나 공략 대상이 아닙니다. 생태의 관점에서 보면 오로지 인간의 관점에서 당연스레 저질러 왔던 파렴치한 행위들에 대해 반성하면서 거시적인 생명존중 사상을 가지게 합니다. 왜 갯벌을 없애면 안 되는지? 왜 도시가 더 이상 확대되면 안 되는지? 왜 다른 것은 몰라도 농촌은 지켜야 하는지? 왜 유전자가 조작된 농수산물을 키우면 안 되는지? 인간의 관점으로 보면 자연이나 환경은 경제

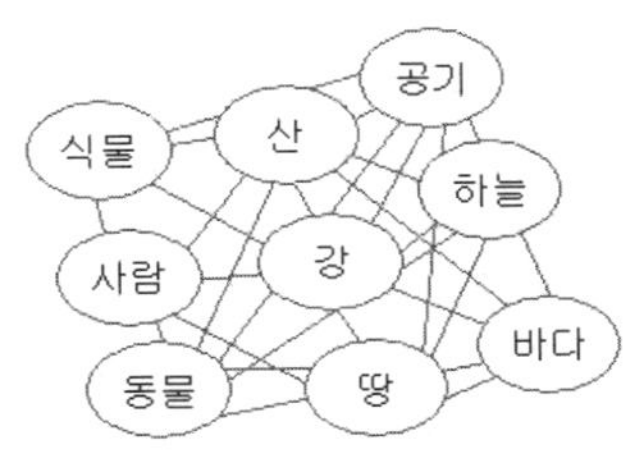

모두 연결되어 있는 생태

적인 돈벌이 대상이지만, 생태의 관점에서 보면 존중 · 순응 · 감사해야 할 최고의 가치입니다.

자연이나 환경이나
생태는 모두 비슷한 말이다.

**다른 생각**

자연이나 환경보다
생태가 가장 알맞는 말이다.

70

# 도시가 커져야 한다고?

## 정권자와 민중의 대화

▶정권자: 넌 가난하다. 자동차가 있느냐? 민중: 아니오. ▶정권자: 그럼 도로가 필요한가? 민중: 아니오. ▶정권자: 도로는 왜 있는 걸까? 자동차를 소유한 부유한 사람들만이 도로를 필요로 한다. 그들은 우리 인민의 피를 빨아먹는 사회의 암적 존재들이다. 그러므로 도로를 없애야 한다. 도로를 없애고 대신 벼를 심으면 우리는 쌀밥을 먹을 수 있는 것이다. 이제부터 먹을 것을 원하는 자는 들판에 나가 노동을 해야 한다. 그들의 삶은 농사에 달려있다는 것을 배워야 한다. 농토를 개간하고 벼를 심고 수확하면서 삶의 참된 진리를 배우게 된다. 도시는 악마와 같다. 돈이 오가고 물건이 오가며 부패가 싹튼다. 사람은 본래 착하나 도시가 사람을 병들게 한다. 그래서 우리는 도시를 없애야만 한다.

## 폴 포트의 이상 국가

위의 대화에서 정권자는 누구일까요? 1975년부터 1978년 동안 캄보디아인의 4분의 1인 200여만 명을 학살한 것으로 악명 높은 폴 포트입니다. 그는 모든 부패의 원인을 사적 소유 및 자본주의로 보았습니다. 친미 정부인 론놀 정권을 무너뜨린 폴 포트 정권은 캄보디아를 가장 이상적 · 근본적인 완전 농업국가로 만들려고 하였습니다. 폴 포트는 15세 전후의 어린 아이들에게 완장을 채워 자기네 이념에 반항할 소지가 조금이라도 있는 사람들은 잔혹하게 죽이도록 하였습니다. 안경을 낀 지식인이라고, 도시인이라 구두를 신어 발가락이 붙었다고, 영어를 조금이라도 할 줄 안다고…… 폴 포트의 하수인들은 팔뚝에 단 빨간 완장의 힘으로 잔인한 짓을 서슴없이 저질렀습니다. 〈킬링 필드〉라는 영화를 보면 그 악행을 볼 수 있습니다. 전 예전에 캄보디아를 간 적이 있었는데, 그 당시의 만행이 보존된 장소를 보고 인간이 얼마나 잔인해질 수 있는지 격앙되었습니다.

## 도시보다 좋은 농촌

폴 포트가 행한 끔찍스러운 악행은 절대 일어나서는 안 될 잔혹한 사건이었습니다. 하지만 폴 포트가 꿈꾼 농업국가에 대한 생각은 일부분 도시인들에게 시사하는 바가 큽니다. 물론 그의 근본주의적 농업주의를 본받자는 얘기는 절대 아니지요. 그건 잔인한 폭력을 낳는 굉장히 위험한 생각입니다. 다만 농업의 중요성을 근본적으로 알자는 뜻이지요. 농촌에서 살기 어려워 사람들이 점점 도시로 몰려들어 농촌은 비게 되고, 도시는 점점 넓어지고 있습니다. 가장 비근한 예로 중국의 경제발전이 경이적인데, 이에 따라 앞으로 농어촌에서 도시로 이주할 수 있는 농어민이 5억 명 정도 된다고 합니다. 생각만 해도 끔찍하지 않나요? 지금도 문제인데, 앞으로 그들마저 소비할 엄청난 에너지, 그리고 상품이라는 이름으로 생산해낼 무지막지할 쓰레기들(entropy)! 이것은 단지 중국만의 문제가 아닙니다. 전 지구적인 치명적 생태계 교란을 가져옵니다. 사람들이 도시로 몰려든다고 신도시를 자꾸 더 만드는 것은 맞대응적 해결책입니다. 근본적 해결책은 도시보다 농촌에서 생활하고 싶게 만드는 일입니다. 농촌 생활환경을 도시 생활환경보다 더 좋게 만들어 사람들이 도시에서 농촌으로 가게 만드는 것입니다. 단 고단한 도시 생활의 살벌함을 탈출하고 싶어 전원적 삶을 꿈꾸며 농촌으로 가는 것이어서는 안 됩니다. 힘들어도 농촌에서의 삶이 보람차고 아이들 교육과 내 삶에 실질적 이익이 많다고 생각하기에 농촌으로 가게 만들어야 합니다. 지금 정부는 어디에 또 신도시나 행정도시를 잘 만들까가 아니라, 어떻게 농촌생활을 도시생활보다 낫게 할 것인가에 대해 더 심각하게 고민하며 실질적인 정책을 마련하고 실천해야 합니다. '農者天下之大本'이란 말은 헛된 구호가 아닙니다. 농촌이 있어 모든 것의 존재 가치가 있습니다. 농촌이 무너지면 생태적인 뿌리가 흔들립니다. 농촌이 사라지면 도시의 존재 의미도 사라집니다. 지금 농촌

비어가는 농촌, 늘어가는 폐가

에 가보면 주로 할머니 · 할아버지들이 농사를 짓습니다. 이들이 돌아가시면 우리 농촌은 어떻게 되나? 속이 갑갑해집니다. 도시가 활기차야 나라가 사는 것이 아니라 농촌도 활기차야 나라가 삽니다. 사회 양극화의 해소 뿐만 아니라 농촌 공동화의 해결도 중요하지요. 어서 빨리 비어가는 농촌을 채워야 합니다.

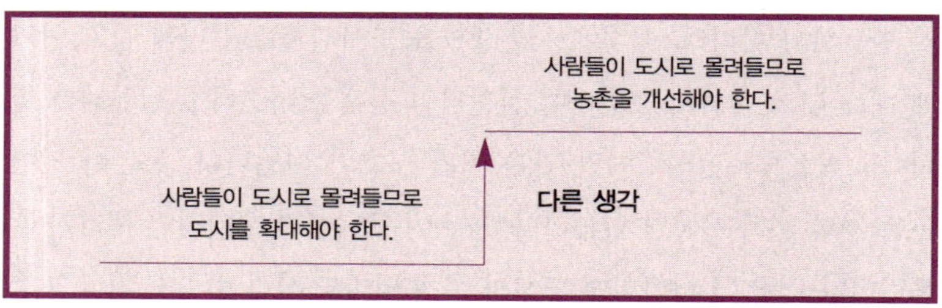

## 생태에 대한 사고의 전환

- 인간의 무한한 능력으로 인류의 역사는 발전하여 간다.
  **인간의 무한한 의욕으로 인류의 역사는 파멸될 수 있다.**
- 인간에게 인간 중심적인 인본주의 사고가 필요하다.
  **인간에게 자연 중심적인 생태주의 사고가 필요하다.**
- 인간은 사회적 동물이라 인간과의 관계를 잘 맺어야 한다.
  **인간은 생태적 존재라 생태와의 관계를 잘 맺어야 한다.**
- 인간은 경제적 동물이라 경제 규모가 커지면 잘 산다.
  **인간도 생태적 존재라 생태 여건이 좋아야 잘 산다.**
- 생산량이 많다는 것은 그 만큼 생산성이 높다는 뜻이다.
  **생산량이 많다는 것은 후에 쓸 걸 먼저 썼다는 뜻이다.**
- 인간이 사용할 수 있는 에너지는 일정하게 보존된다.
  **인간이 사용할 수 있는 에너지는 엔트로피로 쌓인다.**
- 땅은 하나의 자원이므로 정복하고 개발해야 한다.
  **땅은 생명의 삶터이므로 순응하고 보존해야 한다.**
- 환경 보호를 위해 지속적 시민운동을 벌여야 한다.
  **생태 보호를 위해 전환적 정치권력이 생겨야 한다.**
- 자연이나 환경이나 생태는 모두 비슷한 말이다.
  **자연이나 환경보다 생태가 가장 알맞는 말이다.**
- 사람들이 도시로 몰려들므로 도시를 확대해야 한다.
  **사람들이 도시로 몰려들므로 농촌을 개선해야 한다.**

# 8 문화

## Culture

문화라고 하면 고급 예술을 떠올리지만 문화란 우리가 사는 모습입니다.
좋은 문화일 수도 있고 나쁜 문화일 수도 있습니다.
돈이 많아서가 아니라 좋은 문화를 가지면 우리의 삶은 풍성해집니다.
이런 문화에 대해 근본적으로 생각해 볼까요?

## 문화에 대해 이렇게 생각하세요?

1. 북아메리카 인디언들은 찬란한 문명이 없었다.
2. 문명적 도구가 있어야 편한 문화생활을 할 수 있다.
3. 젊은 문화와 늙은 문화는 나이로 구분된다.
4. 잘사는 나라는 경제 수준이 높은 경제 강국이다.
5. 돈 많은 부자가 되어야 삶의 질을 높일 수 있다.
6. 좋은 문화생활을 즐기려면 지갑의 여유가 있어야 한다.
7. 좋은 문화를 가지려면 신식으로 개발해야 한다.
8. 국민소득이 높으면 잘사는 문화를 가지게 된다.
9. 이제는 세계화 시대로 세계를 균등하게 보아야 한다.
10. 미래에는 문명의 발달로 지금보다 살기 편하게 된다.

71
# 인디언이 야만인이라고?

## 문명 아닌 문화의 시각

인류의 4대 문명은? 제 딸에게 물어보았더니 서슴없이 대답하더군요. 이집트 문명, 메소포타미아 문명, 황하 문명, 인더스 문명! 저도 세계사 시간에 배운 내용 중 이것 만큼은 아직도 기억에 생생합니다. 4대 문명이라는 신화적 지식은 인류에 대한 그 문명들의 찬란했던 업적을 우리에게 주입시킵니다. 그만큼 우리는 4대 문명의 시각에 세뇌되어 있습니다. 하지만 문명이 아니라 문화의 시각에서 보면 그 대답은 전혀 다른 곳에 있습니다. 문명(civilization)이 도시화라는 말뜻 그대로 원시적이며 미개한 상황을 발전시킨 우리 인류의 찬란한 업적이라면, 문화(culture)란 땅을 갈며 농사짓고 살듯이 '있는 그대로의 생활방식'을 말합니다. 원시시대에 문명은 없었지만 문화는 분명히 있었습니다. 앞선 문명은 찬란하다고 표현하지만, 앞선 문화는 훌륭하다고 표현합니다. 21세기 우리네 문명이 기원전 문명보다 찬란하겠지만, 21세기 우리네 문화가 기원전 문화보다 훌륭하다고 볼 수는 없습니다. 인류 역사에 있어서 가장 훌륭한 문화를 가지며 살았던 사람은 북아메리카 대륙에서 살았던 인디언들이었습니다. 그들이 살았던 모습을 보면 찬란한 문명이 아니라 참으로 훌륭한 문화를 보게 됩니다.

## 인디언 문화의 근본 차이

북아메리카 대륙에 살았던 인디언은 중남 아메리카 대륙의 잉카 · 마야 · 아즈텍 문명처럼 불가사의한 유적들을 남기면서 찬란하며 화려한 문명을 살벌하게 일군 적이 없습니다. 이집트처럼 절대 왕국을 건설하여 피라미드와 같은 거대한 유적을 남긴 역사도 없습니다. 유럽이나 아시아 문명 국가처럼 많은 영토와 토지를 가지려고 싸우지 않았습니다. 국가 간 경쟁이 아니라 공동체 내 화합을 이루며 살았습니다. 땅을 사용했을 뿐이지 소유하려고 하지 않았습니다. 땅에 부속되어 살았지, 땅을 부속하려 하지 않았습니다. 농사도, 유목도 안 했지만 땅으로부터 필요한 만큼 사냥하고 채집하였습니다. 잉여 농축산물이 없으니 부를 축적하는 소유 개념이 없었습니다. 또한 북아메리카의 인디언은 아프리카 토인들처럼 원시적이며 미개한 삶을 살았지만 인디언의 정신세계는 절대 야만적이며 호전적이지 않았습니다. 고상하며 자상했습니다. 생태계에 순응 · 절제하며 나눌 줄 알았습니다. 하지만 미국 서부영화에서 보여지는 인디언들은 때때로 잔인한 짓을 저지르는 야만인으로 묘사됩니다. 정말 그런가요?

## 인디언 추장의 감동적 연설

과연 야만인이었나?

17세기 초에 영국에서 건너온 백인들이 굶어 죽게 되자 인디언들은 먹을 것을 나눠주었습니다. 그 이후에 백인들은 자기네 영역을 넓히려고 인디언들을 잔혹하게 유린하며 몰살하였습니다. 북아메리카 땅은 백인들의 입장에서는 개척의 현장이지만, 원주민이었던 인디언들에게는 비애의 현장이었지요. 드디어 수천 년 동안 이어져온 인디언의 훌륭한 문화가 사라지며 북아메리카에는 USA라는 이름으로 백인들의 찬란한 문명이 들어서게 되었죠. 이 절대절명의 극적인 시대에 시애틀 추장이 백인에게 했던 비장한 연설은 참 감동적입니다.

"우리가 땅을 팔지 않으면 백인들은 총을 들고와 빼앗을 것이다. 하지만 우리가 어떻게 하늘을 사고 팔 수 있단 말인가? 어떻게 대지의 온기를 사고 판단 말인가? 신선한 공기와 재잘거리는 시냇물을 어떻게 소유할 수 있단 말인가? 소유하지 않을 것들을 어떻게 저들에게 팔 수 있단 말인가? 우리는 대지의 일부분이며, 대지 또한 우리의 일부분이다. 들꽃은 우리의 누이고 사슴, 말과 얼룩독수리는 우리의 형제다. 강의 물결과 초원의 꽃들, 조랑말과 인간의 체온, 이 모든 것은 하나이며 모두 한 가족이다. 시내와 강에 흐르는 반짝이는 물은 우리 조상들의 피다. 백인들은 어머니 대지와 그의 형제들을 사고 훔치며 파는 물건과 똑같이 다룬다. 그들의 끝없는 욕심은 대지를 다 먹어 치우는 것도 모자라 끝내 황량한 사막으로 만들고 말 것이다……(후략)"

참으로 정신이 번쩍 드는 말 아닙니까?

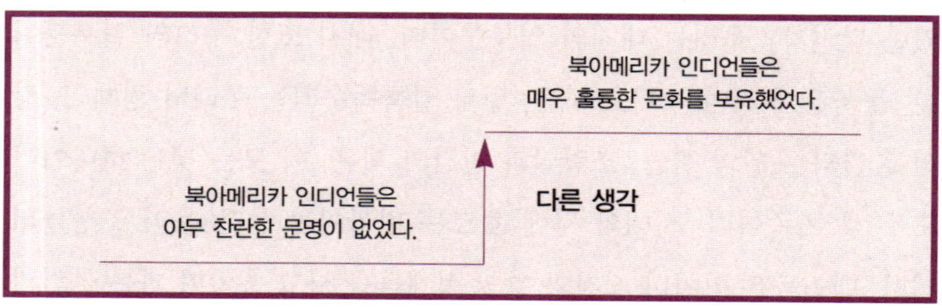

72
# 생활이 편해졌다고?

## 편해진 현대인

요즘 오토바이 10대 중 9대는 퀵 서비스입니다. 10여 년 전만 하더라도 없었는데 지금 성황을 이루는 비즈니스가 되었죠. 저는 퀵 서비스 오토바이를 볼 때마다 그것들이 없을 때 도대체 어떻게 일을 했는지 궁금해집니다. 물론 퀵 서비스가 없을 때 문서는 우편을, 물건은 소포를 이용하였습니다. 지금도 우체국에서 '빠른 등기'로 문서나 물건을 부치면 하루나 이틀이면 전국 어디에나 도착합니다. 하지만 요즘 사람들은 그 하루나 이틀을 못 참고 퀵 서비스를 쉽게 부릅니다. 퀵 서비스 말고도 과학기술 문명의 도구들을 이용하여 우리 생활을 더 편리하게 하는 것들이 많습니다. 자동차나 비행기와 같은 교통 수단, 전화나 팩스와 같은 전달 수단은 가장 대표적이지요. 사무실에서 복사기, 컴퓨터, 집안에서 세탁기, 식기 세척기, 집안 청소기와 같은 것들도 생활을 편리하게 합니다. 확실히 과학기술 문명의 이기(利器)들로 인해 우리의 생활은 과거보다 훨씬 편해졌습니다.

## 바빠진 현대인

하지만 인간이 편리해졌다고 덜 바쁘게 되었을까요? 이 물음에 답하기 위해서는 부분적 사고(partial thinking)가 아니라 전체적 사고(holistic thinking)를 해야 합니다. 전체적 사고란 즉 비판적 사고입니다. 비난과 비판은 전혀 다르지요. 비난(非難)에서 비는 아닐 비(非)를 씁니다. 하지만 비판(批判)에서 비는 견줄 비(批)를 쓰지요. 비난이 무조건 아니라고 부정하는 것이라면, 비판은 전체적 관점에서 다른 것들과 견주어 판단하는 것입니다.

이 글들은 대개 전체적 관점, 즉 비판적 관점을 취합니다. 그래서 이 시대 문화에 대한 비판을 하는 것이지요. 부분적으로 보면 인간은 문명의 이기들로 인해 더 편해졌으므로 덜 바빠진 것처럼 보입니다. 하지만 전체적으로 보면 우리 인간은 그런 문명의 이기들로 인해 더 편해지면서 더 바빠졌습니다. 과거에 서울에서 부산까지 가려면 한 달은 잡아야 했습니다.

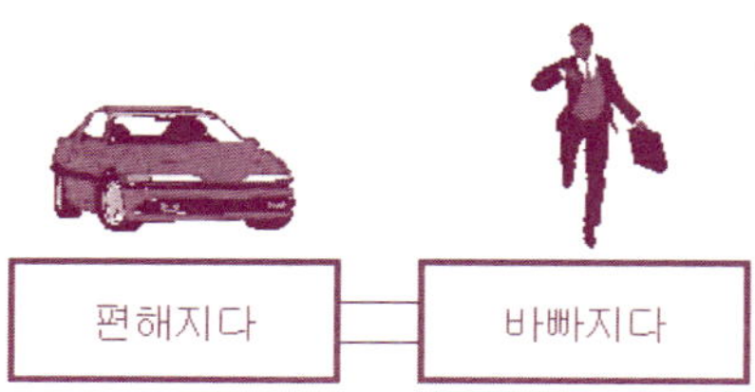


그만큼 마음에 여유가 있었죠. 하지만 자동차로 다섯 시간이면 가게 되니 엄청 편리해졌습니다. 앞으로 서울 · 부산 간 KTX가 현재 3시간에서 2시간으로 줄어든다고 하더군요. 시간이 줄어들면 더 편리할 것 같지만 하지만 줄어든 시간만큼 다른 일을 더 해야 하므로 더 바빠지게 마련입니다. 과거에 옷은 모두 손빨래였습니다. 힘든 손빨래다 보니 빨랫감이 훨씬 덜했죠. 예전에는 일 주일 이상 입고, 10번 이상 써야 빨래를 했지요. 요즘은 하루 입은 멀쩡한 옷이 아무렇지도 않은 듯 세탁기로 들어가며, 수건도 한 번 쓰면 그냥 세탁기로 직행합니다. 세탁기로 세탁 그 자체는 편해졌으나 편리해진 세탁기로 빨랫감이 훨씬 더 많아져 더 바쁠 수 있습니다. 문명의 이기들은 생활을 편하게 했지만 더 바쁘게 할 수 있습니다. 그래서 찬란한 문명의 풍요 속에 훌륭한 문화의 빈곤이 올 수 있습니다.

## 문화적 사고

결국 우리의 삶을 진정 이롭게 하는 것은 문명적 이기들이 아니라 문화적 사고입니다. 문화란 우리의 사는 모습 그대로입니다. 이를테면 우리는 카메라라는 문명의 이기를 이용하여 결혼식날 사진찍는 문화를 가지고 있는 것이지요. 우리가 이용하는 퀵 서비스, 우리가 타는 자동차, 우리가 먹는 음식, 우리가 사는 집, 우리가 입는 옷, 우리가 듣는 음악 등이 모두 문화입니다. 그래서 문화는 예술적인 고급문화보다는 생활적인 대중문화의 시각에서 보는 것이 맞습니다. 대중문화 안에는 다양한 하위 문화가 있습니다. 가령 경상도 문화와 전라도 문화와 같은 지역 문화, 10대 문화와 40대 문화와 같은 나이 문화, 부자 문화와 빈자 문화와 같은 계층 문화와 같은 것들이 그렇습니다. 그러나 그런 것들은 피상적인 하위 문화에 불과합니다. 가장 본질적인 것은 좋은 문화와 나쁜 문화입니다. 가령 술을 적당히 기분좋게 즐기는 좋은 문화가 있는 반면에 곤드레 만드레가 되어야 끝장나는 나쁜 문화가 있습니다. 앞선 문명보다 좋은 문화를 가질 때 우리는 좋은 생활을 할 수 있습니다. 이를 위해 우리는 좋은 문화적 사고를 해야 합니다. 도대체 문화적 사고가 무엇인지 앞으로 생각해 봅니다.

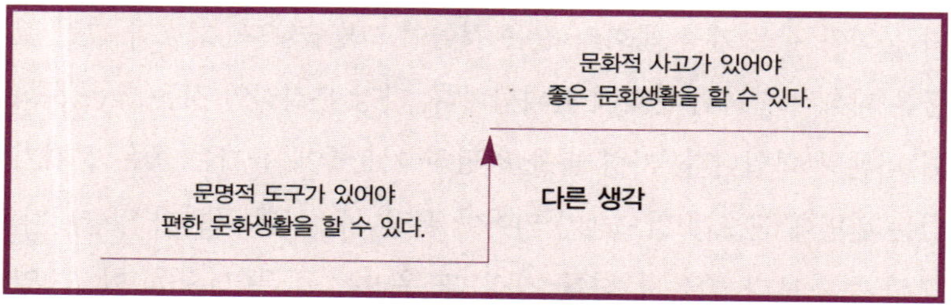

73

# 나이로 구분된다고?

## 왕따 당하는 선생님

제 친구 중에 교육방송(EBS)에 다니는 프로듀서가 있습니다. 한때 이 친구는 전국의 초등학교를 찾아 다니며 새로운 수업 방법을 교실 현장에 적용하는 주간 연속 프로그램을 만들었습니다. 저도 관심이 있어 TV로 보았습니다. 지금까지 이루어졌던 뻔하고 구태의연한 수업이 아니더군요. 아이들의 적극적 참여를 이끌어내는 활기넘친 수업이었습니다. 제 친구는 부럽게도 이렇게 좋은 수업을 진행하는 선생님들을 전국 방방곡곡의 학교에서 많이 만났답니다. 이 선생님들의 일반적 특징은 교감이나 교장이 되려는 정치적 욕심이 없다고 합니다. 오로지 평 선생으로서 아이들을 가르치며 가지는 참 기쁨으로 산다고 하더군요. 그런데 이상한 건 이런 훌륭한 선생님들이 존경받기보다 오히려 고루한 수업을 하는 선생님 집단으로부터 왕따를 당하기 쉽다더군요. 전 그래서 이런 질문을 친구에게 던졌습니다. 왕따를 당하는 선생님들은 젊은 선생님이며 왕따를 놓은 선생님은 늙은 선생님이 아니냐? 이 때 제 친구의 답변은 제 머리를 세고도 깊게 쳤습니다. 20대 새파란 선생이 고루한 생각으로 고루한 수업을 할 수 있고, 60대 선생이 참신한 생각으로 참신한 수업을 할 수 있다고 하더군요. 친구의 말을 듣고 제가 참 어리석은 질문을 했다는 생각을 하였습니다.

## 나이에 따른 사람성향

예전에 어떤 문화특강 세미나에서 연사는 나이별로 사람 성향을 구분하더군요. 10대 N세대 — 20 · 30세대 — 40대 이상 비 N세대! 40대 이상의 사람들은 변화되지 않는 꽉 막힌 사람들이라고 하였습니다. 그러면서 40대 이상 사람들은 완전히 사고를 신세대식으로 바꿔야 한다고 주장했습니다. 언뜻 들으면 이런 말이 맞게 들립니다. 하지만 전 그렇게 나이로 사람 성향을 구분하는 생각 자체를 어서 바꿔야 할 꽉 막힌 생각이라고 봅니다. 10대라도 고루한 생각의 비 N세대일 수 있으며, 40대 이후라도 새로운 생각의 N세대일 수 있습니다. 사실 N세대라는 말도 10대라는 나이보다는 인터넷 시대에 맞게 N(Net)적 사고를 하는 사람들을 일컫습니다. 그리 본다면 저도 10대는 아니지만 당당히 N세대입니다. 지난 90년대 중반에 무슨 남성 화장품 광고에서 X세대라는 말을 썼는데, X세대란 세대가 어느 한 시기에 특별히 존재하기보다 단지 상업적인 마케팅 목적으로 만들어진 유행어에 불과하다는 생각이 듭니다. 설령 X세대가 존재한다면 1990년대 중반의 20대 젊은이들만이 아니라 몇만 년 전 원시시대나 몇천 년 전 공자님 시대의 20대 젊은이도 역시 보편적인 X세대라고 할 수 있겠지요.

## 좋은 생각과 좋은 문화

나이드는 것(ageing)과 늙는 것(olding)은 다릅니다. 나이가 들어도 젊은 생각을 가질 수 있으며, 나이가 젊어도 늙을 생각을 가질 수 있습니다. 20대 노인 · 60대 청년이란 말은 몸만이 아닌 생각에도 적용됩니다. 사람이 가진 생각은 나이는 물론 학력과도 관계없습니다. 학력이 높더라도 얇고 엷은 생각을 가질 수 있으며, 학력이 낮더라도 높고 넓은 생각을 할 수 있죠. 생각에 영향을 주는 가장 중요한 요인은 학교에서의 공부량보다 스스로의 체험량 및 독서량입니다. 발전된 생각을 가진 사람들이 좋은 문화를 만들어 간다면, 천박한 생각을 가진 사람들은 나쁜 문화를 퍼뜨려 갑니다. 여기서 좋은 문화와 나쁜 문화의 차이는 일반적인 선악(善惡)의 이분법적 차이가 아니라 경중(重輕)의 무게적 차이가 있습니다. 좋은 문화란 돈이 많이 드는 고급 문화도, 신선하고 독창적인 젊은 문화도 아닙니다. 좋은 생각이 좋은 문화를 만듭니다. 가령 운전할 때 클랙션을 울려야 상대방에게 주의를 주어 안전하다는 생각과, 클랙션을 울리지 않고 내가 스스로 조심해야 안전하다는 생각의 차이입니다. 가만히 생각해보면 차에 클랙션이란 별 필요없는 물건입니다. 과감히 떼어내 버려도 좋습니다. 괜히 있어서 길거리를 시끄럽게 하고 운전자의 마음을 조급하게 만듭니다. 운전할 때 클랙션이 없다면 그만큼 조심하게 되고 보행자를 생각하게 되고 운전하는 마음에 여유도 생깁니다. 돈도 아니고 젊음도 아니고 클랙션 없이 운전할

| 좋은 문화 | 나쁜문화 |
|---|---|
| 젊은 문화 | 늙은 문화 |

수 있는 여유로운 생각이 이 세상을 좋은 문화로 넘치게 만듭니다.

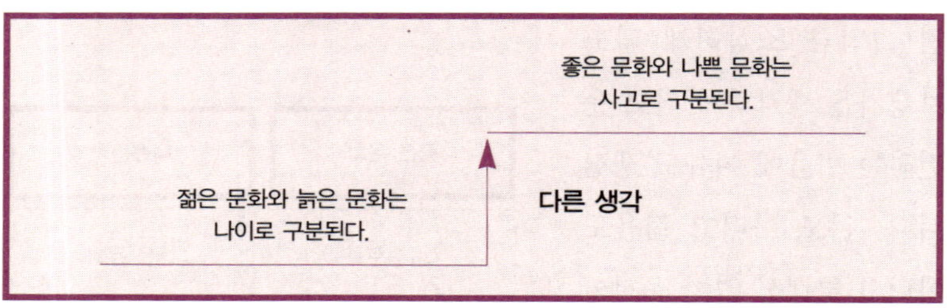

74

# 잘사는 나라라고?

## 느림의 미학이 있는 영화

근본적 이슬람 국가인 이란은 영화에 대한 규제가 무척 심하다고 합니다. 폭력이나 섹스, 그 어떤 것도 절대 허용되지 않는다고 합니다. 그렇다면 이란 영화는 재미가 없을까요? 그렇지 않습니다. 오히려 그런 어려움 속에서 심금을 울리는 아름다운 영화가 탄생합니다. 사막의 오아시스처럼…… 전 개인적으로 이란 영화 팬입니다. 제가 처음 본 이란 영화는 〈내 친구의 집은 어디인가〉입니다. 숙제를 하기 위하여 친구 집을 찾는다는 지극히 평범한 이야기인데 참 재미있었습니다. 〈천국의 아이들〉이란 영화도 보았는데 메시지가 참 감동적이었습니다. 여동생에게 신발을 선물하기 위하여 달리기 경주에 나간 소년의 이야기입니다. 2등을 해야 신발을 상으로 받는데, 애석하게도 1등을 한다는 마지막 장면이 참 인상적이었죠. 얼마 전 본 〈바람이 우리를 데려다주리라〉란 이란 영화도 그랬죠. 이란의 수도, 테헤란에서 온 기자가 촌 동네에서 겪는 보잘 것 없는 스토리인데도 바쁨과 느림의 대조를 통해 진정으로 행복한 인간의 삶이 무엇인지 절묘한 메시지를 줍니다. 자기는 바빠 죽겠는데, 촌 동네 사람들은 느긋합니다. 그 속에서 바쁘게 살아온 그는 자신의 어리석음을 깨닫습니다. 우리나라 영화 〈웰컴투 동막골〉이랑 좀 비슷하지요.

## 느림의 미학을 아는 대통령

〈한국의 역대 대통령 평가〉라는 책에 1위는 박정희 대통령이라고 합니다. 쿠데타로 독재권력을 행사하였지만 경제를 발전시킨 공적 때문에 그렇다더군요. 지금은 어떤 대통령이 필요한가요? 링컨처럼 남북을 통일할 수 있는 대통령? 박정희처럼 경제를 발전시킬 수 있는 대통령? 성공한 기업의 경영자처럼 철저한 경영 마인드를 갖춘 대통령? 도덕적으로 강직한 인품이 있어서 노동자들의 인권을 존중하는 대통령? 전 이런 요인들만큼, 아니 더 중요한 판단 기준이 있다고 봅니다. 이란 영화에서 보다시피 느림의 미학적 소중함을 귀하게 아는 대통령이라고 봅니다. 느림의 미학을 소중히 한다는 것은 결국 자연환경을 생각하는 생태 마인드와 함께 좋은 문화를 생각하는 문화 마인드입니다. 우리의 대통령 중 누구도 이런 것을 중요하게 생각하는 사람은 과거에 없었고 지금도 없습니다. 대개 남북 통일, 경제 발전, 경영 마인드, 인권 보호, 부정부패 청산 등을 내세웁니다.

## 경제보다 문화를 아는 대통령

예전에 노무현 대통령이 잡초처럼 뽑아버려야 할 정치인이란 글을 인터넷에 올려 정치권에서 시끄러웠습니다. 그런데 왜 하필이면 잡초랑 비교를 하는지요? 잡초란 인간 중심의 용어입니다. 『야생초 편지』라는 책을 쓴 황대권의 표현대로 잡초가 아니라 야초라 불러야 생태적 관점에서 맞습니다. 잡초(雜草)는 인간에게 쓸모없는 풀이라면, 야초(野草)는 인간의 손길에 의해서가 아니라 스스로 자연스럽게 자라나는 건강한 풀입니다. 이 시대에 필요한 리더십은 잡초를 뽑아버리려는 개발 효율 지향의 대통령이라기보다 야초의 미학적 의미도 존중할 수 있는 리더십입니다. 즉 정치적 경제적 사회적 군사적 외교적 리더십보다 국민들 삶의 질을 높이는 데 섬기는 문화적 리더십입니다. 가령 국민총생산을 2만 불이나 3만 불로 늘리는데 힘쓰는 게 아니라 국민들의 행복체감 지수를 높이는데 힘쓰는 리더십, 부국이나 강국이 아니라 국민 개개인 삶의 질이 높은 고국(高國)이 되게 하는 리더십을 말합니다. 고국이란 음악이나 미술 등의 고급예술 문화수준이 높은 나라가 아닙니다. 생기 넘치는 농촌, 농촌과 도시의 조화, 도시만의 특색있는 주택들, 주변과 잘 어우러지는 건물들, 다니기에 좋은 길들, 생태계를 보존하는 노력들, 깨끗한 골목길들, 미감 있는 간판들, 활기 있는 재래시장, 여유 있는 녹지공원, 국가의 안전성, 낮은 범죄율, 국민들의 자긍심 등이 국가나

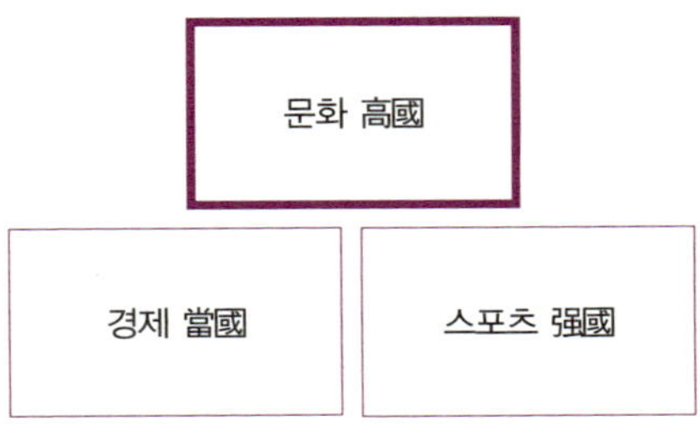

도시의 가치를 결정합니다. 경제 수준이 높은 대한민국, 축구를 잘 하는 대한민국보다 중요한 건 좋은 삶의 문화를 가진 문화민국으로서의 대한민국이 아닐까요? 길거리에서 신경질적인 자동차 경적 소리가 전혀 안 나는 나라, 음식물 쓰레기가 적게 나오는 나라, 국민들이 각박한 마음으로 바쁘고 부지런히 사는 것보다 여유있는 마음으로 기쁘고 즐겁게 사는 나라가 문화 고국입니다.

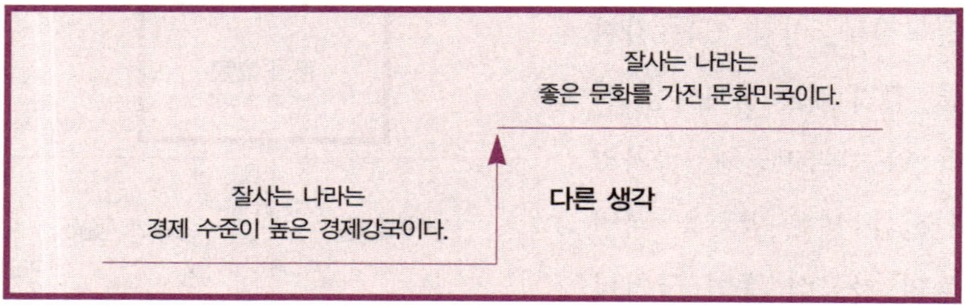

75

# 돈이 많아 부자라고?

## 돈복이 많은 사람

김돈복이라는 사람은 지금의 분당이었던 지역에서 농사꾼의 아들이었는데 물려받은 땅값이 올라 부자가 되었습니다. 한마디로 돈복이 붙은 사람입니다. 차도 반짝반짝 빛나는 벤츠를 탑니다. 돈은 많지만 마음은 각박하고 자기밖에 모릅니다. 지금 이 부자는 서울 역삼역 부근 상가에 11층 건물이 있습니다. 거기서 얻는 임대료만 해도 한 달에 기천만 원입니다. 또 전국에 많은 땅을 가지고 있습니다. 건물 관리를 하느라 사무실에 가끔 출근을 하지만 별 특별히 할 일이 없어 골프를 치러 다니며 해외여행도 1년에 네 번 정도 심심하면 다닙니다. 방배동에 있는 90평짜리 그의 고급 빌라에 가보면 내부가 한마디로 으리으리합니다. 비싼 가구들로 들어차 있으며 해외여행에서 사온 진귀명품들이 진열되어 있습니다.

## 생각이 좋은 사람

김인복이라는 사람도 농사꾼 아들이었는데 돈복이 붙기보다 인복을 남에게 주는 사람입니다. 차는 없습니다. 300만 원 정도 월급을 받는데 고등학교의 사회과목 선생님입니다. 입시용 사회탐구가 아닌 사회를 통찰하는 안목을 가르칩니다. 요즘 학생들은 선생 보기를 우습게 안다지만 김인복 선생님에게는 다릅니다. 그는 제자들에게 진정한 관심과 애정으로 허심탄회한 대화를 나눕니다. 교육이란 가르치는 것(teaching)이 아니라 한 사람 한 사람 마음으로 돌보는 것(caring)이라는 생각으로…… 어쩌다 해외여행도 가지만 방학이면 주로 기차타고 국내여행을 다닙니다. 여행을 다녀와서 낸 책이 3권이나 됩니다. 행당동의 작은 그의 집에 가보면 책의 향기가 흐릅니다. 전시용이 아니라 그 많은 책을 한 권 한 권 모두 사 읽었다고 합니다. 책마다 밑줄 쳐진 흔적에서 그의 폭넓은 독서량과 사고력이 느껴집니다.

## 삶의 질의 조건

김돈복과 김인복, 두 사람 중 누가 더 삶의 질이 높을까요? 김돈복은 부자라고 하기보다는 졸부라고 비하하여 표현됩니다. 그는 자기의 돈을 가지고 가치있게 쓰지를 못합니다. 그냥 노는 데 펑펑 쓸 뿐입니다. 사람의 가치는 돈을 얼마나 많이 버느냐보다 얼마나 제대로 쓰느냐에 따라 좌우됩니다. 돈이 많다고 삶의 질이 높아지는 것은 아니죠. 만일 우리나라에 김돈복 류의 인간들이 많다면 문화민국이 아니라 천박민국이 되고 말겠죠. 문화민국의 사람들은 삶의 질이 높습니다. 작은 것에서도 기쁨 · 즐거움 · 아름다움을 느끼는 삶! 삶에 대한 순리적 열정이 있는 삶! 남을 배려하는 마음이 있는 삶! 이처럼 가진 돈보다도 좋은 생각이 삶의 질을 높게 합니다. 이런 생각을 가지며 사는 사람들이 많을수록 삶의 질이 높은 문화민국을 만들어 갑니다. 1인당 국민소득이 높아 부자들이 많고, 부자가 되려고 열심히 노력하는 부지런한 사람들이 많으며, 고급 오페라 음악회 등 문화공연을 많이 한다고 문화민국은 아닙니다. 부자가 되고 싶은 사람은 많아도 좋은 생각을 가지며 삶의 질을 높이려는 사람은 안타깝게도 적습니다. 경제가 힘들어 먹고 살기 힘들다고 하는데, 굶어 죽는 사람이 있을 정도로 비참하게 힘들진 않습니다. 사실 현대사회는 매우 풍요로운 사회(affluent society)입니다. 여기서 풍요롭다 함은 지나칠 정도로 물질이 풍요롭다는 비판적 의미를 가지고 있습니다. 먹을 것, 입을 것이 넘칩니다. 오늘날 밥이 없어 굶어 죽고 옷이 없어 추워 죽는 사람들은 거의 없습니다. 오히려 쓰레기가 될 정도로 너무 풍요로워서 탈이지요. 상품들이 넘치면서 소비가 미덕인 사회입니다. 이런 소비 지상주의의 풍요로운 사회에서 소비를 욕심만큼 못하면 먹고 살기 힘들다는 푸념이 나옵니다. 비싼 외식도 못하고, 큰 차도 못 굴리고, 좋은 옷도 못 입고, 고액 과외도 못 시키고……

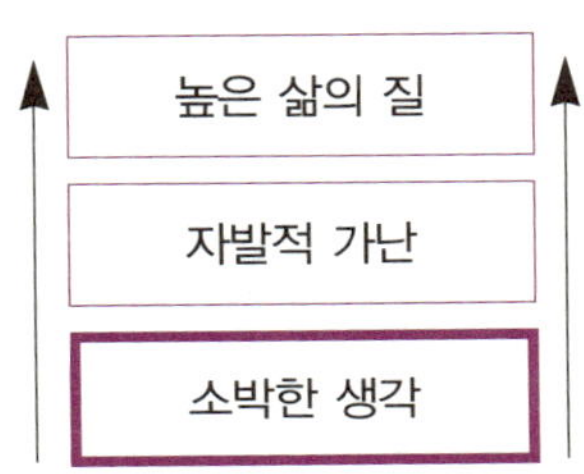


하지만 소박한 마음으로 적당히 가난한 삶을 즐긴다면 먹고 살기 좋아집니다. 『논어』에서 보면 공자께서도 애제자인 안회가 가난하지만 삶을 즐긴다며(貧而樂) 그를 무척 칭찬했습니다. 여기서 가난이란 정말로 먹고 살 게 없는 비참한 가난이 아니라 풍족하지 않고 적게 쓰려는 자발적 가난이지요. 삶의 질은 그때부터 높아질 수 있습니다. 저는 지금 스님들의 무소유 철학을 이상적으로 주장하는 것이 아니라 우리네 보통 사람들의 질 높은 삶에 대해 현실적으로 이야기하고 있습니다.

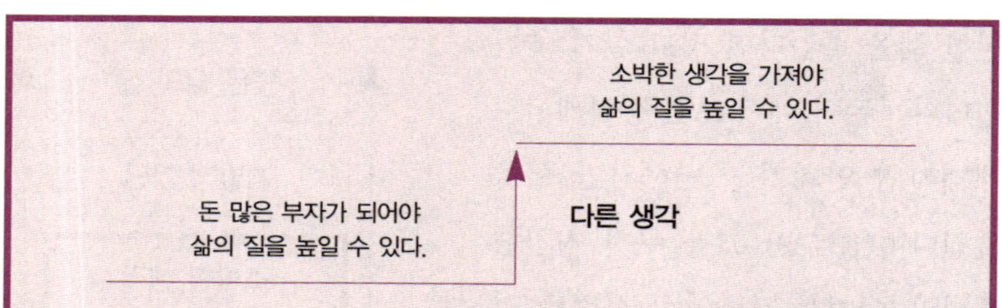

## 76
# 지갑이 여유 있다고?

### 각박한 주인

예전에 주차장이 있는 식당에 간 적이 있습니다. 설렁탕도 맛있었으며 식당 안도 깨끗했습니다. 들어갈 땐 몰랐는데 잘 먹고 나오다가 이런 경고문이 식당 앞 주차장에 붙여져 있는 걸 보았죠. "손님 외는 주차 금지" 경고문은 대충 도화지에 쓰여져 있었습니다. 글씨도 개발새발로 쓴 듯 굵은 매직펜으로 성의없게…… 이미 오래 전에 붙여진 듯 도화지도 구겨지고 더러워져 있었습니다. 전 경고문을 보고 이런 생각을 했습니다. "여기 이 식당 주인 참 각박하구먼!" 그 집 설렁탕이 아무리 맛있고 또 식당이 아무리 깨끗해도 전 그 식당 주인이 가진 각박한 마음을 짐작할 수 있었습니다. 한마디로 그 식당 주인은

카메라 고발! 정떨어지는 경고문

설렁탕 팔아 돈벌어 지갑의 여유는 있겠지만 마음에 여유가 없는 사람이라고 봅니다. 손님에게 친절할지는 몰라도 인심은 없는 식당이었습니다. 맛있게 먹고 나와 정이 붙다가도 떨어질 음식점이었습니다.

## 유머있는 주인

미국 경제전문지 *Fortune*이 뽑은 바에 의하면 미국의 사우스웨스트 항공사는 미국에서 가장 존경받는 기업으로 GE에 이어 2위에 올라 있다고 합니다. 그 비결은 무엇일까요? 우선 싸면서도 편리한 운송을 제공하는 것도 있지만, 이 회사의 경영철학인 유머 경영에서 찾을 수 있습니다. 미국에서 가장 유머있는 경영자로 꼽히는 켈러허 회장은 경쟁사와의 항공노선 조정에서 팔 씨름으로 결정하자는 제의를 해 상대방의 폭소를 자아냈다고 합니다. 이해관계가 얽히어서 싸늘하기 쉬운 회의장에서 느닷없이 팔 씨름이라니요? 긴장이 풀릴 것같지 않습니까? 이 회사 비행기에 타면 금연에 대한 안내문이 앞의 설렁탕 식당과 전혀 차원이 다르답니다. "담배를 피우실 분들은 비행기 날개 위에 있는 라운지를 이용하시기 바랍니다! 그곳에서는 〈바람과 함께 사라지다〉가 상영되고 있습니다!" 이 경고문을 본 사람들은 한번씩 기분좋게 웃는다고 합니다. 식당 주차장 앞의 각박한 경고문보다 얼마나 유머가 있는지요? 유머 있는 사람이란 웃기는 개그 시리즈를 많이 하는 사람이 아니라 마음에 여유가 있는 사람이라고 앞서 이야기했었죠. 설렁탕 식당 주인은 단지 설렁탕 팔려는 마음으로 유머가 없습니다. 하지만 사우스웨스트 항공사 직원들이 손님들에게 건네는 한 마디 한 마디에는 웃음을 터지게 하여 고객들 마음을 편하게 하는 유머가 있답니다. 실제로 그 항공사 직원 채용의 주요 기준이 바로 유머 감각이랍니다.

## 마음의 여유

> 이곳에 주차하시면
> 손님으로 모시고
> 차에도 설렁탕 국물을
> 넉넉히 드리겠습니다
>
> **휘발유 대체**
> **설렁탕 국물회장**

전 예전에 제가 사는 아파트의 동 대표를 지낸 적이 있습니다. 40개 동으로 이루어진 대형 아파트 단지의 한 개 동 대표였죠. 어르신네들이 많은 그 동 대표 회의에 어린 제가 감히 참석하면서 느낀 생각은 사람들 마음이 참 각박하다는 것입니다. 한 사람 한 사람을 놓고 보면 참 좋은 사람들이 많은데, 동 대표 회의를 위해 얘기를 하면 마음이 각박해지나 봅니다. 뭐 그리 싸울 일이 많은지 참! 순진한 저로서는 도무지 이해가 안 갔습니다. 그래서 우리나라 사람들이 토론에 약하다는 얘기가 나왔나 봅니다. 남의 얘기를 귀담아 들을려고 하지도 않고, 내 얘기를 하더라도 자기 주장만 강하게 내세우려다 보니 빈곤의 악순환이 계속 되어 끝내는 험담과 막말이 오가더군요. 그 악순환의 근본 원인은 무엇일까요? 그것은 이해 관계라기보다 마음의 각박함입니다. 각박한 주차금지 경고문을 내건 식당 주인처럼 모두들 각박한 마음으로 삭막하게 회의를 하였던 것입니다. 위와 같은 경고문은 어떨까요? 만일 동대표 회의 자리에 사우스웨스트 항공사의 켈러허 회장처럼 마음에 여유가 있는,

즉 유머있는 사람들이 참석하였다면 동대표 회의 분위기는 간혹 웃음꽃이 피며 한층 부드러웠을 것입니다. 이런 회의를 할 수 있는 여유있는 마음이 필요합니다. 그런 여유가 좋은 문화의 기틀입니다. 동 대표 회의 뿐만이 아니라 우리 모든 생활 범위 영역에 있어서 마음의 여유가 있는, 유머가 있는 좋은 문화가 절실합니다.

좋은 문화생활을 즐기려면
마음의 여유가 있어야 한다.

**다른 생각**

좋은 문화생활을 즐기려면
지갑의 여유가 있어야 한다.

77

# 건물이 참 멋있다고?

## 서울과 파리 비교

서울 강남의 도곡동에 가면 아주 큰 규모의 주상복합 건물들이 들어서 있습니다. 전 그곳을 지날 때마다 인간으로서의 답답함을 느낍니다. 그곳의 땅 주인들은 높은 건물을 다닥다닥 지음으로서 부동산 가치를 높였지만 사람들에게 삶의 가치를 높이진 못했다는 생각이 듭니다. 서울에서 한창 지어지고 있는 주상복합 건물 및 대규모 아파트 건물들은 겉으로는 폼날지는 몰라도 미감없는 건물들의 집합체입니다. 개발이라는 이름으로 그런 우악스러운 최신 건물들을 짓는 것이지요. 이와 대조적으로 프랑스 파리의 에펠탑 위에서 시가지를 내려다 보면 개발이 아니라 보존이 보입니다. 돌로 지어진 낮은 구식 건물들이 잘 보존되어 있습니다. 최신 첨단 빌딩은 라데팡스라는 특정한 한 곳에만 짓습니다. 파리 도심부에서는 새로운 건축물을 철저하게 규제하고 옛 건축물들을 보존함으로써 도시의 역사적 맥락을 이어가며 도시 미학을 실현하고 있습니다. 서울에서 느끼는 역동적 추함과 파리에서 느끼는 은은한 미감은 참으로 대조적입니다.

## 추함과 아름다움

아마도 서울 사람이 파리를 점령해 산다면 그 많은 구식 건물들을 다 허물어 버리고 개발이라는 이름으로 재개발단지의 아파트처럼 최신식 건물들을 무지막지하게 올렸을 겁니다. 서울은 600년 역사 도시이면서 부동산 개발의 시장경제 논리에만 맡겨져 높은 건물들은 올라가지만 도시 환경과 도시 미감은 파괴되고 있습니다. 70년대 불었던 새마을 운동도 초가 지붕을 허물고 양철 지붕을 올리며 농촌 고유의 미적 환경을 파괴하고 말았습니다. 제 생각에는 새마을 운동은 경제 · 효율 논리만이 아니라 생태 · 미감의 논리도 가져야 했습니다. 파리와 서울의 건물 비교만이 아니더라도 우리 주변의 생활에 있어서 미추(美醜)는 참 많이 발견됩니다. 아름다운 미란 단지 외형적 폼이 아니라 내면적 가치입니다. 추한 것은 외형적으로 폼나더라도 천박하게 보입니다. 아름다운 것은 외형적으로 소박하더라도 귀하게 보입니다. 사람도 겉 멋이 아니라 속 힘이 있어야 하듯이……

## 생활 속의 미감

예전에 이탈리아에서 패션 디자이너로 일하는 한국 여자가 방송에서 이렇게 말했습니다. 이탈리아 사람들은 패션을 자기네 이탈리아

말고 할 수 있는 데가 없다고 생각한답니다. 참 대단한 거만함입니다. 하지만 그 여자는 이탈리아 특유의 돌 건물을 가리키며 이렇게 말하더군요. 이탈리아 사람들은 태어나서부터 이런 오래된 건물에서 적당한 지저분함과 함께 배어 나오는 미감(美感)을 자연스레 느끼며 살아간답니다. 우리의 거칠은 아파트 상가 건물이나 다세대 주택, 겉 멋이 잔뜩 든 최신식 건물들을 보며 살아가는 것과 차원이 다른 미감을 자연스럽게 체득한다는 것이지요. 그래서 미에 대한 감각이 원래 생활문화적으로 농축된 이탈리아 사람들 머리에서 나오는 미적 패션 감각을 우리가 따라가기 힘들다는 뜻이었죠. 물론 그녀의 말에 논쟁의 여지는 있으나 이탈리아 사람들의 아주 거만한 말이 이해가 좀 되었습니다. 사실 숲이나 강과 같은 자연환경 그 자체는 우리가 이탈리아보다 훨씬 아름답습니다. 하지만 이탈리아나 스위스가 우리네보다 아름다운 건 자연환경이 아니라 생태적 자연환경과 조화되는 인공환경입니다. 우리의 오피스 상가 건물이나 주택 건물들에서 보듯 우리네 인공환경은 자연환경과 조화되지 못하며 미학적으로 거칩니다. 그런 거친 인공환경 속에서 이탈리아보다 우수한 패션을 창조한다는 것이 가능할까요? 사실 단독 패션 시장으로 세계에서 가장 큰 동대문 시장에서 주로 하는 일은 이탈리아 패션과 비슷하게 복사하는 일이랍니다. 우리의 미감이 그들의 미감을 따라가기 힘들다는 것이지요. 좋은 패션을 포함하는 좋은 문화

어느 곳에서 자란 아이들이 미감있는 문화를 가지겠는가?

란 역시 미학적 감각이 일상생활 속에 묻어날 때 피어나고 가꾸어집니다.

좋은 문화를 가지려면
신식으로 개발해야 한다.

**다른 생각**

좋은 문화를 가지려면
미감을 살려 보존해야 한다.

78

# 국민 소득이 높다고?

## 자부심이 열등감으로

인도 북쪽의 티베트 근처에 라다크라는 사막 지방이 있습니다. 춥고 황량하며 거친 땅이지만 라다크 사람들은 수천 년 동안 각박한 자연환경에서 농사를 지으며 놀라울 정도의 풍요로운 문화를 일구어 왔습니다. 라다크 사람들은 1인당 연평균 국민소득이 100달러도 안 되었지만 먹을 것 걱정이 없어 가난하다고 생각하지 않았으며, 자기네 문화에 대해 자부심을 가지며 살았습니다. 스스로 행복하게 산다고 느끼는 행복체감계수가 높았습니다. 하지만 1975년부터 라다크에 개발 붐이 일며, 관광객과 서구문명이 몰려왔습니다. 그러자 라다크에 돈이 넘치기 시작했습니다. 라다크의 1인당 국민소득은 높아졌으며 경제 규모가 커졌습니다. 더군다나 TV까지 들어오게 되어 서방 국가의 TV 프로그램이 방영되기 시작했으며, 서구의 멋진 상품들이 들어왔습니다. 그렇다면 라다크 사람들 삶의 질이 높아져 행복해졌을까요? 반대로 오히려 불행해졌습니다. 라다크 사람들은 자기네를 서방 사람들과 비교하면서 가난하다고 생각하게 되었습니다. 자신들이 살아온 문화에 대해 열등감을 느끼며 서구 문명을 부러워하게 되었습니다. 신뢰와 공존을 바탕으로 하였던 인간관계는 불신과 경쟁으로 바뀌었으며, 범죄 · 폭력이 일어났습니다. 라다크 사람들 마음은 분열되며 황량하고 거칠어졌습니다.

## 라다크 사람과 우리들

이 이야기는 헬레나 노르베리 호지가 쓴 『오래된 미래』라는 책에 나옵니다. 그녀는 라다크에서 살며 보고 체험한 안타까운 이야기들을 책 속에 담았습니다. 이 이야기는 우리와 거리가 먼 책에 나오는 사례일까요? 아닙니다. 바로 우리의 이야기이기도 합니다. 우리네 시골 사람들도 옛날에는 개발되기 전의 라다크 사람들처럼 행복하다고 느끼며 살았습니다. 하지만 경제개발의 논리가 농촌으로 급속하게 들어서자 지방 사람들은 도시에 비해 열등감을 가지게 되었습니다. 될 수 있는 한 자식들은 모두 도시로 보내 공부를 시키려 부모들은 갖은 고생을 했습니다. 성인이 된 자식들은 모두 도시로 몰려들었습니다. 제가 고등학교 다닐 1970년대 말에 제 친구들 절반 이상은 지방에서 왔습니다. 엄마와 아버지 모두 원래 서울에서 살던 서울 토박이는 극히 드물었습니다. 서울과 같은 대도시로 가서 살게 된 사람들은 삶의 질이 높아졌을까요? 라다크 사람들처럼 똑같은 현상이 벌어졌습니다. 신뢰를 바탕으로 하였던 사람들 관계는 분열되며 경쟁으로 바뀌었습니다. 도시 범죄와 폭력의 가장 근본적인 원인은 모두 급속하게 전개된 선진화 · 도시화 · 산업화 · 현대화 · 서구화 과정의 경제 개발에 있습니다.

## 경제 규모와 인생 품질

어떤 나라가 1인당 연평균 국민소득이 100달러도 안 된다면 아주 못사는 나라라고 여깁니다. 우리가 1만 달러 이상이니까 우리는 저들보다 100배나 잘산다고 생각합니다. 하지만 이러한 생각은 경제 위주의 사고입니다. 연평균 1인당 국민소득이란 국가나 국내의 총 생산액을 인구수로 나눈 것입니다. 총 생산액에는 무기회사가 만든 총의 생산액이 합산되지만, 엄마가 자식들에게 행복하게 해주는 따뜻한 밥의 생산액은 합산되지 않습니다. 총과 밥! 무엇이 우리 보편적으로 우리 삶에 중요한가요? 총 생산액은 경제 규모를 따지는 유용한 기준이겠지만 인생 품질을 따지는 데는 도움이 되지 않습니다. 하지만 우리는 경제 규모로 인생 품질을 따지는데 익숙해 있습니다. 돈과 행복을 연결하는 것에 대해 겉으로는 부정하지만 결국은 어쩔 수 없이 받아들이고 마는 게 우리 현실(reality)입니다. 이렇게 돈을 중심으로 사는 모습이

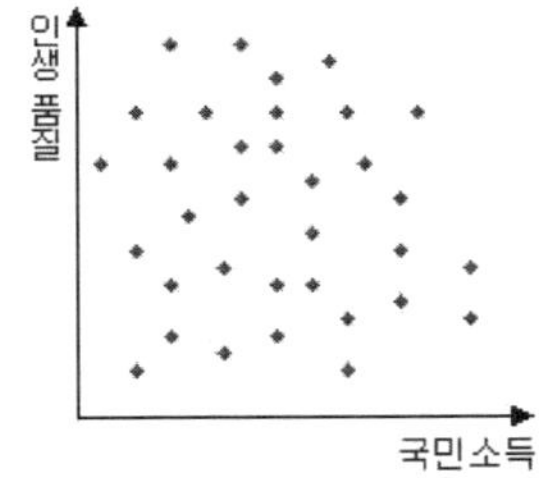

상관관계가 없는
국민소득과 인생 품질

우리네 인생의 사실(fact)입니다. 하지만 진정 잘사는 문화의 진실(truth)은 돈으로 따지는 경제에 달려있지 않습니다. 설령 그렇게 달려 있는 것처럼 보인다고 해도 가만히 생각해 보면 그건 결국 현실 · 사실 · 진실처럼 보이는 강한 환영(illusion)일 뿐입니다.

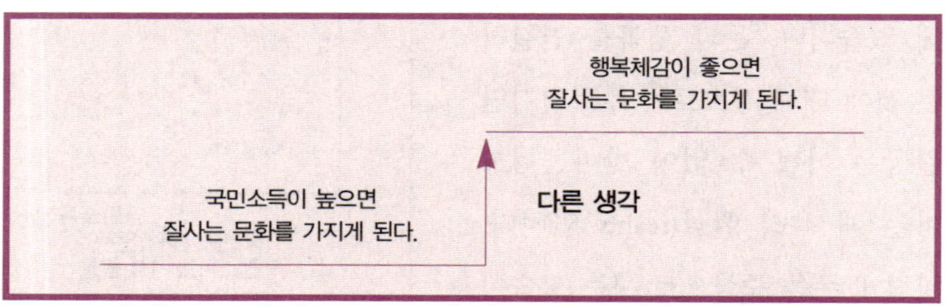

79

# 이제 세계화 시대라고?

## 세계사와 제국주의

제 작은 아이 방의 『만화로 읽는 세계사』라는 전집물을 재미삼아 보았는데, 애들 읽는 세계사 만화책에 뭔 놈의 전쟁이 그리도 많은지요. 그 세계사는 전쟁을 바탕으로 한 인류의 역사책도 아니고 그냥 아동용으로 재미있게 만든 평범한 역사 만화책이었는데, 세계의 역사가 마치 전쟁의 역사처럼 보이더군요. 인류가 불을 발명하고, 철을 다룰 수 있게 되면서부터 인간의 전쟁은 대규모의 살육전 양상을 띠었습니다. 문명의 이름으로 저지른 야만! 그래서 이미 오래 전부터 이웃나라와의 싸움이 아니라 급기야는 자기네 국가 · 민족의 힘을 팽창시키려는 제국주의 전쟁으로 치달았습니다. 국가주의나 민족주의 정신은 사뭇 순수해 보이지만 그것이 과하면 제국주의의 모습으로 변질됩니다. 세계사 책에 나오는 수많은 전쟁들은 거의 이런 제국주의를 실행하려는 전쟁이었습니다. 몽골제국, 페르시아제국, 무굴제국, 바벨로니아제국, 로마제국, 오스만튀르크제국, 티무루제국, 대영제국, 독일제국, 일본제국 등등등…… 이들 군사제국은 군사력을 바탕으로 국가 간의 벽을 허물고 자국의 영역을 넓히려고 하였습니다.

## 제국주의와 세계화

하지만 현대에 와서는 군사력보다 경제력을 바탕으로 국가 간 벽을 허물려고 합니다. 이른바 신자유주의를 기치로 하는 세계화입니다. 너도 나도 세계화를 외칩니다. 하지만 세계화란 알고보면 경제력을 바탕으로 하는 패권적 제국주의입니다. 세계화와 비슷한 뜻으로 들리는 국제화란 알고보면 정반대의 뜻입니다. 세계화가 'global' 개념으로 세계를 하나의 지구로 본다면, 국제화는 'international' 개념으로 나라와 나라 사이의 차이를 봅니다. 세계화 관점에서는 세계를 하나같이 평평하다고 보지만(균등성), 국제화 관점에서는 세계를 요철(凹凸)의 모습으로 봅니다(다양성). 세계화 관점에서 세계는 하나의 단일체이지만, 국제화 관점에서 세계는 서로 다른 민족과 다양한 문화의 복합체입니다. 따지고 보면 세계화란 패권주의 성향이 강한 강대국의 욕심이라고 해도 지나치지 않은 듯 싶습니다. 왜냐하면 국가 간 · 민족 간 · 문화 간의 벽을 허물고 자기네 상품 · 문화 · 자본을 세계 곳곳에 퍼뜨리려고 하는 의도가 강하니까요. *'Pax of Americana'* 처럼 세계 곳곳에 막강한 힘을 행사하는 *American Nationalism*이 바로 세계화입니다. 글로벌 스탠더드란 참 이상적인 말입니다. 하지만 그것은 그들에게 맞는 것이 단일적 동질적 표현으로 강자 위주의 획일적 논리일 수 있습니다.

## 국제화 관점과 문화

세계화가 욕심이라면, 국제화는 도리입니다. 세계화의 관점에서 보면 너나 나나 다 똑같다고 봅니다. 그리고 상대가 나와 다르다면(different) 틀린(wrong) 것이라고 생각하며 나에게 맞도록 억지로 고치려고 합니다. 하지만 국제화의 관점에서 보면 너는 나와 다를 수 있다고 봅니다. 그리고 상대방이 다르다고 틀린 것이라 생각하지 않고 다름 간의 조화를 이끌어 냅니다. 서로 간의 다름을 틀림이라 부정하지 않고, 다름을 다름으로 수용하여야 합니다. 가장 큰 문제는 문화의 다양성을 무시하고 모두 내 문화처럼 고쳐야겠다는 세계화적 욕심입니다. 다양하다는 것은 복잡하다기보다 건강하다는 뜻입니다. 다양성을 무시하고 하나의 표준만 쫓는 것은 얼핏 보기에 효율적으로 보이지만 그것은 획일성으로 다양성을 좀 먹어 건강함을 잃기 쉽습니다. 하나의 신조처럼 여기던 획일적 세계화 표준이 무너지는 날에는 모두 하나같이 와르르 무너지고 맙니다. 만일 획일적 표준인 글로벌 스탠더드가 무너졌을 때 세계화를 쫓는 자들은 닭 쫓던 개 지붕 쳐다보는 꼴이 되겠지요. 세계화 · 국제화와 관련하여 성경 창세기의 바벨탑 사건은 이렇게 해석될 수 있습니다. 하나님께서 하나의 언어를 썼던 인간의 언어를 혼잡케 하셨던 것은 벌이 아니라는 복입니다. 즉 그렇게 인간은 하나가 아니라 다양하게 살아야 바벨탑

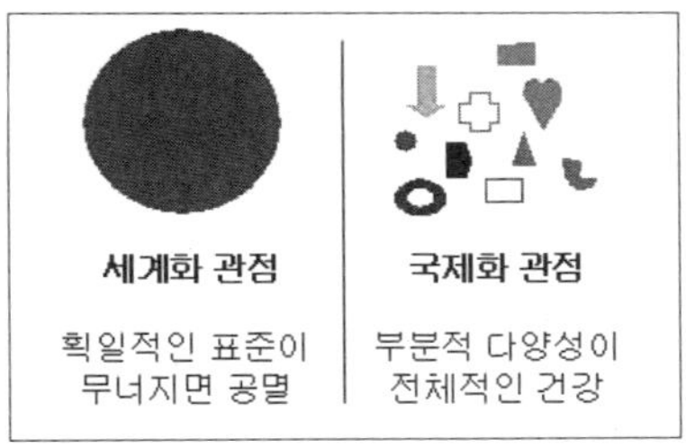

을 쌓는 허튼 욕심 안 부리고 잘산다는 아주 큰 뜻이지요.

언제나 국제화 시대로
세계를 다양하게 보아야 한다.

**다른 생각**

이제는 세계화 시대로
세계를 균등하게 보아야 한다.

80

# 살기좋은 미래라고?

## 토플러의 밝은 미래

토플러(Alvin Tofler)가 1980년에 내놓은 『제3의 물결』은 참으로 대단한 미래 예언서였습니다. 그의 예언 그대로 정보의 물결이라는 제3의 물결은 지금 이 사회의 지축을 뒤흔들고 있습니다. 『권력 이동』에서와 같이 우리 사회의 권력은 무력에서 돈, 그리고 지금 지식 권력으로 한층 이동되는 양상입니다. 아울러 『문화의 소비자』, 『미래 충격』, 『권력 이동』, 『전쟁과 반전쟁』과 같은 토플러의 책도 미래 사회의 모습을 그리는 책이었습니다. 이들 책에서는 미래 사회의 우리 인간이 어떠한 모습으로 살게 될 것인지, 즉 하드웨어와 소프트웨어에 어떠한 변화가 있을 것인지에 대해 큰 통찰력을 줍니다. 그의 2006년 저서인 부의 미래(revolutionary wealth)에 의하면 정보 혁명에 이은 속도 혁명으로 우리 인류는 더 풍요한 부를 누릴 수 있다고 합니다. 그래서 토플러의 책을 읽으면 역사를 진보시키는 인간의 능력에 가슴이 벅차집니다.

## 리프킨의 어두운 미래

하지만 토플러와 전혀 다른 시각으로 미래를 보는 사람이 있습니다. 바로 리프킨(Jeremy Rifkin)입니다. 그는 『육식의 종말』, 『소유의 종말』, 『노동의 종말』, 『바이오테크 시대』, 『엔트로피』, 『수소 혁명』, 『생명권 정치학』 등의 책을 썼습니다. 리프킨이 핵심적으로 이야기하는 바는 우리 인류가 이대로 계속 가다가는 엔트로피라는 무질서한 쓰레기에 치여 헤어나오지 못하므로 새로운 전환을 이루며 살아야 한다는 것이죠. 토플러가 보는 밝은 미래의 모습과는 달리 리프킨이 보는 미래는 어둡습니다. 가령 토플러가 정보화시대의 발전상을 이야기한다면, 토플러는 정보화 사회로 인해 머지 않아 수많은 사람들이 일자리를 잃게 될 것이라고 경고하는 식이지요. 토플러가 미래를 정보의 물결이 넘실대는 역동적인 세계로 본다면, 리프킨은 문명의 이면에 더러운 쓰레기가 난무하는 암울한 세계로 봅니다. 토플러가 속도혁명으로 부를 축적할 수 있다고 말한다면, 리프킨은 속도를 내는 일이 후 세대가 쓸 것을 훔치는 도적 행위라고 합니다(generation theft). 리프킨의 책을 읽으면 문명의 이름으로 인간이 저지르는 해악을 생각하게 되어 세상이 갑갑해집니다. 리프킨의 주장대로라면 우리 인류는 제3의 물결을 타고 있는 것이 아니라, 쓰레기(entropy)에 치여 있는 것입니다.

## 인간의 위대한 전환

토플러가 앞으로 이런 저런 수단들이 생겨서 이렇게 살 것이라고 예견한다면, 리프킨은 이대로 살다가는 이런 저런 문제들이 생겨서 이렇게 살면 안 될 것이라고 예견합니다. 토플러가 미래에 어떤 문명들이 생길 것인지를 예견하는 데는 탁월한 미래학자지만, 미래에 본질적으로 어떤 문제들이 생길 것인지에 대해서는 무심했습니다. 반면에 리프킨은 미래에 어떤 문명이 생길 것인지 놓쳤을지라도 본질적으로 지금 당장 무슨 문제가 있으므로 앞으로 어떻게 해야 하는지를 간파합니다. 토플러가 문명의 시각에서 미래를 본다면, 리프킨은 생명의 시각에서 미래를 봅니다. 토플러가 서양적 힘의 논리라면, 리프킨은 동양적 도의 순리를 따릅니다. 피상적으로 보기에는 토플러의 얘기가 매력적이지만, 본질적으로 보면 리프킨의 얘기에 귀기울이지 않을 수 없습니다. 리프킨의 얘기에 귀기울이면 우리 인간이 지금 이대로 사는 모습에 대해 성찰하게 만듭니다. 인류 문명을 바탕으로 하는 경제 성장 중심의 문화에 대해 반성할 점이 있음을 체감하게 만듭니다. 과연 무엇이 진정 잘 먹고 잘사는 것인지 전환적 생각을 가지게 만듭니다. 삶의 질을 높이려면 대안적 선택이 반드시 있어야겠다는 생각을 가지게 합니다. 그의 『유러피안 드림』이라는 책을 보면, 아메리칸 드

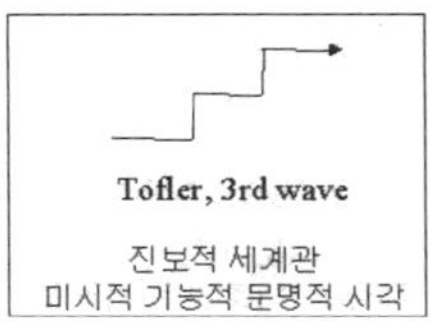

림은 서부 개척시대의 사고방식에 젖은 낡은 꿈으로 봅니다. 개인의 자유보다 공동체 내의 관계, 동화보다는 문화적 다양성, 부의 축적보다 삶의 질, 무제한적 발전보다 지속가능한 개발, 재산권보다 보편적 인권과 자연의 권리, 일방적 무력행사보다 다원적 협력을 강조하는 유러피안의 꿈이 필요하다고 주장합니다.

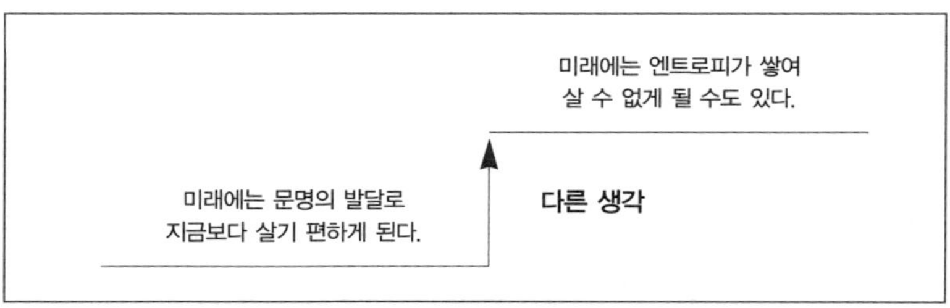

## 문화에 대한 사고의 전환

- 북아메리카 인디언들은 아무런 찬란한 문명이 없었다.
  **북아메리카 인디언들은 매우 훌륭한 문화를 보유했었다.**
- 문명적 도구가 있어야 편한 문화생활을 할 수 있다.
  **문화적 사고가 있어야 좋은 문화생활을 할 수 있다.**
- 젊은 문화와 늙은 문화는 나이로 구분된다.
  **좋은 문화와 나쁜 문화는 사고로 구분된다.**
- 잘사는 나라는 경제 수준이 높은 경제강국이다.
  **잘사는 나라는 좋은 문화를 가진 문화민국이다.**
- 돈 많은 부자가 되어야 삶의 질을 높일 수 있다.
  **소박한 생각을 가져야 삶의 질을 높일 수 있다.**
- 좋은 문화생활을 즐기려면 지갑의 여유가 있어야 한다.
  **좋은 문화생활을 즐기려면 마음의 여유가 있어야 한다.**
- 좋은 문화를 가지려면 신식으로 개발해야 한다.
  **좋은 문화를 가지려면 미감을 살펴 보존해야 한다.**
- 국민소득이 높으면 잘사는 문화를 가지게 된다.
  **행복 체감이 좋으면 잘사는 문화를 가지게 된다.**
- 이제는 세계화 시대로 세계를 균등하게 보아야 한다.
  **언제나 국제화 시대로 세계를 다양하게 보아야 한다.**
- 미래에는 문명의 발달로 지금보다 살기 편하게 된다.
  **미래에는 엔트로피가 쌓여 살 수 없게 될 수도 있다.**

패러다임 사고학
뻔한 생각을 넘는 다른 생각

# 경제

## Economy

잘살기 위해서는 경제가 중요합니다.
경제란 돈과 직결되는 문제입니다.
세상은 온통 경제입니다. 사람들은 돈을 가장 좋아합니다.
모두들 돈을 벌려고 열심히 삽니다.
이렇게 중요한 경제에 대해 더 거시적이며
본질적인 생각을 하려고 합니다.

## 경제에 대해 이렇게 생각하세요?

1. 경제 규모가 커지면 당연히 잘사는 나라가 된다.

2. 경제 규모는 생산액을 더한 GDP로 계산될 수 있다.

3. 경제학은 수학적 그래프로 하는 정교한 학문이다.

4. 경제학 지식으로 개별 경제 수치를 예측할 수 있다 .

5. 어떤 조건이 주어지면 분명한 결과를 알 수 있다.

6. 질서만 완벽하다면 이 세상은 잘 돌아갈 수 있다.

7. 거시 경제학이란 나라 경제 전체를 따지는 경제학이다.

8. 경제학에 대한 지식은 세상 보는 시각을 넓힌다.

9. 두 나라 간에 자유무역을 하면 두 나라 경제에 도움이 된다.

10. 이제 이념은 사라져 경제라는 실리만을 추구한다.

81

# 경제가 성장했다고?

## 이쪽 이야기

예전에 초등학교 동창 모임에 갔다가 두 여자 친구가 서로들 하는 시어머니 험담을 들을 기회가 있었습니다. 그 이야기를 듣다보니 참으로 두 시어머니들은 못된 할머니였습니다. 그런데 제가 만일 두 시어머니를 만나 며느리에 대해 하는 이야기를 듣는다면 어떻게 될까요? 아마 두 며느리들은 못된 아녀자가 되지 않을까요? 이쪽 말을 들으면, 이 말이 진짜 같고, 저쪽 말을 들으면 저 말이 진짜 같으니까요. 적어도 양쪽의 이야기를 들어보아야 사태를 제대로 짐작할 수 있습니다. 자유무역협정인 FTA에 대한 언론기사도 그런 시어머니와 며느리 이야기 같은 게 아닐까 생각합니다. 한쪽은 이렇게 이야기합니다. 1인당 국민소득 3만 불로 가려면 자유무역협정이 어서 통과되어야 한다고 어떤 신문기사는 강하게 주장합니다. 멕시코가 1994년 이래 발효된 자유무역협정 이후로 미국과 멕시코가 강한 유대관계를 가지게 되어 멕시코 경제가 되살아났다고 하더군요. 우리나라도 자유무역협정으로 외국인 국내

투자에 따른 부수 효과로 인해 국내총생산액인 GDP가 늘며 경제 규모가 성장할 것이라고 전망하였습니다.

### 저쪽 이야기

그런데 또 다른 쪽에선 이렇게 이야기합니다. 어떤 신문에서 보니까 멕시코 사람들이 자유무역협정에 반대하는 시위를 하더군요. 멕시코는 미국과의 자유교역으로 미국제품의 생산 공장이 멕시코로 들어오게 되어 멕시코의 수출품도 1차 산업에서 2차 산업의 제조 상품으로 바뀌게 되니 수출도 늘고 실업률도 줄며, 미국의 상품 · 자본 · 문화가 아무런 장벽없이 자유롭게 들어오게 되어 소비와 생산이 늘게 되니 당연히 경제는 성장했습니다. 하지만 멕시코의 경제 규모가 성장한다고 하여 멕시코 사람이 잘살게 되었을까요? 아닌 측면도 무시할 수 없습니다. 농사짓던 사람들까지 하던 일을 버리고 공장에서 일하게 되고, 경제 규모가 커짐에 따라 도시는 비대하게 팽창되어 도시 문제는 심각하게 되었습니다. 또한 미국제품의 소비가 늘어나게 됨에 따라 많은 멕시코의 지역 상권은 몰락하였으며, 빈부 격차가 커지고, 미국 없이 살 수 없게 되었습니다. 한마디로 전체적인 경제 규모는 커졌지만, 부분적 경제 단위들은 피폐해졌습니다. 자유무역협정에 따른 황홀한 보랏빛 전망이 암울한 회색빛 문제도 같이 가져온 것이지요.

## 이쪽 저쪽 관점

그렇다면 이쪽 신문의 기사와 저쪽 신문의 기사는 공정하고 진실할까요? 한쪽 면만이 아닌 다른 쪽 면도 함께 넓게 생각해야 온전하지요. 양쪽의 관점에서 본다면 FTA를 찬성하는 신문기사의 주장은 편파적 주장일 수 있습니다. 적어도 공정하고(fair) 진실해야(true) 할 신문이라면 하나의 면이 아니라 다른 면도 함께 다루어야 했습니다. 마찬가지로 FTA에 대한 극한적인 문제점만 보도하는 것도 선정적일 수 있습니다. 며느리와 시어머니 싸움에 있어서 두 당사자 말을 다 들어야 하듯이, FTA에 대해서도 찬성과 반대의 입장을 모두 보아 균형적 관점을 취하는 것이 순리이지요. FTA 찬성론자들이 주장하는 GDP 성장이란 무엇일까요? 한 나라의 경제규모를 가늠질 하는 대표적 기준은 GNP(Gross National Products)였는데, 언제부터인가 갑자기 GDP(Gross Domestic Products)라는 말을 더 많이 쓰기 시작했습니다. 그 속에는 강대국의 세계화 논리가 숨어 있습니다. GNP로 따지면 미국 기업이 우리나라에 들어와서 이룬 국내생산액이 계산되지 않지만, GDP로 따지면 미국 기업의 국내생산액이 계산되어 경제 규모는 성장한 것으로 나타납니다. 미국 입장에서 교역 상대국에게 생색내기 좋은 것이 GDP입니다. 이런 GDP가 성장하고 1인당 국민소득이 몇만 불이 된다고 한들 과연 지금보다 잘사는 나라가 될까요? FTA에 따른 경제성장의 이면적 문제까지도 생각하는 것이 참 경제이지요. 경제가 진정 지속

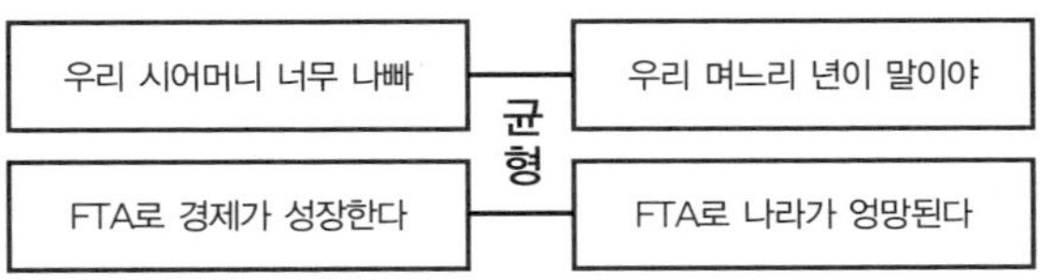

적으로 잘 먹고 잘 살기 위한 것을 따지는 것이라면! 또 무턱대고 반대하는 것도 곤란하지요. 열 것은 분명히 열고, 막을 것은 확실히 막아야 하겠지요. 이쪽 저쪽의 균형적 관점에 서야 올바른 판단이 서는 법! 그것이 중용의 지혜이겠지요.

경제 규모가 커지면
당연히 잘사는 나라가 된다.

**다른 생각**

경제 규모가 커지면
분명히 커다란 문제도 생긴다.

82

# 생산액을 더한다고?

## 멍청한 단일 기준치

영국의 아담 스미스(Adam Smith)는 경제학의 아버지로 일컬어집니다. 그가 1776년에 출판한 『국부론』은 그 당시 절대적 · 지배적 경제 사상이었던 중상(重商)주의를 허물고 자유주의라는 새로운 패러다임을 제시했습니다. 스미스는 한 나라의 부는 금과 은의 보유량이 아니라 국민이 해마다 소비하는 생산량에 따른다고 했습니다. 즉 생산과 소비활동이 많아지면 부자 나라가 된다는 뜻이죠. 규제가 아니라 자유롭게 내버려두면 보이지 않는 손(invisible hand)에 의해서 스스로 그렇게 된다고 하였습니다. 요즘의 신자유주의란 결국 그러한 자유주의 경제정책을 만든 아담 스미스의 사상 및 정책으로 돌아가자는 것이지요. 또 요즘 GNP든 GDP와 같은 경제 규모로 얼마나 잘사는 나라인지를 따지는 것은 모두 아담 스미스와 같은 사고의 연장입니다. 하지만 GNP나 GDP는 생산액을 합하기만 할 뿐 빼는 것을 전혀 모르는 무심한 기준치입니다. 전쟁이 나서 폭탄을 만드는 것도, 산을 깎아 공장을 만드는 것도, 질병이나 사고가 많아져 병원 수입이 늘어나는 것도 생산액에 계산됩니다. 하지만 폭탄이 사람들에게 주는 고통과 산을 깎음으로 생기는 생태 파괴나 질병이나 사고로 인한 마이너스는 계산되지 않습니다. 하물며 삼풍백화점이나 성수대교가 무너져 새로운 건물이나 다리를 만드는 것도 생산액으로 플러스되어 GNP나 GDP 수치를 올립니다.

## 현명한 진짜 기준치

GNP나 GDP의 이런 문제점을 알고 있는 사람들은 현명한 복합 기준치를 심각하게 생각하였습니다. 바로 GPI(Genuine Progress Indicator)입니다. '진짜 발전 지표' 라고 번역해도 될까요? 이 GPI 계산을 위해서, GNP나 GDP에서 무시하거나, 아니면 실제 내용과 정반대로 성장의 플러스 요인으로 계산하고 있는 경제 활동의 약 20가지 측면을 새롭게 봅니다. 즉 GPI는 단지 생산액을 합하는 것만이 아니라 생산함으로써 생기는 천연 자연의 고갈이나 생태 파괴 및 환경오염을 비용 측면으로 계산합니다. 또 국가적 부의 큰 몫이 가난한 사람들에게 할애될 때 GPI는 올라가고 그렇지 않을 때 내려갑니다. GNP나 GDP는 잘 망가져서 오래 쓸 수 없는 제품도 생산액에 계산되지만, GPI는 오랜 동안 쓸 수 있는 내구성 제품에 대한 이윤을 플러스로 계산합니다. GPI는 자동차 사고로 인한 의료비 지출이나 범죄 발생으로 인한 경찰 인원 증대는 서비스 생산액으로 계산되지 않고 방어적 지출 비용으로 계산됩니다. GNP나 GDP는 실업률을 마이

너스로 계산하지 않지만 GPI에서는 비용으로 계산합니다. GPI는 외국 자본의 도입을 한 국가의 자급자족 능력과 자생력에 대한 감소 요인으로 간주합니다.

## 국민 총행복 지표

GPI를 알고나면 GNP와 GDP가 얼마나 거품이 잔뜩 낀 허울적 합계 수치인지 실감할 수 있습니다. 우리는 GPI의 시각으로 볼 때 우리 경제의 실상을 좀 더 정확하게 파악할 수 있습니다. 이 GPI는 생각만 좋은 이상적인 지표가 아니라 현실적인 진짜 발전 가늠치입니다. 우리나라 중앙은행인 한국은행과 경제학자들, 그리고 경제신문 기자들은 GNP나 GDP만이 아니라 이런 실질적인 GPI를 계산해야 합니다. 그 GPI를 인구수로 나누어, 일 인당 국민소득이 2만 달러가 넘을 때 우리는 진짜로 잘사는 나라로 축배를 들 수 있습니다. 이게 너무 이상적이라구요? 진짜 실천하는 나라가 있습니다. 히말라야 산맥에 위치한 부탄 왕국! 이 나라는 GNH(Gross National Happiness)인 국민총행복에 치중합니다. 부탄의 1인당 국민소득은 1,400 달러에 지나지 않습니다. 그러나 이 나라는 경제 성장이 행복을 보장하는 것은 아니라는 입장을 고수합니다. 대신에 국민 총행복(GNH)의 바탕이 되는 네 가지 중심 축에 초점을 맞추고 있지요. 강대국의 지원 없는 경제적 자립, 생태 자연환경 보전, 자국 문화의 보존, 민주주의 제도에 따른 통치! 그래서 부탄 사람들은 자기네가 세계에서 가장 행복하게 살고 있다고 자처합니다. 경제 규모는 우리보다 형편없이 떨어지지만, 그들의 행복 체감은 하염없이 좋다고 합니다. 부탄에 가서 그들보다 잘산다고 말했다가는 반박당할 게 뻔할 것 같군요.

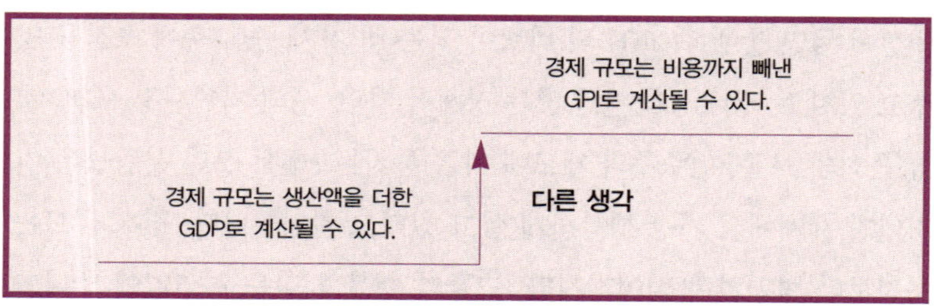

83

# 경제학이 정교하다고?

## 정교한 경제학

중학교 교과서에 나올 정도로 경제학에 대한 가장 기초적인 내용은 수요와 공급곡선입니다. 시장에서의 공급량 또는 수요량이 X축이고 가격이 Y축일 때, 가격이 오르면 공급량이 올라가고, 가격이 내리면 공급량도 내려가므로 공급곡선은 ↗자형으로 그려집니다. 하지만 가격이 오르면 수요량이 내려가고, 가격이 내리면 수요량이 올라가므로 수요곡선은 ↘자형으로 그려집니다. 그래서 ↗자형의 공급곡선과 ↘ 자형의 수요곡선이 만나는 교차점의 X축 한 점에서 수요 또는 공급량이 정해지며, 교차점의 Y축 한 점서 가격이 정해집니다. 참으로 경제학은 정교합니다. 시장에서 공

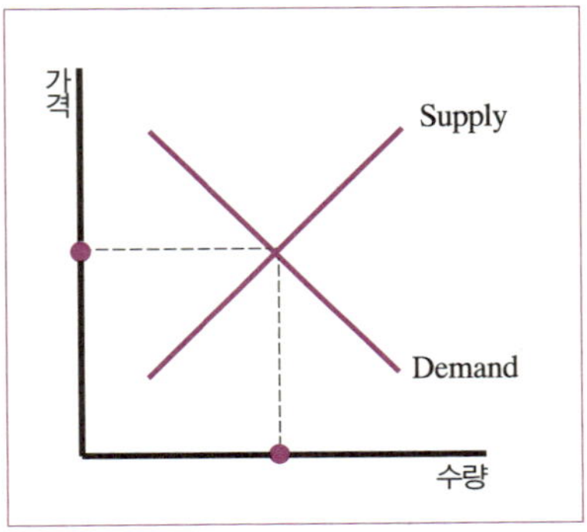

급 · 수요량과 시장 가격이 어떻게 정해지는지 하나의 수학적 그래프로 멋지게 설명하니까요. 만일 대학에 들어가 경제학 개론과 같은 기초과목을 듣게 되면 이런 수요 · 공급곡선보다 더 정교한 수학적 그래프들을 만날 수 있습니다. 무차별곡선, 등량곡선, 등비용곡선, 생산가능곡선, 한계효용곡선 등 수많은 경제 현상에 대하여 칼처럼 정교한 수학 그래프로 명쾌하게 설명하는 경제학은 매력적으로 보입니다.

## 비현실 경제학

하지만 이런 경제학 그래프들은 현실에서의 경제 현상을 설명하지 못합니다. 왜냐하면 그런 그래프들은 '다른 모든 조건이 일정하다면' 그렇게 된다고 가정하기 때문입니다. 가령 어떤 대단한 명품이 시장에 나온다면 아무리 가격이 높다고 하더라도 수요량은 올라갈 수 있습니다. 하지만 수요 · 공급곡선은 이런 모든 예외의 상황을 차단하고 오로지 가격이라는 단일 조건만 변동하고, '다른 모든 조건이 일정하다면' 그런 곡선이 멋지게 그려진다는 것입니다. 이들 경제학은 경제현상을 현실적으로 설명하기 위한 것이 아니라 수학적으로 정교한 곡선 그래프를 그리기 위한 경제학입니다. 이들 경제학자들은 이익을 추구하는 합리적 경제인이 존재하는 세상에서 미적분학과 수학곡선으로 정교하게 표현되는 경제의 세계를 그렸습니다. 이들이 보는 세상은 아주 균형잡힌 완전한 세계였습니다. 아니 자신들의 경제 이론을 위하여 그런 세상이길 바랬습니다. 그래서 그러한 완전무결한 세계에서 수학적으로 묘사되는 정확성에 도전하여 비현실적 전제 하에 경제 이론을 정교하게 갈고 닦았습니다. 그래서 정교한 작품들을 양산하여 경제학을 점령하였습니다.

## 복잡계 경제학

이런 경제학을 신고전파 경제학이라고 합니다. 지금 우리가 중고등학교나 대학에서 공부하는 경제학은 대개 이 신고전파 경제학을 기반으로 하고 있습니다. 아담 스미스의 뒤를 다시 잇는다는 의미의 이 신고전파 경제학은 경제학에 있어서 하나의 부류이지만, 우리는 그것을 정통 경제학의 주류나 본류로 이해하는 경향이 있습니다. 하지만 그것은 신고전파 경제학자들이 만들어낸 한 부분의 이론 지식입니다. 신고전파 경제학자들이 그린 그래프들은 매우 정교해 보이지만 또한 비현실적인 면이 있는 그림입니다. ① 다른 모든 조건이 일정하다면, ② 완전 경쟁일 경우, ③ 합리적 계산만 하는 경제인이라는 지극히 초현실 상황에서 이런 그래프가 정확하게 그려진다는 것이니까요. 세상 어디를 가도 그런 세상은 없습니다. 천국에나 있을까요? 현실에서는 수많은 다른 모든 조건을 생각하지 않을 수 없으며, 완전 경쟁일 경우는 불가능하며, 인간은 합리적 계산만이 아니라 주관적 감정을 가지기 판단합니다. 그러므로 경제를 이해한다는 것은 단순히 그래프들을 지식적으로 안다고 되는 것이 아닙니다. 그래프들 너머의 다양한 요인들에 대한 복합적 안목이 필요합니다. 복합적인 안목을 가지려면 이제 복잡계 개념에 대한 전반적 · 총체적 · 통합적 이해가 필요합니다. 그래서 경제학은 복잡계 경제학이어야 합니다.

경제학은 수학적 그래프 너머의
복합적 학문이다.

**다른 생각**

경제학은 수학적 그래프로 하는
정교한 학문이다.

84

# 예측이 가능하다고?

## 인과관계가 분명한 경제

사람들이 모이면 요즘 경기가 좋다 안 좋다 하며 얘기를 많이 합니다. 그렇다면 무엇이 경기가 좋고 안 좋은 것인가요? 사실 경기에 대한 체감은 사람들마다 다를 수 있습니다. 또 경기라는 표현은 경제현상을 한 마디로 말하는 단어이지만 경기가 좋다 나쁘다는 것을 한 마디로 표현하기가 어렵습니다. 왜냐하면 경기는 실로 여러 다양한 요인들이 어우러져 나타나는 복잡계이기 때문입니다. 주식 가격, 부동산 가격, 금리, 물가, 환율, 수출 · 수입액, 임금 수준, 실업률, 통화량, 세율 등이 복합적인 상호관계로 작용하여 그것은 경기라는 총체적인 경제현상으로 나타납니다. 이 중 경기에 대해 직접적 영향력을 행사할 수 있는 정부기관인 한국은행의 주요 수단 방법은 무엇일까요? 바로 금리와 통화량입니다. 물가가 오를 것 같으면 시중에 흐르는 돈의 양인 통화량을 줄이기 위해 은행 대출을 억제한다든지 시중의 돈을 은행으로 끌어들이기 위하여 금리인상 정책을 쓰기도 합니다. 그래서 경제 현상은 하나가 오르거나 내리면 그 영향으로 다른 하나가 오르거나 내리는 것으로 이해될 수 있습니다.

## 불확실한 복잡한 경제

하지만 경제는 그게 그렇게 순진하게 돌아가지 않습니다. 그리고 그렇게 돌아가는 것에 대해 사람마다 생각이 같지 않습니다. 가령 정부의 상속세 폐지 정책에 대해 경제학자마다 의견이 다를 수 있습니다. 맨큐라는 경제학자는 인간에게 불공평한 상속세 폐지를 주장합니다. 그는 가진 재산을 실컷 다 쓰면서 죽은 사람과 돈을 알뜰히 저축하여 자식에게 물려주는 사람을 비교합니다. 전자는 돈을 마음대로 다 써버려 상속세를 한 푼도 내지 않지만 후자는 상속세를 어김없이 내야 합니다. 그래서 상속세 제도는 후자보다 전자에게 유리한 제도라고 하면서 상속세 폐지를 주장하는 것이지요. 이에 반해 크루그먼이라는 경제학자는 상속세 폐지는 부자들의 배만 불릴 뿐이며 국가 재정의 파탄과 경제 침체를 불러 온다고 경고합니다. 완전히 반대되는 주장이지요. 또 가장 만만한 경제정책 수단인 금리에 대해서도 올려야 되느니, 내려야 되느니 하며 경제 전문가들의 전망과 정책 주문이 엇갈리게 되는 게 다반사입니다. 경제 안팎에 깔린 복잡한 불확실성 때문입니다. 결국 똑같은 문제의 해법을 놓고 한국은행 총재의 의견과 재정경제부장관의 의견이 완전히 상반될 수 있습니다. 우리만 그런 게 아니라, 경제문제에 대해서는 어디나 다 마찬가지입니다. 다만 그럴 것이라는 저마다의 생각이 사람마다 모두에게 있을 뿐입니다.

## 전체를 보아야 할 경제

미국의 경제대통령이라고 일컬어지는 연방준비제도이사회(FRB, Federal Reserve Board) 의장이었던 그린스펀은 그린스펀 효과(Greenspan Effect)라는 용어를 만들 만큼 경제에 절대적 영향을 미쳤습니다. 그렇다면 그린스펀은 경제 족집게였냐 하면, 오히려 정반대로, 그는 모호성을 즐겼습니다. 애매모호한 발언에 귀기울여 듣는 사람 나름대로 해석을 하였다지요. 그만큼 경제는 예측불가능합니다. 예측이 불가능하다고 함은 경기가 좋아지는 별 확실한 방법이 없다는 뜻입니다. 그래프가 즐비한 경제학 책에 있을 것 같지만…… 있다면 사람들마다의 머릿속에 주관적 의견만이 있을 뿐입니다. 개구리 튀는 방향은 아무도 모른다는 것인데, 경제가 움직이는 것은 그 이상입니다. 경제란 개구리 속보다 더 복잡한 복잡계이니까요. 예전에 영국에서 4살짜리 아이와 점술가, 그리고 주식투자 전문가가 주식투자 게임을 한 적이 있었습니다. 4살짜리 아이가 1등을 하였다죠. 이는 뭘 뜻하나요? 아무리 주식 전문가, 또는 경제 전문가라고 하더라도 하나의 단순 경기지표에 불과한 주가를 정확하게 예측할 수 없다는 뜻입니다. 다만 경제학 지식으로 인간이 할 수 있는 일은 주식가격 예측같은 개별적 경제수치들이 아니라 전체적 경기동향 전망입니다. 전망! 말 그대로 그냥 보는 것이지요. 이것도 확실한 장담이 아니라 그럴 전

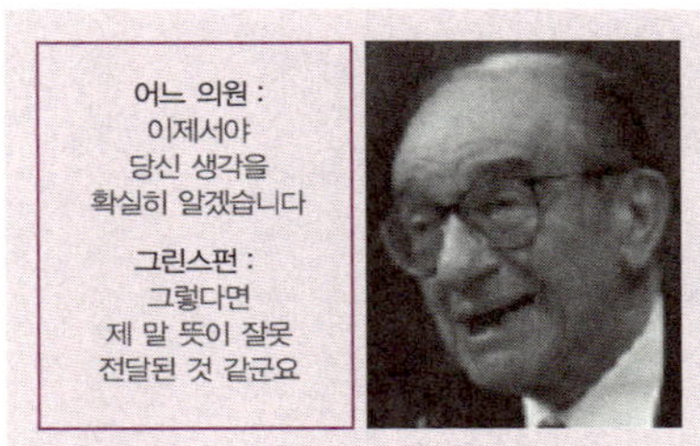

망을 보일 확률이 얼마나 될 것이라고 감히 조심스럽게 보는 정도이지요.

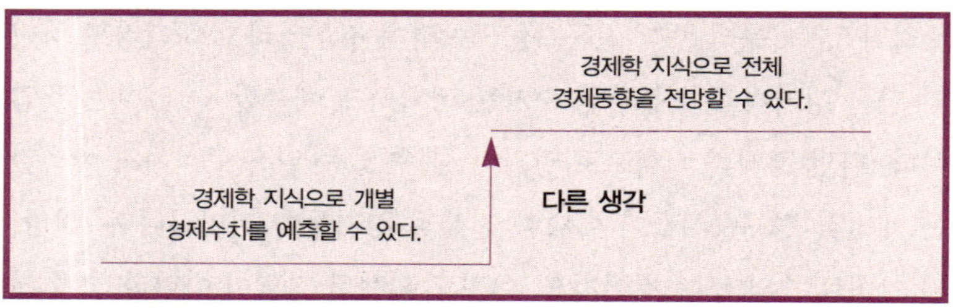

85

# 결과를 알 수 있다고?

## 단순한 경제

1929년 10월 24일 목요일, 주가 대폭락! 미국은 대공황을 맞이했습니다. 경제적 인간이 합리적으로 행동한다고 생각했던 신고전파 경제학의 완전한 세계에서 대공황은 일어날 수 없는 일이었죠. 하지만 신고전파 경제학자들이 조상으로 삼았던 아담 스미스의 '보이지 않는 손'은 힘을 쓰지 못했습니다. 이때 케인즈(J. M. Keynes)가 혜성처럼 나타납니다. 그는 『고용, 이자와 화폐에 관한 일반 이론』이라는 고루한 제목의 책에서 대공황에 대한 신선한 처방을 내놓습니다. 이는 보이지 않는 손에 의한 자유로운 시장경제의 사망을 선고하며, 적극적인 정부 개입의 팡파레를 울렸습니다. 즉 정부가 빚을 얻어서라도 투자를 늘리라는 것이죠. 정부 투자는 가계 소득이 되어 소비자 구매력을 증대시키며 기업 투자를 유발할 것이라고 보았죠. 정부 투자의 승수효과에 따라…… 이를 수용한 루스벨트 대통령은 테네시강 개발 등 굵직한 정부 사업을 벌이며 정부 투자를 증대하여 대공황의 늪에서 빠져 나왔답니다. 이후 경제학의 주류는 케인즈학파(Keynesian)가 완전 장악한다는 흐름은 경제 원론에 나오는 누구나 다 아는 내용입니다.

## 혼돈의 경제

하지만 정부 투자로 미국은 대공황의 늪에서 빠져 나왔을까요? 경제는 그렇게 'Y=fX'와 같은 인과적 결정론으로 움직일까요? 경제 현실은 정확한 기계적 구조로 하나의 직접적 요인이 하나의 분명한 결과를 가져온다는 기계적 결정론이 절대적으로 작용하기보다, 모호한 유기적 시스템으로 다양한 요인들이 얽키고설킨 혼돈(chaos) 상황이 어떤 알 수 없는 결과를 나타낼 수 있다는 확률론적 창발론이 상대적으로 작용합니다. 미국이 대공황에서 빠져나와 강대국으로 클 수 있었던 것은 케인즈가 제안한 정부 투자의 약발이 먹혀서라기보다 그 당시의 복합적인 혼돈 상황에서 뭔가가 유리하게 작용했기 때문일지 모릅니다. 기계적 세계에서는 어떤 가장 커다란 요인 하나가 결과에 가장 결정적 영향을 미치지만, 복잡계 세계에서는 먼지와 같은 사소한 요인 하나가 파생적 영향을 주어 결과를 좌우할지도 모른다고 봅니다. 이를 나비효과라고 하지요. 가령 역사에 기록되지도 못한 어떤 마을에서의 작은 사건이 마을 사람들을 요동케 하여 미국 사회에 전체적인 바람을 일으키게 되었던 것일지도 모릅니다. 그런 상황에서 2차대전이 일어났고, 어떤 사소한 뭔가가 기화가 되어 전쟁에서 승리하게 되어 미국이 대공황을 빠져나와 세계 경제의 패권국가로 부상하게 되었을지도 모릅니다. 나비의 날갯짓이 태풍이 된다는 말처럼 사소한 것이 역사를 만들 수 있죠.

우리 인생도 〈슬라이딩 도어스〉라는 영화에서 보듯 단 1초 차이로 출입문을 통과하느냐 마느냐에 따라 180도 바뀌는 삶일 수 있지요.

## 복잡계 경제

경제는 일원론적 단순계가 아니라 다원론적 복잡계의 작용입니다. 경제 현상을 안목있게 보려면 수학적 그래프나 방정식보다는 복잡계 경제의 개념을 제대로 이해해야 합니다. 현대물리학은 단순계에서 복잡계로 패러다임이 달라지고 있습니다. 어떤 조건이 주어지면 다음에 생기는 결과를 분명히 계산해서 알 수 있다는 뉴턴(Isaac Newton)의 기계론적 패러다임은 오래된 사고방식입니다. 인간의 측정 행위 자체가 측정치를 변화시키므로 측정 대상을 측정할 수 없다는 불확정성의 원리, 진리라고 보는 참 명제를 증명할 수 없다는 불완전성의 원리, 빛이 파동일 수도 있고 입자일수도 있다고 보는 양자역학! 이는 20세기초 현대 물리학의 새로운 세계관이었으며, 복잡계 물리학의 기반이 됩니다. 어떤 무질서한 혼돈 상황이 극한까지 찰 때 그 혼돈의 가장자리에서 하나의 생명체인 질서가 창발하지 모른다는 것이 복잡계 생물학입니다. 현대 경제학도 복잡계를 생각합니다. 하나의 조건이 다른 하나에 어떤 영향을 줄 것인지 결과 값을 예측할 수 있다고 보는 신고전파나 케인즈의 경제학은 기계적 사고

우리 인생도
종잡을 수 없는 복잡계

방식입니다. 혼돈으로 가득 찬 복잡계에서 수많은 요소의 상호작용에 의해 이럴 수도 저럴 수도 있는 커다란 그림을 이해하려는 것이 복잡계 경제학이라는 새로운 사고방식입니다.

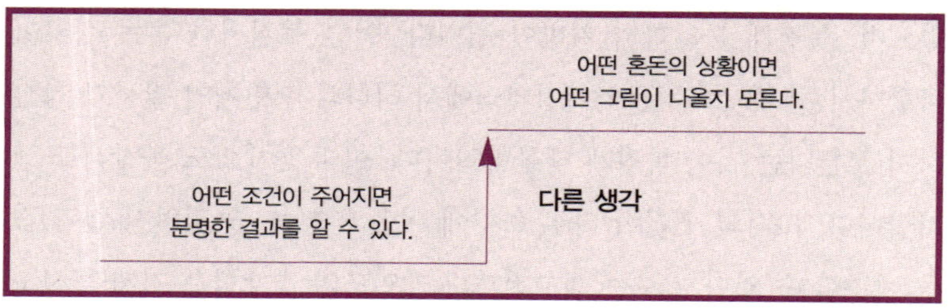

86

# 질서있게 움직인다고?

## 공산주의적 사고방식

국민의 이목이 집중된 축구경기가 열리면, 축구장에는 국내 모든 신문사의 기자들이 벌떼처럼 몰려들어 보다 생생한 사진과 기사를 찍고 쓰느라 경쟁이 치열합니다. 자본주의 사회에서는 이런 식의 경쟁이 일상적으로 일어납니다. 그런데 무엇 때문에 쓸데없이 그렇게 많은 신문사와 기자들이 경쟁적으로 제각각 사진을 찍고 기사를 쓸까요? 즉 하나의 신문사에서 파견된 한 명의 기자가 찍은 사진과 기사를 하나의 신문에 게재하면 국가 자원의 경제적 이용 측면에 있어서 낭비를 줄이기 때문에 훨씬 더 효율적일 텐데. 희소한 자원을 가지고 어떤 재화와 용역을 생산하는데 사용할 것인지 선택하는 것이 경제라면 이런 신문사와 기자들의 모습은 너무 비경제적이 아닌가요? 이렇듯 자원과 수요를 파악하여 이에 맞추어 무엇을 얼마나 생산할지 면밀한 계획을 세워 일괄적으로 생산하자는 지극히 경제적 생각이 공산주의 사고방식입니다. 공산주의적 사고로는 신문사만이 아니라 비료

공장, 두부공장, 철강공장 등을 두고 전체적 계획에 의해 일사불란하게 경제적으로 생산활동을 할 수 있다고 생각합니다. 자본주의가 치열한 시장 경쟁을 기반으로 한다면, 공산주의는 엄밀한 당의 계획을 기반으로 합니다.

## 공산주의와 자본주의

공산주의와 자본주의는 경제 용어입니다. 가계가 수요 측면에서 소비 활동을 하며, 기업은 공급 측면에서 생산 활동을 하는데 있어서, 자유로운 시장 경쟁에 의한 경제체제를 자본주의라고 하며, 당의 일괄적인 계획에 의한 경제체제를 공산주의라고 합니다. 이러한 공산주의와 자본주의라는 경제 용어와 달리 사회주의와 자유주의는 이념 용어입니다. 공산주의라는 경제체제는 사회주의가 추구하는 평등과 분배의 이념을 채택합니다. 반면에 자본주의는 자유주의가 추구하는 경쟁과 사유의 이념을 채택합니다. 이러한 공산주의와 자본주의라는 경제 용어, 그리고 사회주의와 자유주의라는 이념 용어와 달리 전제주의와 민주주의는 정치 용어입니다. 힘을 추구하는 것이 정치라고 할 때, 스탈린, 히틀러처럼 집권자의 독재적 힘이 사회 전체에 작용하는 것을 전제주의라고 하며, 다수 국민의 힘이 사회 전체에 작용하는 것을 민주주의라고 합니다. 이처럼 공산주의 경제체제는 사회주의 이념과 전제주의 정치체제와 같이 움직이며, 자본주의 경제체제는 자유주의 이념과 민주주의 정치체제와 같이 움직입니다. 전 지금 무엇이 더 좋은 체제인지 따지는 것이 아니라 공통되는 문제가 무엇인지 말하려고 합니다.

## 질서 유지보다 혼돈 감당

1991년에 소련이 해체되었을 때 자유라는 자유주의 이념을 추구하는 자본주의는 평등이라는 사회주의 이념을 추구하는 공산주의에 승리했다고 했습니다. 그렇다면 공산주의 · 사회주의 · 전체주의 몰락의 원인은 무엇일까요? 공산주의 사회가 인민들끼리 민주적으로 운영되지 않고, 『동물농장』에 나오는 몇몇 돼지들처럼 간부끼리 전체적인 권력을 가지고 독재적으로 운용되었기 때문일까요? 더 근본적인 원인이 있습니다. 공산주의 사회는 복잡계의 숨겨진 관계(hidden connections)를 무시하고 전체적 권력을 가진 독재자의 계획에 의해 오로지 한 방향으로만 몰아갔기 때문에 그 완벽을 추구하려던 통치적 질서가 복잡계의 혼돈을 감당하지 못해서 망했습니다. 자본주의 사회도 세상이 복잡계의 하나라는 엄연한 사실을 무시하고 경제 중심의 개발 · 성장 · 이윤 위주의 욕심으로만 일관했다간 그 단순한 경제적 질서가 복잡계의 혼돈을 감당하지 못하고 망할 겁니다. 마르크스(Karl Marx)는 자본주의가 생산과 계급의 모순 때문에 망한다고 했지만, 슘페터(Joseph Schumpeter)는 자본주의의 성공 때문에 자본주의의

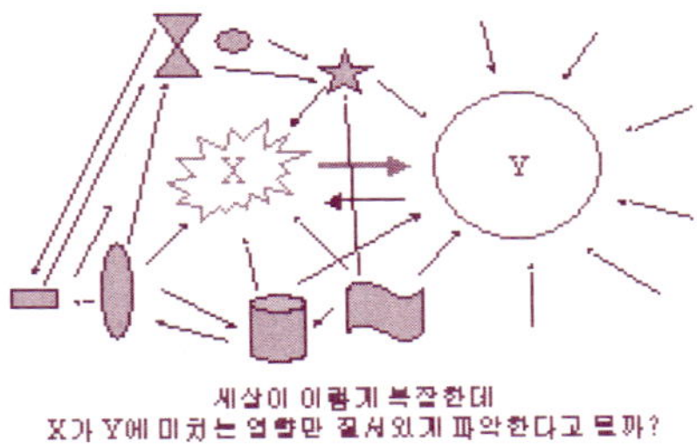

가 망할 것으로 보았습니다. 공산주의가 계획 기능을 맹신했다면, 자본주의는 시장경제를 맹신할 수 있습니다. '보이지 않는 손' 이라는 경제 질서가 이 복잡계 세상을 능히 감당할 수 있다는 생각은 조금 더 심사숙고할 필요가 있습니다.

혼돈을 감당한다면
이 세상은 잘 돌아가게 된다.

질서만 완벽하다면
이 세상은 잘 돌아갈 수 있다.

**다른 생각**

87

# 거시 경제학이라고?

## 경제학의 개념

경제란 가장 쉽게 말하자면 잘 먹고 잘살기 위한 활동입니다. 그런데 경제학 교과서에 따르면 한정된 자원의 분배를 통해 부(wealth)를 증대시키는 것이라고 합니다. 여기서 희소한 자원이란 무엇일까요? 중학생 수준의 상식에 의하면 토지 · 노동 · 자본이라는 생산의 3요소입니다. 인간이 생산의 3요소라는 한정된 자원을 통해 생산활동을 하고, 생산된 재화나 서비스에 대해 소비활동을 하는 것이 바로 경제활동입니다. 이런 경제활동을 연구하는 사회과학인 경제학은 미시 경제학과 거시 경제학으로 나뉩니다. 미시 경제학은 가계와 기업의 부를 증대하기 위해 어떻게 의사결정을 내리며 이들이 시장에서 어떻게 상호작용하는가를 연구하는 분야입니다. 한 예로 한계효용 이론은 미시 경제학에 속합니다. 거시 경제학은 나라 경제 전체의 부를 증대하기 위하여 어떤 정책 결정을 내리며 통화량, 국민소득, 실업률, 인플레이션 등 여러 요인들이 어떻게 상호작용하는가를 연구하는 분야입니다. 앞서 거론한 케인즈의 경제학은 대표적인 거시 경제학입니다.

## 생산가능 곡선

거시 경제학에 속하는 그래프 하나를 소개해 볼까요? 하나의 예로 생산가능 곡선의 수학적 설명은 빼고 뼈대만 설명하면 그림과 같습니다. 한 나라가 쌀과 자동차라는 두 가지 재화만을 생산한다고 했을 때 토지 · 노동 · 자본이라는 한정된 자원을 가지고 모두 쌀을 생산할 수도 있고, 또는 모두 자동차를 생산할 수도 있습니다. 과거에는 A점에서 쌀과 자동차의 생산량이 이루졌으나 현재는 생산기술이 발달하여 B와 C의 점에서 생산량을 결정할 수 있다고 봅시다. B는 자동차를 좀 더 많이 생산하는 점이며, C는 쌀을 좀 더 많이 생산하는 점입니다. D는 혁신적인 생산기술이 개발되어 쌀과 자동차의 생산량이 훨씬 더 많이 증대되는 점입니다. 우리는 흔히 이것을 경제성장이라고 합니다.

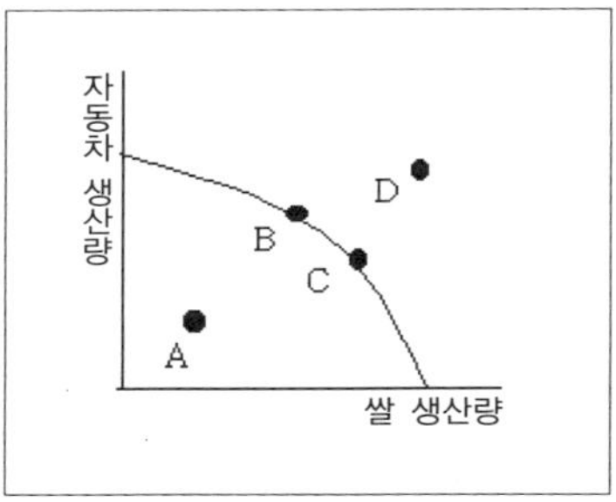

## 생태교환 곡선

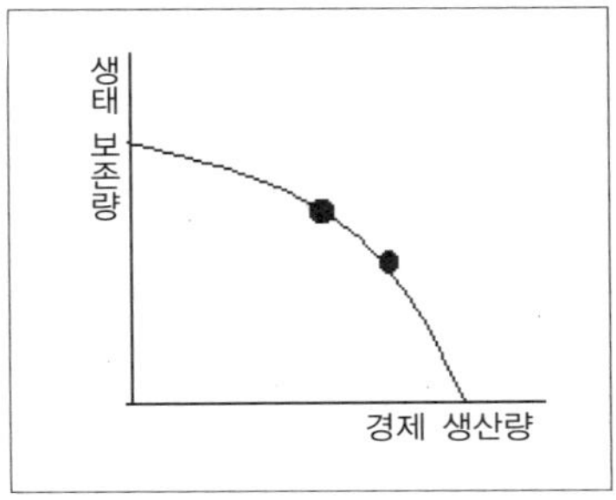


위와 같은 그래프들이 한없이 전개되는 경제학 교과서를 보면 참으로 경이롭습니다. 하지만 대개의 그 정교한 경제학 곡선들은 정교한 경제학 곡선을 위한 경제학일 수 있습니다. 경우의 수를 딱 둘로 제한하는 비현실적인 방법도 문제입니다. 그것은 경제학을 위한 경제학입니다. 더 큰 문제는 거시 경제학이라는 거창한 이름으로 오로지 어떻게 하면 적정한 생산량 결정으로 한 나라의 부를 증대할 것인지에 대해서만 연구한다는 점입니다. 경제적 시각으로는 생산의 3요소 중 하나인 토지를 인간이 정복하여 얼마든지 경제적으로 이용할 수 있는 자원으로만 봅니다. 하지만 토지는 생태계의 일환입니다. 복잡계인 생태계를 파괴함으로써 야기되는 파생적 외부 효과를 생각하지 않고 오로지 단순 경제계의 내부 계산상으로 얻어진 경제 성장은 총체적으로 보았을 때 거품이 많습니다. 굳이 그래프를 그린다면 생태계를 얼마나 희생하고 얻어진 생산량 증대인지 따지는 생태교환 곡선도 함께 고려해야 합니다. 이것이 진정 잘 먹고 잘살기 위한 진정한 거시 경제학입니다. 경제의 입장에서 생산량을 늘릴 것

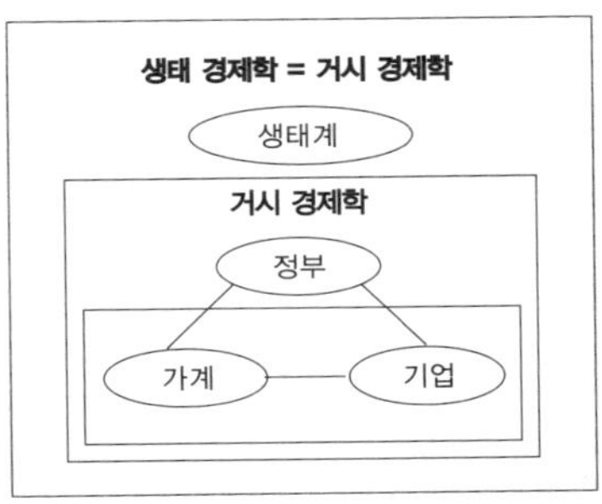

이냐를 넘어서 생태의 입장에서 보존량을 늘릴 것이냐라는 질문에 답하기 위한 경제학이 생태 경제학이자 거시 경제학입니다. 생태계가 무너지면 빈곤을 넘어서 비참해질 정도로 경제의 기본 개념인 잘 먹고 잘 살기가 근본적으로 불가능해지기 때문이지요. 어원이 같은 경제(economy)와 생태(ecology)는 절대 따로 놀지 않습니다.

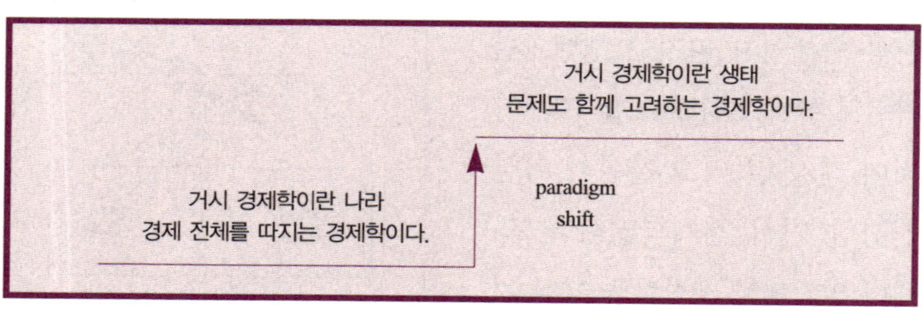

88

# 경제학 지식이 있다고?

## 맨큐의 경제 교과서

경제학원론, 경제학개론 등의 원전은 사무엘슨(Paul A. Samuelson)의 Economics와 같은 미국 책이었습니다. 하지만 20세기가 저물 무렵, 새로운 경제학 책이 세상에 나왔습니다. 바로 맨큐(N. Gregory Mankiw)의 경제학입니다. 전 원래 원론적 교과서류의 책은 사지 않는데, 서점에서 이 책을 보고 금방 사버렸습니다. 900페이지에 책 값도 30,000원으로 비싼 데도…… 전 세계 대학의 경제학 강의실을 점령하였다는 평이 나올 정도로 이 책은 참으로 매혹적이었습니다. 이 책을 보면 경제학에 대해 가히 도사가 될 것같더군요. 특히 그래프와 미분 방정식으로 가득 찬 기존의 딱딱한 경제학 책들과 달리 쉬운 설명으로 되어 있다는 점이 마음에 들었습니다. 책을 읽으니 평범한 경제 현상을 특별한 경제 원리로 설명하는 저자의 재능은 가히 탁월했습니다. 경제학을 처음 접하는 사람이더라도 쉽게 이해할 수 있도록 복잡한 설명이나 산만한 내용들을 배제하고 다양한 사례를 통해 우리 시대의 사회문제를 조명

할 수 있도록 하였으며, 경제학의 이론들이 우리 일상에서 어떻게 적용되는지 생생하게 보여주는 책이었습니다. 가령 사유재산과 시장의 기능을 설명하면서, 주인도 없이 북미대륙에서 살던 6천만 마리의 야생소가 멸종한 것과 달리 가축 소가 멸종하지 않는 이유에 대해 가축 소의 시장가치 때문이라고 하는 설명은 재미있었습니다. 시장 기능이 소를 멸종으로부터 보호한다는 경제 원리입니다. 지금 멸종 위기에 처한 아프리카 코끼리들도 주인도 없이 초원에 내버려둘 게 아니라 사유재산화 하면 멸종되지 않고 오히려 숫자는 증가할 것이라고 하더군요. 재미 있지요? 하지만 정말 재미있나요?

## 순수한 경제학 지식

그런 재미를 떠나 가만히 생각해보니 문제가 보이더군요. 맨큐는 순수한 경제학자이므로 오직 경제적 시각에만 맞추어 세상을 보고 있습니다. 이는 현명해 보이지만 오로지 경제만 아는, 경제적 논리만을 가진 경제 중심의 시각입니다. 시장가치가 없다면, 즉 인간에게 소용가치가 없다면 아무 존재가치가 없는 식으로 친절하게 설명하는 그는 경제만 아는 순수 경제학자입니다. 생태문제에 대해서도 그는 경제학자로서 이렇게 말합니다. "깨끗한 공기와 물은 중요한 자원이지만 그것은 기회비용과 비교되어야 한다고…… 깨끗한 공기와 물을 위해 주거환경을 낮추고 영양섭취 수준을 낮추자고 주장할 사람은 없을 거라고…… 다른 재화와 마찬가지로 깨끗한 물과 공기도 하나의 재화이므로 시장 법칙을 따라야 한다고……" 정말 그럴까요? 맨큐의 이 설명에도 오로지 순수 경제학자의 경제적 시각만 있을 뿐입니다.

## 편파적 경제학 지식

맨큐는 책의 서문에서 경제학은 약간의 지식만으로도 많은 것을 이해할 수 있는 학문이라고 하였습니다. 경제학자들의 세상을 바라보는 독특한 시각은 한 학기나 두 학기 내에 거의 배울 수 있다고 하였지요. 맨큐 자신도 경제학의 단순성을 스스로 말하고 있습니다. 하지만 세상은 너무나도 복잡합니다. 한 학기나 두 학기 만에 배울 수 있는 단순한 경제학 지식은 위험합니다. 그런 단편적 시각으로 쓰여진 경제학 교재를 가지고 대학에서 경제원론 수업이 아무 비판 없이 가르쳐지고 있다면 문제입니다. 신문을 보니 어느 경제학자는 이렇게 말하더군요. "환경이 절체절명의 가치라면 인간은 원시동굴 시대의 삶으로 돌아가는 것이 최선이라고…… 인류 진보의 역사 자체가 자연정복의 과정이고, 자연 파괴 없는 생산은 없는 법이라고……" 아무리 경제가 중요하다고 하지만 이런 말은 너무도 경제만 생각하는 치우친 시각입니다. 경제라는 우물 안에서 벗어나 이 땅의 황무함을 보고, 경제성장만 따지지 말고 작은 것도 큰 틀에서 보는 거시적 시각을 가질 수 있다면. 생태(ecology)와 경제(economy)는 같은 'eco'를 씁니다. 둘은 원래 따로가 아닙니다(不二). 순수하게 경제적 시각만 가지는 것은 순수한 만큼 어리석습니다. 특히 생태(eco)를 무시하는 경제학(economy)은 참 경제학이 아니지요. 생태 파괴와 직결되는 경제성장은 나중 세대의 것을 빼앗는 세대 도적질(generation theft) 행위일 뿐입니다. 결국 경제를 허무는……

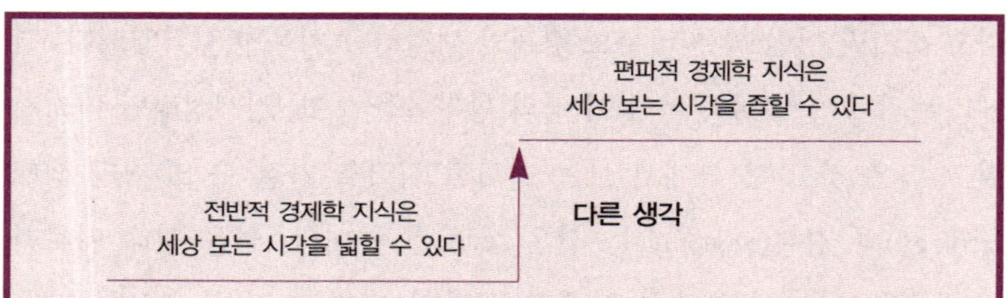

89

# 자유무역이 좋다고?

## 시장경제론의 기원

지금은 미국의 위세에 밀려 한물 갔지만, 영국은 참 대단한 나라였습니다. 민주주의도 그 기원은 영국입니다. 프랑스처럼 '갑자기 대혁명'이 아니라 영국은 이미 오래 전부터 국회를 만들어 마그나 카르타, 권리청원 등으로 막강한 왕권에 의한 전제주의를 약화시키며 '서서히 민주주의'를 키워 왔습니다. 자본주의의 기틀이라고 하는 시장경제도 그 기원은 산업혁명이 시작된 영국이었습니다. 특히 영국이 자본주의 시장경제의 맹아로 인정받는 데는 걸출한 경제사상가들이 있었기 때문입니다. 경제학의 아버지로 인정받는 스미스(Adam Smith)는 자본주의 시장경제 이론을 처음으로 만든 인물입니다. 하지만 청출어람이라는 말이 있듯이 아담 스미스보다 더 맹렬하게 자본주의 시장경제 이념에 결정적 쐐기를 박은 사람 역시 영국사람인 리카르도(David Ricardo)입니다.

## 비교우위론의 원조

리카르도는 19세기 전후로 전개되었던 전통 지주와 신흥 자본가(bourgeois) 사이의 싸움에서 자본가의 편에 섭니다. 특히 리카르도는 지주들이 유럽 대륙으로부터의 곡물 수입에 반대하자 자유로운 교역은 수출국과 수입국 양국 간에 이익을 가져온다고 하였습니다. 리카르도는 이 주장의 근거로 유명한 비교우위론을 내세웠습니다. 포르투칼이 영국보다 포도주에 있어서 비교우위를 가지고, 영국이 포르투칼보다 옷감 생산에 있어서 비교우위를 가진다면 두 나라는 서로 자유무역을 하여 두 나라 모두 이익을 본다고 하는 것이지요. 이 비교우위론을 우리나라에 적용시킬 수도 있습니다. 가령 미국이 땅이 넓고 대규모 농업기술이 발달해 쌀과 같은 농산물을 생산하는데 한국보다 비교우위를 가졌고, 한국이 손재주 기술이 뛰어나 핸드폰과 같은 공산품을 생산하는데 미국보다 비교우위를 가졌다면 두 나라는 비교우위를 가진 상품만을 생산함으로써 양국 모두 더 많은 이익을 볼 수 있다는 것이죠. 그래서 무역학과 학생들은 리카르도를 존경할 수 있습니다. 리카르도의 비교우위론은 200년 가까이 지난 지금도 힘차게 살아 있습니다. 바로 앞장에서 소개한 맨큐의 경제학에는 이런 글이 나옵니다. 리카르도의 자유무역 이득 논리는 후세에도 계속 유지되고 있다고…… 경제학자들이 정책의 선택에서는 종종 의견이 다르지만, 자유무역을 옹호하는 데서 만큼은 의견이 일치한다고…… 경제학자들이 무역장벽에 반대하는 것은 비교우위론에 근거한다고……

## 경제 중심의 경제학

하지만 이 말은 경제학자인 맨큐가 본 단편적 시각입니다. 맨큐의 경제학 책을 행간으로(between the lines) 읽어보면 그는 신자유주의를 추구하는 경제인들의 입장에 서 있는 경제학자입니다. 이미 전세계 대학의 경제학 강의실을 점령한 맨큐의 경제학은 아무 비판 없이 받아들여지는 것 같습니다. 200년 전 산업혁명 시절에 리카르도가 얘기한대로, 지금 맨큐가 얘기한대로 나라 간에 비교우위가 있는 상품만 생산한다면 과연 어떻게 될까요? 만일 우리나라에서 비교우위론에 따라 모든 농촌을 공장으로 바꾸어 공산품을 수출하고, 쌀과 같은 모든 농산물을 미국으로부터 수입해 먹는다면 양국에 이익이 될까요? 아마 경제적인 생산효율만을 놓고 따져서는 그렇게 될 것입니다. 하지만 정말로 그런 일이 일어난다면 우리나라는 틀림없이 어려운 상황이 될 것입니다. 한반도 어딜 가나 농촌은 없고 도시와 공장 뿐인 나라. 누구나 도시나 공장에서 일하는 사람들…… 그런데 지금 그런 끔찍한 일들이 농촌에서 당장의 현실로 일어나고 있습니다.

점점 농촌 깊숙이 파고드는 공장

무분별한 자본무역협정(Free Trade Agreement) 보다 분별 있는 공정무역협정(Fair Trade Agreement)이 지속가능한 경제에 도움이 됩니다.

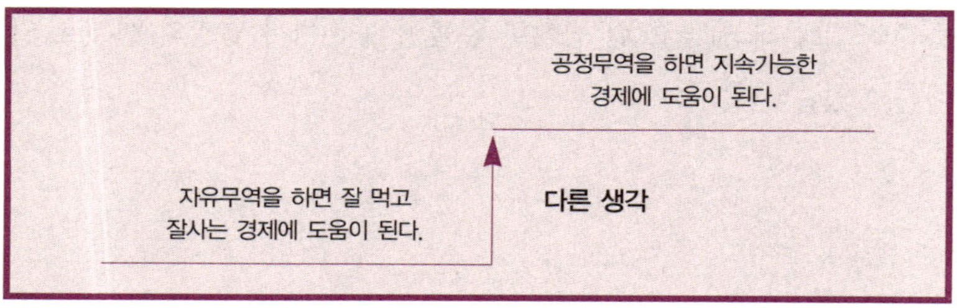

90

# 이념이 사라졌다고?

## 새로운 이념의 대립

공자, 노자, 묵자, 손자는 알아도 관자는 생소하지요? '관포지교' 라는 사자성어에서 '관' 이란 관중, 즉 관자이며, 이 사람의 사상을 정리한 책이 관자입니다. 관자는 공자나 노자가 살던 비슷한 시기에 실용적 경제주의 사상을 설파하였지요. 실학의 대가라는 정약용의 대표저서 『목민심서』에서 '牧民' 이란 바로 관자에 나오는 말을 인용한 것입니다. 살벌하게 먹고 먹히는 군사 중심의 춘추전국 시대에, 정치란 백성들이 잘 먹고 잘살 수 있도록 부유케 하는 것이라고 말한 인물이 관자였습니다. 하지만 그 당시 관자의 생각은 비주류였습니다. 하지만 2,500년이 지난 지금 관자의 사상은 주류가 되었습니다.

1991년 소련(소비에트 연방)이 해체되자 냉전의 시대는 종식을 고하고 공산주의와 자본주의의 이념 대립은 희석되었습니다. 그리고 실질적인 경제전쟁의 시대가 본격적으로 막을 열었습니다. 검은 고양이든 흰 고양이든 쥐만 잘 잡으면 좋은 고양이라는 등소평의 실용주의 선언처럼 공산주의이든 자본주의이든 경제가 발전하면 양호한 체제라는 것이지요. 지금 전 세계에서 이원적 이념 대립은 사라지고 경제라는 일원적 가치로 모아지고 있습니다. 하지만 인류의 역사는 이원적 대립의 역사였습니다. 예로부터 지방 호족들의 분권주의와 중앙권력을 가진 왕권주의의 대립, 강력함을 추구하는 왕권주의와 전문가 집단인 신본(臣本)주의의 대립, 중세에서 신본(神本)주의와 르네상스 이후 인본주의의 대립, 소수가 독재적 전권을 휘두르는 전제주의와 다수의 힘을 믿는 민주주의의 대립, 현재 위치를 고수하려는 보수주의와 미래 가치를 내다보는 진보주의의 대립…… 이제 경제라는 일원적 가치가 중요시되는 상황에서 새로운 대립의 싹이 트고 있습니다. 경제주의와 생태주의! 경제주의의 이념 가치가 성장과 이윤이라면, 생태주의의 이념 가치는 보존과 평화입니다.

## 자본주의 경제의 종

저는 지금껏 천직으로 알고 종사한 일이 광고였는데 제가 혹시 친경파가 아니었나 생각합니다. 광고는 자본주의 경제사회의 꽃이라고 합니다. 하지만 꽃이지만 악의 꽃일 수 있으며, 꽃보다 종일 수도 있는 것이 광고입니다. 자본주의는 대량생산 · 대량소비를 지향하며 많이 팔도록 온갖 수단을 다 동원합니다. 이때 광고는 약방의 감초처럼 되어 있지요. 광고에서 가장 중요한 점은 그 광

고의 구매 유인력입니다. 팔지 못하는 광고는 아무리 멋지게 보이는 광고라도 광고가 아닙니다. 제가 대학 다닐 때 제 전공의 광고홍보학이라서 저희 학과 슬로건이 "광고없이 판매없다! 판매없이 기업없다!"였습니다. 이 멋진 슬로건을 친구들에게 자랑하기도 했습니다. 이 슬로건처럼 광고는 오로지 판매를 위해 존재합니다. 그래서 만일 지금과 같은 경제주의만의 한쪽 이념이 사라지고, 생태주의 이념이 같이 하는 날이 올 때, 약간의 비난을 받을 사람들을 꼽으라면 아마도 광고인이 꼽히지 않을까 조심스레 생각합니다.

## 생태와 마을 공동체

우리가 경제주의만을 고집한다면 결국 나락으로 떨어질 수도 있습니다. 생태주의자들이 함께 쓴 『위대한 전환』이란 책을 보면 우리 인간이 진정 어떤 삶을 살아야 할지 실감할 수 있습니다. 그것은 바로 간디가 꿈꾸었던 마을 공동체입니다. 간디는 영국으로부터의 인도 독립을 위해 비폭력으로 싸웠던 위대한 정치 지도자라기보다, 마을 공동체 운동의 소박한 지도자에 가까웠습니다. 간디가 물레를 돌렸던 이유는 우리가 입을 옷을 우리 스스로 만들어야 영국의 경제 지배로부터 벗어날 수 있다는 뜻이었습니다. 그렇게 스스로 자립하여 살 수 있는 마을이 바로 마을 공동체입니다. 마을 공동체에는 치열한 생존 경쟁이 적습니다. 이미 기업의 식민지로 전락한 가계가 아니라 가계 자체가 생산과 소비의 주체가 됩니다. 『작은 것이 아름답다』란 책에서 수마허(Ernst Friedrich Schumacher)가 말했듯이 인간 중심적 중간기술로 생산된 마을 공동체의 생산물들은 도시 판매나 해외 수출이 아니라 주로 마을 구성

원이 먹고 살기 위해 소비합니다. 대량 생산도 대량 소비도 없으니 대량 수송도 대량 파괴도 없습니다. 있다면 마을 사람 다수에 의한 생산과 소비가 있습니다. 이런 마을 공동체가 많아진다면 정말 살기좋은 진정한 지구촌이 될 것입니다. 이건 절대로 생태주의자들만이 꿈꾸는 이상이 아닙니다. 앞으로의 우리가 지속가능하게 잘 살기 위한 현실적 대안일 수 있습니다. 물론 각박한 도시생활을 하는 사람에게 마을 공동체라고 하는 것은 이루어질 수 없는 꿈일 수 있습니다. 하지만 꿈을 가지는 것이 그런 꿈을 하찮게 여기며 잘 먹고 잘사는 것에만 치중하는 삶보다 더 나은 삶이 되는 것은 확실합니다.

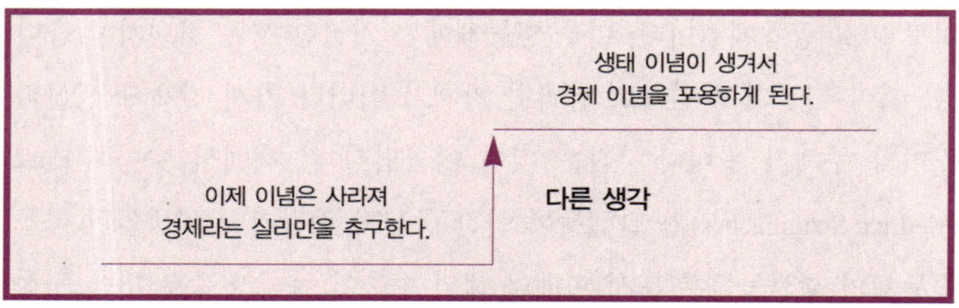

## 경제에 대한 사고의 전환

- 경제 규모가 커지면 당연히 잘사는 나라가 된다.
  **경제 규모가 커지면 분명히 커다란 문제도 생긴다.**
- 경제 규모는 생산액을 더한 GDP로 계산될 수 있다.
  **경제규모는 비용까지 빼낸 GPI로 계산될 수 있다.**
- 경제학은 수학적 그래프로 하는 정교한 학문이다.
  **경제학은 수학적 그래프 너머의 복합적 학문이다.**
- 경제학 지식으로 개별 경제 수치를 예측할 수 있다.
  **경제학 지식으로 전체 경제 동향을 전망할 수 있다.**
- 어떤 조건이 주어지면 분명한 결과를 알 수 있다.
  **어떤 혼돈의 상황이면 어떤 그림이 나올지 모른다.**
- 질서만 완벽하다면 이 세상은 잘 돌아갈 수 있다.
  **혼돈을 감당한다면 이 세상은 잘 돌아가게 된다.**
- 거시 경제학이란 나라 경제 전체를 따지는 경제학이다.
  **거시 경제학이란 생태 문제 전체도 따지는 경제학이다.**
- 전반적 경제학 지식은 세상 보는 시각을 넓힐 수 있다.
  **편파적 경제학 지식은 세상 보는 시각을 좁힐 수 있다.**
- 자유무역을 하면 잘먹고 잘사는 경제에 도움이 된다.
  **공정무역을 하면 지속가능한 경제에 도움이 된다.**
- 이제 이념은 사라져 경제라는 실리만을 추구한다.
  **생태 이념이 생겨서 경제 이념을 포용하게 된다.**

# 10

# 학문

## Academic

인간이 이룩한 지식들인 여러 학문들이 있습니다.
지금까지 언급하지 않았던 자연과학, 공학, 사회과학, 언론학, 정치학, 법학, 역사학, 문학, 철학, 미학에 대한 이야기를 핵심적으로 하려고 합니다.
이들 학문들에 있어서 무엇이 다른 생각인지를 모색해보기로 합니다.

## 학문에 대해 이렇게 생각하세요?

1. 과학으로 확실한 진리를 규명하면 자연을 정복할 수 있다.
2. 공학은 유익한 기술이므로 적극적으로 사용되어야 한다.
3. 사회과학도 자연과학과 같이 엄격하게 사회현상을 분석한다.
4. 특종이란 중대 사건에 대한 보다 빠른 뉴스이다.
5. 정치란 권력을 갖기 위해 힘을 키우는 일이다.
6. 법학은 어려우므로 법을 집행하려면 머리가 좋아야 한다.
7. 단편적으로 볼 때 역사란 과거 사실의 객관적 기록이다.
8. 문학이란 글을 가지고 하는 독자적 예술의 전부이다.
9. 철학은 철학자나 할 수 있는 난해한 학문이다.
10. 미학이란 아름다움의 본질을 탐구하는 이론이다.

91

# 과학은 정확하다고?

## 과학의 눈부신 발달

아리스토텔레스류의 관념적 구식 과학을 뛰어넘은 서양 근대과학의 3인방은 누구일까요? ▶첫째는 베이컨(1561~1621) 입니다. "아는 것이 힘이다!" 그는 과학적 지식이란 실험과 관찰이라는 귀납적 연구를 통해 이루어질 수 있다고 보았지요. 그렇게 하여 과학 지식을 분명히 알 때 인간은 무한한 힘을 가지게 된다고 보았지요. ▶둘째는 데카르트(1596~1650)입니다. "나는 생각한다, 고로 나는 존재한다! 사물이나 현상에 대해 끊임없이 사고하여 더 이상 의심할 여지가 없는 진실한 명제를 찾는다면 인간은 무한한 능력을 가진 존재가 된다는 생각입니다. ▶셋째는 뉴턴(1642~1727)입니다. 그의 만류인력 법칙에서처럼 세상 만물은 여러 톱니바퀴가 달린 정밀한 기계 구조처럼 되어 있습니다. 결국 근대과학의 3인방은 과학지식으로 물질세계인 자연의 진리에 대해 정확하게 알아내려고 하였습니다. 3인방 이후에 과학자들은 본질적인 그 무엇을 탐구하는 과학으로서, 자연계 현상의 공통적 법칙이나 원리를 찾아내, 인간의 무한한 능력에 대해 확신에 찼습니다.

## 과학 지식의 한계

20세기 초에 이러한 과학의 발달에 대해 새로운 자각을 준 신 3인방이 있습니다. ▶첫째는 하이젠베르크(1901~1976)입니다. 그의 불확정성 원리란 인간의 측정 행위 자체가 측정치를 변화시키므로 측정 대상의 질량, 위치, 속도를 도저히 정확하게 측정할 수 없다는 것이지요. ▶둘째는 괴델(1901~1978)입니다. 그는 불완전성 원리에서 진리처럼 보이는 완전한 명제가 불완전할 수 있음을 수학적으로 증명하였습니다. 이것일 수밖에 없는 명확함이 저것일 수도 있다는 것이죠. ▶셋째는 보아(1885~1962)입니다. 그의 상보성 원리는 아인슈타인의 상대성원리보다 이해하기 힘듭니다. 아인슈타인은 "신은 주사위 놀이를 하지 않는다"며 보아와 치열하게 싸웁니다. 하지만 보아는 양자(量子)란 분명히 손에 잡히지 않아, 파동으로 보면 파동처럼, 입자로 보면 입자처럼 보일 수도 있다고 하였지요. 이러한 양자 역학은 기계적 절대 물리학을 근본부터 허물며, 과학이 추구하는 절대적 정확성이라는 신조를 근본부터 허무는 것이었습니다. 이 양자역학의 생각은 2,500년 전 노자 철학이나 불교 철학과 일맥상통합니다. 이는 또한 영혼 · 선 · 이성 · 본질 · 합리와 같은 절대적 진리의 이데아를 거부했던 니체(Friedrich Nietzsche; 1844~1900)의 비판 철학과 같은 맥락이며, 이를 바탕으로 하는 포스트모더니즘의 해체적 현대 철학과도 맥을 같이 합니다.

## 복잡계 과학의 이해

이처럼 세상의 불확실성을 인정하는 과학의 새로운 패러다임이 양자 물리학을 바탕으로 하는 복잡계 과학입니다. 정통적 과학이 자연을 기계 구조로 본다면, 복잡계 과학은 생물 유기체로 봅니다. 기계 구조에서는 어떤 커다란 힘이 다른 것에 영향을 미치지만, 생물 유기체에서는 사소한 조건이 영향력을 미칠 수 있습니다. 가령 축구 경기장에서 어느 한 사람의 휘파람 소리가 이리 저리 파급되어 경기의 승패에서 영향을 미칠 수 있듯이 말이지요. 절대 과학이 특별한 요인들 간의 인과관계를 파악하고, 정확하게 예측하고, 전체를 이루는 하나하나 요소를 환원하여 분석하려고 한다면, 복잡계 과학은 다양함 속의 복합적 상관관계를 이해하고, 정확한 결과값보다 불확실한 확률을 조망하려고 합니다. 간혹 단순한 모양이 수없이 복제되어 복잡한 형상을 이룬다는 프랙탈처럼 복잡한 혼돈(chaos) 속에 숨겨진 질서를 발견하기도 합니다. 하지만 이제 과학자들은 '숨겨진 질서' 를 넘어서 '숨겨진 관계' 들이 감당할 수 없을 정도로 너무너무 복잡함을 알게

세상이 기계처럼 정확하다고?

됩니다. 결국 과학지식의 크기가 커지면 과학지식의 한계도 커지는 법입니다.

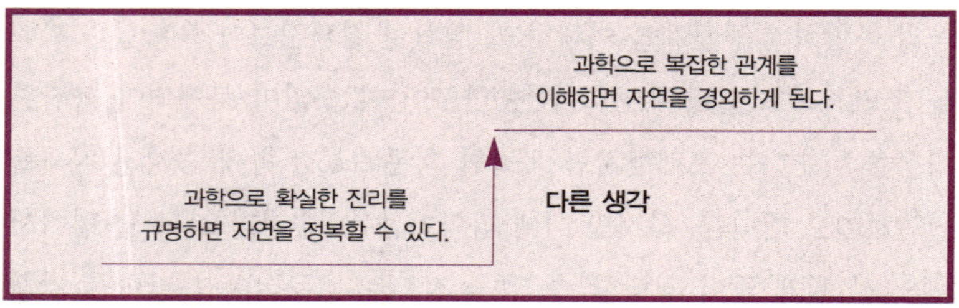

92

# 공학은 유익하다고?

## 과학기술인 공학

과학이 물리, 화학, 생물학, 지질학, 천문학처럼 자연현상에 대해 순수하게 연구하는 지식이라면, 공학은 그러한 과학지식을 응용하여 우리 인간에게 필요한 것을 만들려는 기술입니다. 그래서 기술과학이 아니라 과학기술이라고 합니다. 가령 아인슈타인이 상대성원리에서 발견한 $E=mc^2$이라는 과학 지식으로, 핵폭탄을 만드는 기술을 가지게 되었습니다. 전자에 대한 과학 지식은 반도체를 사용하여 전자제품을 만드는 기술을 가지게 하였습니다. 물질의 구성 성분에 대한 과학지식은 화학공장에서 화학제품을 만드는 기술을 가지게 하였습니다. 그렇게 과학(science)을 이용한 모든 기술(technology)이 공학(engineering)입니다. 인류는 이런 공학을 가지고 찬란한 과학기술의 문명을 이루게 되었습니다. 인간이 이룬 과학기술의 문명을 보면 참으로 너무 대단해서 경탄하지 않을 수 없습니다. 기계공학, 전자공학, 화학공학, 재료공학, 원자력공학, 컴퓨터공학 등등……

## 유전공학의 발달

요즘 각광받는 공학이 또 있습니다. 바로 유전공학입니다. 생명공학이라고도 하지요. 1950년대에 왓슨과 크릭이라는 과학자가 이중나선구조로 된 DNA를 획기적으로 발견하면서 우리 인류는 생명의 암호를 푸는 데 도전하였습니다. 그것이 바로 '게놈 프로젝트' 입니다. 게놈 프로젝트는 인간 세포핵 내의 46개 염색체에 있는 유전자인 DNA를 구성하는 염기쌍 배열의 구조를 낱낱이 밝히는 것입니다. 한마디로 인체 설계도를 속속들이 아는 것이지요. 아데닌(A)과 티민(T), 그리고 구아닌(G)과 시토신(C)이라는 네 종류의 염기쌍이 어떻게 배열되어 있느냐에 따라 생김새, 지능, 성격 등이 결정된다고 합니다. 생명의 암호인 유전자라는 과학지식을 알게 되었으므로, 이를 이용한 유전자 조작 기술로 불치병도 없앨 수 있다고 합니다. 신문에서 이런 유전자 결정론에 대한 장미빛 기사가 많이 실립니다. 어떤 기사를 보니까 남자의 바람기도 유전자 조작 기술로 근본적으로 없앨 수 있다고 하더군요.

## 유전공학의 용감

하지만 이런 유전공학에 대해 걱정하는 사람도 많습니다. 그리스 · 로마 신화에 나오는 판도라의 상자가 열린 것처럼 생명체의 설계도가 열렸으니 이제 모든 것이 뒤죽박죽이 되어 온갖 재앙이 시작될 것이라고요. 하지만 이보다 더 근원적 문제가 있습니다. 생명이란 유전자 하나의 단일 요인만을 가지고 결정되지 않습니다. 생명은 유전자 정보 하나에 의해 선형적 · 인과적으로 움직이지 않습니다. 유전자만이 아닌 훨씬 더 복잡한 비선형 네트워크 관계가 숨어 있습니다. 게놈 프로젝트라는 유전자 구조나, 유전자 조작을 위한 개별적 유전자 기능을 아는 것보다 중요한 건 수많은 유전자들끼리의 관계, 또는 유전자 요인과 비유전자 요인들과의 너무나도 복잡한 관계입니다. 유전자 하나를 알면 된다고 할 만큼 생명체의 신비란 인간이 정복할 수 있을 만큼 호락호락하지 않습니다. 설령 그것을 정복했다고 했다면 여기저기서 생각지도 못한 문제들이 파생될 수 있습니다. 그래서 근본적으로 심각한 문제란 판도라의 상자인 생명체의 암호가 풀렸기 때문이 아니라, 과학기술자들이 생명에 섣불리 풀게 된 유전자 정보 몇 가지를 가지고 이를 공학적으로 이용하는 데서 올 수 있는 예상치 못한 결과입니다.

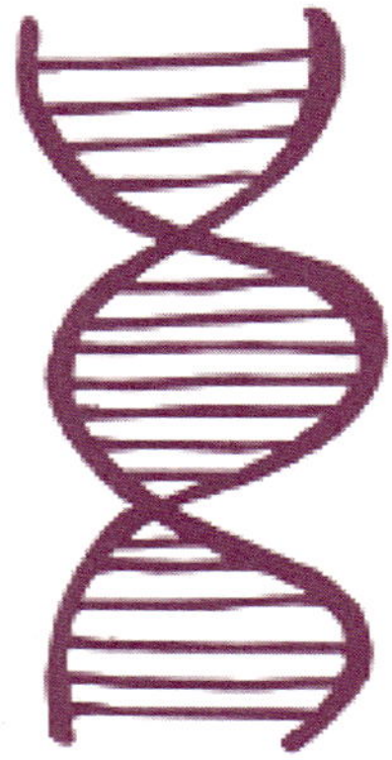

신만이 알아야 할 생명의 비밀이 풀려서 위험한가?

그 정도 알게 된 걸 가지고 섣불리 써먹어 위험한가?

모를수록 용감해진다는 말이 있듯이, 우리 인간도 공학만 알고 더 모르면 용감할 수 있습니다. 유전공학, 생명공학은 실로 우리를 설레게 합니다. 하지만 위험 변수가 존재하는 만큼 좀 더 신중할 필요가 있습니다. 진정 유전공학, 생명공학을 하겠다면 생태적 관점에서 더 큰 것을 보아야 합니다. 경제의 시녀로 전락한 듯한 과학과 이를 바탕으로 하는 공학기술은 무지한 인간의 끝없는 탐욕으로 어려움에 처할 수 도 있습니다. 더 크게 알며 조심스럽게 사용되어야 합니다.

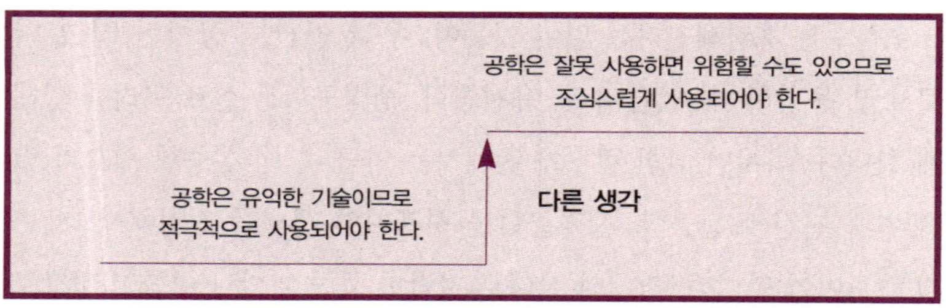

93

# 사회과학은 엄밀하다고?

## 사회과학의 연구 방법

경제학, 경영학, 신문방송학 등의 사회과학에 있어서 학위논문이나 연구 논문을 쓸 때, 연구자가 어떤 제안을 잘 하더라도 통과되기 힘듭니다. 논문을 평가하는 교수들은 대개 그런 류의 글을 객관성이 부족한 연구자의 주관적 개인 의견으로 보기 쉽습니다. 객관적 지식으로 인정받으려면 반드시 객관적 조사라는 방법을 거쳐야 합니다. 이때 실험이라는 조사 방법이 많이 쓰입니다. 자연과학에서의 실험처럼… 자연과학에서의 실험이 실험실에서 이루어지듯이, 사회과학에서의 실험도 실험실과 같은 상황을 만들어서 합니다. 실험실과 같은 상황이란 원인 변수(X)와 결과 변수(Y)와 상관없는 외생 변수를 차단하는 것이죠. 가령 '직무 만족(X)이 업무 성과(Y)에 미치는 영향'이라는 논문에 있어서 업무 성과인 Y에 영향을 미치는 다른 여타의 요인들은 차단하며, 그 변수들에 대한 조작적 정의를 해야 합니다. 그것이 아무리 비현실적이라 하더라도 사회과학의 엄격한 실험방법을 위하여 비현실적 상황을 인위적으로 만들어야 합니다. 심사 교수들은 논문의 외생 변수 차단이 얼마나 잘 되었느냐를 특별히 유심히 보고 이것이 부족하면 탈락시킵니다. 외생 변수를 차단한 다음에 조사 대상자를 통제집단과 실험집단으로 나누어 실험을 합니다. 이러한 실험 결과, 두 집단 간의 차이를 보는데 이때 통계라는 수단을 필수적으로 거쳐 가설을 객관적으로 검증해야 합니다. 자연과학이 엄격한 실험방법을 통하여 객관적 사실임을 증명하듯이……

## 자연과학을 따라하기

사회과학의 이러한 학문 전개에 있어서 뭔가 미심쩍은 점이 없나요? 보통 과학 하면 물리학, 생물학, 화학과 같은 자연과학을 의미합니다. 여기에 사회과학이 용감히 도전합니다. 그것은 위의 경우처럼 사회과학이 자연과학의 행태를 그대로 따라하는 식으로 나타납니다. 이렇게 따라하는 데는 사회과학이 자연과학에 대해 가지는 은근한 열등감이 작용합니다. 자연과학이 저렇게 확실하게 자연현상을 설명하듯이, 사회과학도 이렇게 사회현상을 분명하게 설명해야 한다는 일종의 강박관념이지요. 경제학에서 있어서도 다른 모든 조건이 일정하다는 전제하에, 즉 외생변수를 억지로 차단한 다음에 수학적 그래프로 정교하고 아름답게 설명하는 것도 이런 연유에서입니다. 20세기 초반 경영학의 아버지로 일컬어지는 테일러(Frederick Taylor)의 과학적 관리도 인간의 노동 행위를 시간과 동작의 차원에서 계량화하여 노동 생산성을 극대화시키려 했던 자연과학 따라하기였지요.

## 사회과학과 사회통학

자연과학을 엄격함을 따라하는 사회과학 분야의 학위논문들이 매년 수없이 만들어지고 있습니다. 대개 자연과학처럼 엄격한 방법을 통해 맞추어진 논문들이죠. 이런 논문들은 방법론적으로는 대단해 보이지만, 내용은 별것아닌 것들이 많지요. 가령 밥을 먹으면 배가 불러진다, 술 마시면 취한다와 같은 당연한 현상을 가설이라고 보고 이를 아주 엄격한 사회과학 방법론을 통해 검증하는 식이지요. 몇 숟갈 먹으면 배부르고, 몇 잔 먹으면 취할 것인지 계량적으로 아주 정교하게 검증합니다. 이러한 사회과학의 존재 의미는 무엇일까요? 사회과학이 진정 사회과학이려면 자연과학의 족쇄와 굴레, 자연과학에 대한 강박관념에서 벗어나야 합니다. 그래서 사회과학에서 과학이라는 말을 떼어도 상관없다고 봅니다. 자연과학의 실험실 상황과 같은 데서 나오는 사회과학은 아무런 통찰을 주지 못합니다. 사회현상을 정확하게 분석하기 위한 사회과학(社會科學)보다 사회현상을 안목있게 통찰하기 위한 사회통학(社會通學)이 필요합니다. 통학을 통섭(consilience)이라고도 하더군요. 과학이 나누는 것이라면, 통학은 아우르는 것입니다. 과학은 나누는 분석을 통해 객관적 사실을 밝히려고 합니다. 그러므로 사회과학 논문에서 객관적 방법의 엄밀성은 가장 중요한 평가 잣대입니다. 하지만 저는 사회과학에 있어서 객관적 분석의 엄밀성보다 상대적으로 더욱 중요한 것은 주관적 해석의 의미성이라고 봅니다. 아담 스미스의 국부론과 칼 막스의 자본론처럼 세상을 뒤흔든

| 실증을 위한 객관적 분석의 엄밀성 | 제안을 위한 주관적 해석의 의미성 |
|---|---|

대표적 사회과학도 역시 객관적 방법의 엄밀성보다 주관적 제안의 의미성이 더욱 컸었던 것이지요.

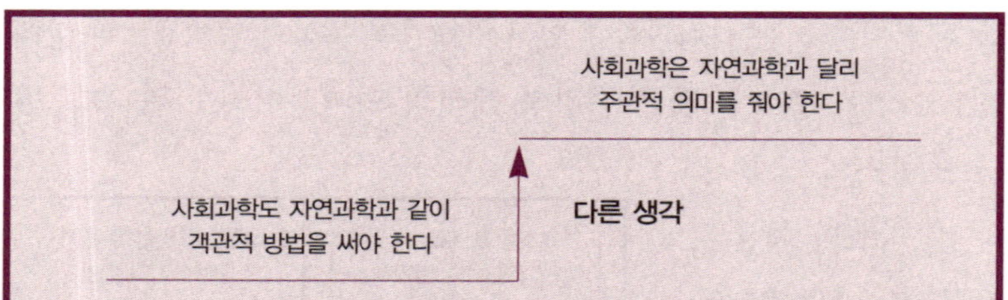

94

# 언론에서 특종이라고?

## 언론의 역할

신문방송학과 언론학은 다른가요? 따지자면 같은 말입니다. 신문방송학이 언론을 전달하기 위한 수단인 매체 중심의 용어라면, 언론학이란 신문방송이라는 대중매체(masscom)를 통하여 언론을 전달한다는 내용 중심의 용어입니다. 그런데 이 언론이란 신문이나 방송말고도 잡지, 인터넷, 대자보 등 다양한 매체가 있을 수 있으므로 신문방송학보다 언론학이 더 포괄적이며 적합한 말입니다. 말씀 言(언)말할 論(론)! 언론(journal)이란 말이나 글로 어떤 생각을 신문이나 TV 등의 매체에 실어 말하는 것입니다. 이제 언론의 내용은 뉴스, 사설, 드라마, 코메디, 스포츠 중계, 다큐멘터리 등 다양합니다. 이런 언론을 이끄는 신문사, 방송국 등을 언론사라고 합니다. 이러한 언론사는 4가지 유형 중에 하나일 수 있습니다. '언론의 4이론' 인데요, 첫째, 권위주의 유형은 군사정권 때 경험하였듯이, 집권자는 언론사를 소유하지 않으나 엄격한 제재와 검열을 합니다. 둘째, 공산주의 유형은 북한의 노동신문처럼 언론사는 집권자의 소유물로써 완전히 집권자의 하수인 역할을 합니다. 셋째, 자유주의 유형은 미국 신문들처럼 언론은 집권자로부터 아무 제약없이 자유로운 사상의 시장(free market place of idea) 역할을 합니다. 넷째, 책임주의 유형은 자유주의의 대안으로, 언론은 집권자로부터 자유로우면서도 공정성과 진실성 측면에 있어서 사회에 대해 책임을 져야 한다는 것이지요. 이러한 언론의 네 가지 유형은 모든 언론을 모두 포함하고 있을까요?

## 강력한 언론

언론은 대중의 사고 형성에 대단한 영향을 미칩니다. 그래서 언론은 3권 분립을 넘는 제4부라고 하며, 사회의 종 역할을 해야 한다고 말하죠. 하지만 언론은 권력의 종이 될 속성도 다분합니다. 그 적나라한 예가 있지요. 1815년 나폴레옹이 엘바섬을 탈출했을 때, 파리 신문의 기사는 다음과 같이 점점 변해 갔습니다. "코르시카의 식인귀, 엘바섬 탈출 → 황위 찬탈자, 그레노블 도착 → 보나파르트, 리용 진군 → 황제폐하 파리 입성." 문제는 이러한 해바라기적 언론의 메시지마저도 대중들에게 대단한 영향을 미친다는 사실입니다. 언론사에 의해 취사 선택되어(agenda setting) 전달되는 내용은 별로 중요하지 않음에도 불구하고 대중이 중요하다고 생각하게 만들 수 있으며, 다수파의 생각을 중점적으로 전달함으로서 소수파를 침묵하게 만드는 힘도 있습니다. 그렇게 언론은 실제와 거리가 먼 통념을 만드는 데 대단한 영향력을 행사할 수 있습니다. 비근한 예로 예전에 '옷 로비 사건'에 대해 언론이 특종

(scoop) 경쟁을 벌이며 대대적으로 보도하자, 사람들은 어리석게도 점점 그것이 매우 중요한 사건이라고 보았었죠. 알고 보면 아줌마들 몇명이 옷 몇 점 주고받은 사소한 사건이었는데 말이죠. 사실 언론이 더 중요하게 다루어야 할 소재는 훨씬 무궁무진합니다.

## 진정한 언론

언론사 간에 벌이는 특종 경쟁은 내용보다 속도 경쟁입니다. 가령 옷로비 사건의 어떤 내용에 대해 어떤 언론사가 좀 더 빨리 알아내어 싣는 기사가 특종입니다. 예전에 그리스 로마 신화를 쓴 소설가 윤은기가 축의금을 일체 받지 않고 절친한 사람들만 초청해서 신랑신부에게 덕담을 해주는 것으로 딸 결혼식을 치루었다는 기사를 보았습니다. 기자는 기사 말미에 이렇게 썼습니다. 부모의 위세를 과시하는 요즘 결혼식 세태에 대해 경종을 울리는 결혼식이었다고…… 전 이런 기사가 진정한 특종이라고 봅니다. 남보다 빠른 기사가 아니라 의미있는 생각거리를 주는 일이 언론의 진정한 사명이 아닐까요? 원론적인 언론의 4이론을 넘어, 전 그것을 언론의 사고주의(thinkism) 유형이라고 봅니다.

하지만 통상적으로 뻔한 언론들이 대단한 것인양 어제도 오늘도 내일도 뻔하게 실리고 있습니다.

**다른 생각**

특종이란 중대 사건에 대한
보다 빠른 뉴스이다.

특종이란 대소 사건에 대한
의미 있는 기사이다.

95

# 정치학이 힘을 다룬다고?

## 매우 유용한 공식

정치학 원론 수업을 들은 적이 있습니다. 교수님께서는 정치란 힘을 얻으려는 행위라고 하였습니다. 정치에 대한 그러한 해석은 저의 머릿속에 각인되었습니다. 정치를 그렇게 힘으로 이해하였더니 모든 정치적 현상에 대한 이해가 잘 되었습니다. 정치적 왕권이 안정되면 혼란스럽던 나라가 살기좋은 나라가 되는 이유, 정치적 혼란으로 내전이 끊이지 않는 아프리카 나라들이 경제적으로 못 사는 이유, 정치적으로 가장 안정된 중국이 경제 개혁을 원활히 수행하는 이유, 경제논리로 안 풀리던 것이 정치 논리로 단번에 풀리는 이유, 정치적 처세에 능한 사람이 출세하기 쉬운 이유 등 모든 현상을 설명하는데 '정치=Power' 라는 공식은 매우 유용하였습니다. 그래서 이런 결론을 종합적으로 내렸습니다. 조직의 利(profit)를 추구하는 경영, 전체의 富(wealth)를 추구하는 경제보다도 강한 최고의 영역이 力(power)을 추구하는 정치라고……

## 서양 정치학과 힘

영어에서 무슨 '주의' 할 때 'ism' 으로 끝나지 않는 단어가 딱 하나 있는데, 그것은 바로 민주주의(democracy)입니다. 인간이 만든 가장 이상적인 정치제도라고 하는 이 민주주의라는 말의 뜻도 다수(demo)의 힘(cracy)입니다. 이 힘을 정치학에서는 특별히 정치권력(政權)이라고 합니다. 강력한 정치권력에게 잘 보이려고 경제를 움직이는 기업은 물론, 언론도 다소 아부를 할 수 있습니다. 권력의 맛이란 매우 달콤한가 봅니다. 그래서 역사 책을 보면 권력이란 비정하며 잔인합니다. 권력을 위해서라면 부모, 자식, 형제도 가리지 않습니다. 이런 모든 것도 '정치=power' 라는 단순공식으로 이해될 수 있습니다. 그러면 우리는 정치에 대해 제대로 이해하고 있는 것인가요? 우리는 전혀 잘못 알고 있을 수 있습니다. 우리는 서양적인 잣대에 너무 익숙해 있습니다. '정치=power' 란 오로지 서양 정치학의 근본일 뿐, 그것을 정치의 본질로 이해해서는 곤란합니다.

## 기 중심의 정치

'정치=power' 라고 가르치셨던 정치학 교수님께서는 정치에 대해 근본적으로 다시 해석하실 수 있습니다. 힘의 논리로 세워진 서양정치학을 벗어나 종속집단인 피지배계급으로 하여금 지배계급의 권력을 자연스러운것, 또는 상식적이며 자명한 것으로 받아들인다는 의미의 헤게모니(hegemony) 역시 힘을 바탕으로 하는 일종의 정치 개념입니다. 비록 헤게모니가 인위적인 힘이 아니라 자연적 힘에서 나온다고 하는 것이라 하더라도…… 통치를 받는 사람에게 통치자의 권력 지배를 승인하고 허용하게 하는 정통성 및 정당성이라는 의미의 레지티머시(legitimacy) 역시도 힘이라는 기본 개념을 전제로 하는 정치 용어입니다. 다스릴 政(정), 다스릴 治(치)! 정치란 말 그대로 바르게 다스리는 일입니다. 다스리기 위해, 즉 정치를 위해 서양의 관점에서는 力(power)이 가장 중요하나, 동양의 관점에서는 氣(energy)가 중요합니다. 비슷해 보이지만 力과 氣는 전혀 차원이 다릅니다. 힘이 물리적이라면, 기는 심리적입니다. 힘 센 사람이 모두 기가 센 것은 아닙니다. 힘 없는 사람이 기는 넘칠 수 있습니다. 조폭 세계에 있어서도 대개 기 센 사람이 힘 센 사람보다 두목이 됩니다. 힘 중심의 정치가 국민을 힘으로 제압하여 강(强)하게 이끌려고 한다면, 기 중심의 정치는 국민의 힘을 기본으로 유(柔)하게 섬기려고 합니다. 이렇게 국민을 섬기는 정치로 자연스레 국민의 신뢰를 얻을 수 있습니다. 힘의 정치학이 권력을 추구한다면, 기의 정치학은 신뢰를 추구합니다. 권력보다 신뢰를 차지하는 것이 정치입니다. 신뢰를 바탕으로 하는 기 중심의 정치는 에너지가 펄펄 넘치는 신바람을 일으킵니다. 그렇게 권력자의 힘을 키우는 것이 아니라 사람들의 기를 살리는 것이 진짜 참 정치입니다.

무엇이 참 정치인가?

| 力<br>Power<br>키운다<br>권력 갖기<br>이끌기 | 氣<br>Energy<br>살린다<br>신뢰 얻기<br>섬기기 |
|---|---|

정치란 권력을 갖기 위해
힘을 키우는 일이다.

**다른 생각**

정치란 신뢰를 얻기 위해
기를 살리는 일이다.

96

# 똑똑해야 법학을 한다고?

## 오제이 심슨 재판

1990년대 중반에 O. J. 심슨이란 미식축구 선수가 아내를 죽인 혐의로 구속되었습니다. 당시 경찰 헬기와 심슨 자동차의 100킬로미터에 걸친 추격전은 TV에 생방송 되었으며, 심슨의 재판은 세계적인 주목을 끌었습니다. 아내의 피살 현장에서 채취된 DNA는 심슨의 것과 일치했습니다. DNA 분석 결과가 우연히 일치할 확률은 1만 분의 1이라 합니다. 다른 증거가 필요없는 결정적 증거였죠. 그래서 검사측은 심슨이 99.99퍼센트의 확률로 살인자라고 결론내렸습니다. 반면 변호인 측은 심슨이 살던 LA 인근의 인구 3백만 명 중 300명만이 같은 DNA를 공유하므로 심슨이 살인자라는 검찰의 결론은

99.7% 확률로 오판이라고 하였습니다. 결국 재판부는 변호인측의 손을 들어주어 심슨은 무죄로 1995년에 풀려났습니다. 검사와 변호사는 이기기 위해 머리 싸움을 하고, 판사는 이 머리 싸움에서 현명한 판단을 해야 합니다. 하지만 이 재판이 과연 현명한 재판이었는지에 대해서는 논란이 많습니다. 드림팀 변호인의 화려한 변론에 배심원과 재판부가 넘어간 것은 아닐까요? 심슨이 범인이 아니라고 생각하는 사람은 거의 없으니까요. 심슨 재판은 변호인과 심슨의 승리였지 법의 승리는 아니었습니다.

## 로젠버그 부부 재판

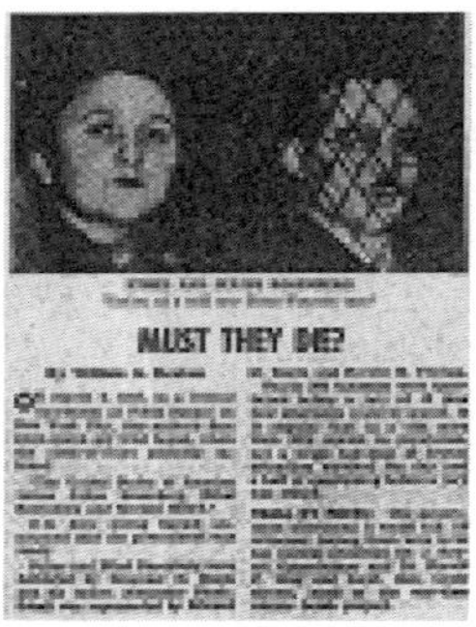

사형당한 로젠버그 부부

1894년 프랑스에서 결백한 사람을 간첩 혐의로 종신형 판결을 내린 일이 있었죠. 프랑스 사회를 온통 들끓게 한 그 유명한 드레퓌스 사건(Dreyfus affair)입니다. 결국 시민들의 열렬한 구명운동으로 10년만에 풀려났지만, 미국에서는 간첩 혐의로 끝내 사형당한 사람도 있습니다. 1950년대의 미국은 공산주의에 대해 무척 예민한 때였습니다. 마녀사냥처럼 무죄의 사람도 공산주의자로 몰아간 매카시즘의 열풍이 불었던 것도 이때였지요. 이때 로젠버그라는 사람이 소련에 원자폭탄 제조 기술을 비밀리에 제공한 간첩 혐의로 구속되었습니다. 그는 한때 공산주의 운동을 했었던 사람이었지만 간첩활동을 했다는 확실한 증거는 없었습니다. 하지만 FBI의 궁색한 증거에도 불구하고 재판부는 로젠버그 부부를 끝내 전기의자에 앉히고 말았습니다. 미국 시민의 열띤 구명운동에도 불구하고…… 로젠버그 부부 재판은 검찰과 FBI의 정치적 승리였지 법의 승리는 아니었습니다.

## 생명체 특허 사건

머리 좋다고 하는 법의 집행자들이 이처럼 무모할 때가 많습니다. 더 기가막힌 재판 사건을 소개할까요? 미국의 대기업 GE는 미국특허상표국에 기름을 소화할 수 있는 박테리아에 대해 특허를 신청했습니다. 하지만 미국특허상표국은 박테리아는 생명체이므로 특허의 대상이 아니라는 이유로 특허신청을 기각했습니다. 결국 이 사건은 대법원까지 올라갔는데, 드디어 1990년에 대법원은 생명체도 특허의 대상이 될 수 있다는 엄청난 결정을 내렸습니다. 재판부는 생명계보다는 경제계인 기업의 편을 들었던 것입니다. 대법원의 이러한 최종결정은 이후 엄청난 파급효과를 가져왔습니다. 유전자 조작된 식품이나 동물, 더 나아가 인간 신체조직세포의 유전자도 특허를 얻었습니다. 결국 특허를 얻으면 떼돈을 벌 수 있다는 생각으로 유전공학 산업에는 불이 붙었습니다. 아마 이 재판은 앞으로 유전공학의 폐해가 심각해졌을 때, 이에 결정적 영향을 미친 가장 어리석은 재판이 되리라고 생각합니다. 법은 인간이 내릴 수 있는 최

"너희 생명에게도 특허를 주노라"

종 판단의 보루입니다. 그러므로 법학이란 머리만 좋은 사람들이 하기에는 너무나 중요한 일입니다. 머리만 좋은 사람들이 법을 다루면 법은 영악하게 이용당할 수 있습니다. 머리보다 오히려 생각이 올바른 사람들이 법을 공부하는 것이 우리 사회에 이롭다고 봅니다.

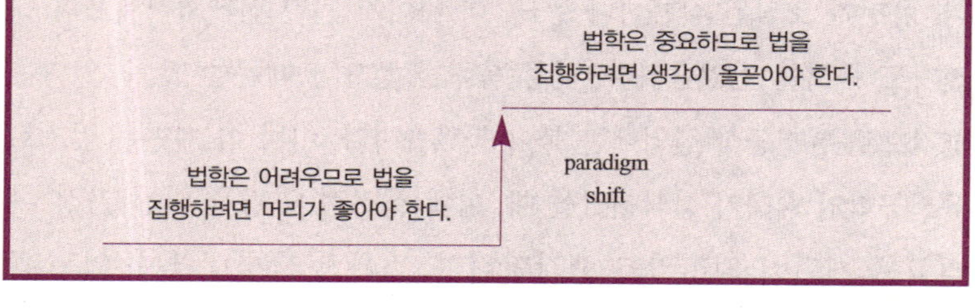

97

# 역사가 객관적 기록이라고?

## 묘청의 난을 보는 역사

고려 역사에서 역동적인 인물이 묘청입니다. 묘청은 땅 기운이 지는 개경을 버리고, 땅 기운이 솟는 서경으로 천도할 것을 주장했습니다. 그 주장이 무산되자 1135년, 서경에서 군사를 일으켜, 김부식을 중심으로 하는 개경파와 목숨을 건 일대혈전을 벌입니다. 하지만 1년 만에 난은 진압되었습니다. 역사를 어떠한 관점에서 보느냐에 따라 묘청의 난은 일개 중이 권력을 잡고 일으킨 경미한 해프닝으로 볼 수도 있습니다. 하지만 신채호라는 역사학자는 '묘청의 난'이라 부르는 이 사건을 조선역사 1천 년 동안 가장 큰 사건이라고 봅니다. 민족사학자인 신채호의 관점에서 보면 묘청은 김부식 등의 사대파에 대항하여 금나라를 치자는 북벌론을 주장하며, 민족의 진취적 기상을 펼치려 했으나 안타깝게 뜻을 이루지 못했다고 봅니다. 그 이후 조선의 태도는 사대주의로 일관한 편이니까요. 묘청의 난에 대한 신채호의 이러한 해석은 신채호가 살았던 역사적 맥락에서 보아야 합니다. 신채호가 살던 시기는 일본의 식민지였을 때입니다. 이때 신채호는 일본의 식민사관이 아니라 민족사관의 눈으로 역사를 본 것입니다.

## 사도세자를 보는 역사

조선 역사에서 또 한 명의 파란만장한 인물이 사도세자입니다. 그는 세자 책봉을 받고 왕이 될 인물이었으나 아버지 영조가 뒤주에 가둬 죽이고 말았지요. 그렇다면 사도세자가 죽은 이유는 무엇이었을까요? 정신병이 너무도 심하고, 하도 기괴한 행동을 많이 하여 아버지가 갑자기 무척 화가 나 죽게 했던 것일까요? 이것은 너무나 단편적인 승자의 역사 기록입니다. 사도세자의 부인이었던 혜경궁 홍씨는 ?한중록?에서 자기 남편에 대한 연민의 정이 아니라 자기 남편인 사도세자가 죽을 수밖에 없는 이유를 승자의 편에서 그렇게 기록했지요. 사도세자가 죽을 수밖에 없었던 이유를 따지려면 멀리는 북벌론자였던 묘청의 난까지 올라가며, 조선의 건국과 훈구파에 맞서는 사림파의 부상, 가깝게는 조선 후기 이후 노론이라는 막강한 정치권력을 논해야 합니다. 즉 사도세자가 죽게 된 결과에는 하인리히 법칙이 적용될 수 있지요. 미국의 보험회사 관리자였던 하인리히에 의하면, 1개의 결과에는 29개 사건과 300개 징후가 숨어있다고 합니다. 하인리히 법칙에 의하면 역사를 단편적으로 보면 안 된다는 뜻이 담겨 있습니다. 역사에는 흥하고 망하는 결과에 거시적으로 볼 때 다양하고 복잡한 원인들이 얽히고설켜 있다는 뜻이지요. 개인 인간사에서도 갑자기 복을 받는 게 아니라 두루두루 복을 베풀었을 때 다양한 원인들이 복잡하게 작용하여 복을 받는 것처럼……

## 역사를 보는 두 기준

역사란 무엇인가요? 토인비(Arnold Toynbee)는 '도전과 대응'이라고 했죠. 그는 이십 여 개 문명권에 대해 연구한 『역사의 연구』에서, 역사란 인간이 처한 도전에 대한 인간의 대응 과정이라고 보았지요. 역사란 정말로 무엇인가요? 이 질문에 도전과 대응이라는 멋진 답변보다 보다 많은 생각거리를 주는 깊은 답변은 카(E. H. Carr)로부터 나옵니다. 그는 What is history?라는 저서에서 역사가는 역사를 서술함에 있어서 객관적 진실성을 유지하기 어렵다고 합니다. 역사란 미래에 대한 역사가의 방향 감각에 의해 해석된 과거이고, 역사가의 방향감각은 역사가 진행되면서 바뀌기 때문이지요. 즉 역사는 과거의 기록이 아니라, 역사가와 역사적 사실 사이의 상호작용이며 현재와 과거 사이 끊임없는 대화로 살아있는 해석이라는 것이지요. "All history is the history of thought!" 역사에 대해 허술한 통념을 찌르는 탁월한 견해가 아닐 수 없습니다. 이는 곧 역사에 대한 객관적 진리를 부정하며 이럴 수도 저럴 수도 있다는 양자역학적 역사관이지요. 신채호가 묘청의 난을 왜 그리 보았는지, 카의 역사관으로 이해할 수 있습니다. 아울러 사도세자가 왜 죽게

되었는지 크고 멀리 보았을 때 제대로 이해할 수 있는 것처럼, 역사란 단순한 원인 · 결과보다 거시적 관점에서 커다란 맥락으로 이해하였을 때 진정한 역사의 이해가 가능한 것이지요.

거시적으로 볼 때 역사란
미래 방향의 주관적 해석이다.

**다른 생각**

단편적으로 볼 때 역사란
과거 사실의 객관적 기록이다.

98

# 문학이 문자예술이라고?

## 문학의 큰 위치

우리 인간이 만든 상 중에서 가장 권위있는 큰 상인 노벨상에 물리학상, 화학상, 의학상, 평화상, 경제학상과 함께 문학상이 있지요. 사실 6개의 상말고도 많은 분야들이 있을 겁니다. 역사학상, 철학상, 고고학상, 인류학상, 체육상, 경영학상, 언론학상, 음악상, 미술상, 연극상, 무용상 등등등…… 또한 문학을 포함하는 포괄적 분야인 예술상도 있을 수 있습니다. 이렇게 다양할 텐데 노벨상에 문학상이 당당히 들어갔습니다. 그만큼 문학은 이 시대에 매우 중심적인 영역을 인정받고 있지요. 출판 분야는 문학과 비문학으로 크게 나뉘어집니다. 대학에서 추천하는 필독도서 목록을 보면 대개 비문학 작품보다 문학 작품이 많습니다. 학생들에게도 요즘 무슨 책을 읽느냐고 물어보면 소설 쪽의 문학 작품들이 대부분입니다. 대학에서도 문과 대학 안에는 국문학과, 영문학과, 중문학과, 일문학과, 독문학과, 불문학과와 같이 문학과 관련된 학과가 가장 많습니다. 그만큼 문학은 이 시대에 아주 넓은 위치를 당당하게 차지하고 있습니다.

## 문학과 문화학

그렇다면 문학이란 무엇일까요? 학교에서 배운 바에 따르면 문학의 5대 장르는 시, 소설, 수필, 희곡, 평론입니다. 그렇다면 문학을 공부하려고 할 때 이러한 5개 분야만 파고든다면 될까요? 가령 독문학을 공부하면서 괴테를 전공한다고 할 때 그의 문학작품만을, 중문학을 공부하면서 두보를 전공한다고 할 때 그의 문학작품만을 열심히 공부하면 될까요? 아무리 열심히 공부하더라도 그 나라 말과 글을 모국어로 쓰는 사람보다 문학 작품을 잘 쓰기는 불가능합니다. 단지 어떤 문학작품에 대해 연구자 관점에서 분석하고 평론할 수 있겠지요. 또한 우리말인 한글을 가지고 소설을 쓰더라도 글만 잘 써서는 문학작품을 제대로 쓰기가 불가능합니다. 왜 그럴까요? 그것은 문학이 문화이기 때문입니다. 더 정확히 말해서 문학이라는 분야는 문화라는 커다란 범위에 포함되기 때문입니다. 문학이라는 독자적인 영역은 있지만 문학은 문화라는 포괄적 범위 안에 있는 것이지요. 그래서 영문학과와 같은 학과에서 배우는 것은 특별히 문학작품 만을 배우는 것이 아니라 해당 문화와 언어를 포괄적으로 배우는 것이겠지요. 그래서 올바른 학과 명칭은 영어영문학과 · 중어중문학과라기보다 영어문화학과 · 중어문화학과가 어떨까요? 간혹 독일지역학과, 프랑스지역학과라고 하기도 하지만 지리적 개념보다는 문화적 개념이 더 포괄적이라고 봅니다. 그래서 독일문화학과, 프랑스문화학과라고 하는 것이 더 어울리지 않을까요? 결국 문학은 문화학이어야 한다는 뜻이죠. 문화학이란 문학을 중심으로 언어와 문화를 배우는 것보다 문화라는 큰 틀에서 언어와 문학을 익히는 것이지요.

## 포괄적 문화관

우리가 가진 기존 사고의 틀에서 문학이란 글을 가지고 하는 예술활동입니다. 예술활동이란 글 말고도 음악처럼 소리를, 미술처럼 형태를, 무용처럼 동작을 가지고 할 수도 있습니다. 이때 문학이란 단지 하나의 예술 형태일 따름입니다. 하지만 글을 가지고 예술적인 문학만이 아니라 논문, 일기, 편지, 기행문 등을 쓸 수 있습니다. 문학이란 정통 5대 장르에 국한될 게 아니라 글을 가지고 하는 모든 활동입니다. 문학보다 큰 의미인 문화(culture)란 말의 어원은 땅을 갈군다(cultivate)는 의미이지만, 이는 땅을 정복하며 이용하려는 서양적 사고에서 나온 말입니다. 동양적 사고에서 문화(文化)란 글을 쓰면서부터 시작되는 것이라고 봅니다. 말 그대로 글 文, 배울 學이 文學이어야 합니다. 그렇게 되면 문학은 자연히 문화가 됩니다. 글을 쓰게 되면서부터 시나 소설과 같은 문학이라는 것이 부분적 · 파생적 · 단편적으로 생겨났지요. 결국 문학은 문화의 일부분입니다. 문학보다 총체적 · 전반적 · 통합적인 것은 문화입니다. 우리는 문학을 보는 데 있어서 그것을 하나의 예술적 독자 영역이 아니라, 문화라는 포괄적 영역의 하나로 보아야 합니다. 그래서 노벨 문학상도 사실은 노벨 문화상이 어떨까요? 좋은 시와 소설을 쓴 사람에게만 줄 것이 아니라 더욱 포괄적으로 보았을 때, 글을 가지고 좋은 문화를 만든 사람에게도 주어야 옳지 않을까요?

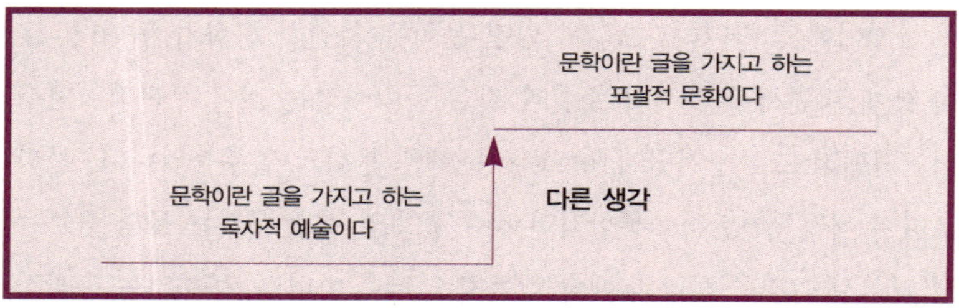

99

# 철학은 쓸 데 없다고?

## 과학과 다른 인문학

인문학 위기시대입니다. 史文哲이라 부르는 사학 · 문학 · 철학이 실용가치를 잃고 있다는 뜻이지요. 그런 위기의식 때문인지 몰라도 인문학을 어떤 대학에서는 인문과학이라고 부르더군요. 하지만 인문학이 과학이 될 수 있을까요? 전 될 수 있다 없다의 문제를 떠나 인문학과 과학은 접근방법이 전혀 다른 것이라고 봅니다. 인문학은 과학과 근본적으로 다릅니다. 과학을 주로 논리적 사고로 한다면, 인문학은 주로 감성적 사색으로 합니다. 과학을 하는데 컴퓨터처럼 빠르게 사고할 수 있는 효과적 수단이 필요하다면, 인문학을 하는 데는 새벽에서처럼 사색 · 사유할 수 있는 성찰의 시간이 필요합니다. 그래서 인문학은 과학과 달라야 한다고 생각합니다. 인문학이 위기로부터 빠져 나오는 길은 시류의 흐름을 따라 과학과 같아지려고 억지로 힘쓰는 게 아니라, 인문학 본류에 맞게 순리적으로 과학과 달라지는 데 있습니다. 인문학은 인문학다워야 합니다. 인문학이 인문학다우려면 인문학에 대한 철학이 있어야지요.

## 철학의 본질적 의미

철학이란 무엇인가요? 박사학위를 Ph. D(Doctor of Philosophy)라고 합니다. 직역하면 철학박사지요. 경영학박사인 제 학위도 Ph. D입니다. 철학박사도 아닌데 왜 Ph. D라고 할까요? 바로 여기에 철학의 뜻에 대한 답변의 실마리가 있습니다. 철학박사 학위를 받아서 Ph. D가 아니라 어떤 분야의 학문에 대해 이제 좀 철(哲)이 들었다고 해서 Ph. D라고 합니다. 가령 저도 경영학에 대해 철이 들어서 Ph. D라고 하는 것이지요(Ph. D in Business Administration). 결국 철이란 생각이 밝아져 사리를 분별할 수 있는 슬기입니다. 여기서 밝음이란 물리적 어두움의 반대말이 아니라 정신적 무지함의 반대말입니다. 결국 철학이란 인간의 생각을 무지로부터 밝혀주는 학문입니다. 사전에서 찾아보면 철학에 대해 신비롭게 말합니다. 인생이나 세계의 궁극적 근본원리를 추구하는 학문이라고…… 이런 정의대로라면 철학은 철학자들의 전유물 같지요. 하지만 철학은 특별한 분야보다 모든 분야가 철학의 대상일 수 있습니다. 철학은 생각의 어두움으로부터 밝은 깨달음으로 끌어올리기 위해 누구나 할 수 있는, 하지만 아무나 할 수 없는 사색 · 사유 활동입니다.

## 철학자와 비철학자

철학자와 비철학자의 차이는 하늘과 땅 차이입니다. 비철학자는 세상을 보이는대로 보지만, 철학자는 보이지 않는 것도 봅니다. 예전에 어느 어린이가 '국어공부' 라는 제목의 시를 썼습니다. "염소가 누나의 국어 책을 몽땅 먹어버렸다. 그러고는 매일 매애애…… 국어 책 외운다." 시는 '쉽게 설명하기'가 아니라 '낯설게 표현하기'

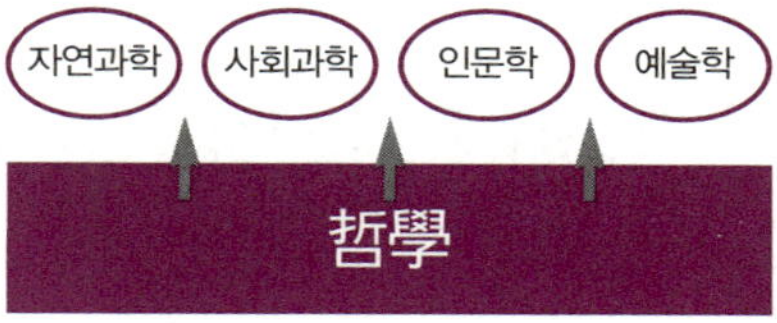


인데, 이 시는 염소 소리를 국어 책 외우기라고 낯설게 표현하고 있습니다. 이 어린 아이는 철학자로서의 자격이 충분합니다. 남들에겐 들리지 않는 걸 이 아이는 듣고 있으니까요. 일을 하는 데 있어서도 비철학자는 그저 이 일을 어떻게 하는 것인지 표면적 지식, 방법의 'know-how'만 알려고 하지만, 철학자는 이 일을 왜 하는지 이면적 의미, 철학의 'know-why'를 제대로 알고 합니다. 노와이를 아는 철학자는 노하우를 가진 전문가가 무슨 일을 해야 하는지 제대로 움직일 수 있습니다. 가령 무슨 음식을 만들어야 손님이 많이 오는지 노와이를 아는 식당주인이 요리에 대한 노하우를 가진 주방장에게 무슨 음식을 만들라고 다스릴 수 있듯이…… 시 쓰기이든 식당 일이든 세상만사 모든 일이 철학이 있으면 제대로 돌아갑니다. 철학은 중세에 신학의 시녀이며, 근대 이후 과학의 시녀라고 하지만, 신학도 과학도 세상만사 모든 일이 철학이 있으면 제대로 돌아갑니다. 철학 없는 학문은 가벼운 지식일 뿐입니다. 어찌 보면 모든 학문의 진원지는 철학일 수 있습니다. 철학을 통한 밝은 깨달음을 통해 수학도 과학도 문학도 나왔을 테니까요.

철학은 철학자나 할 수 있는 난해한 학문이다.

**다른 생각**

철학은 누구나가 할 수 있는 통찰적 생각이다.

## 100
# 미학이 이론이라고?

## 아름다운 자연환경

예전에 강원도의 어느 산에 놀러 갔었습니다. 식당에서 아주머니들끼리 하는 얘기를 듣게 되었습니다. "나오니까 참 좋지?" 한 아주머니의 질문에 다른 아주머니가 심드렁하게 대답했습니다. 자기는 미국에서 웅장한 산을 봐서 우리나라 산은 시시해서 눈에 차지 않는다고 대답을 하더군요. 집으로 돌아오는 길에 이 아주머니의 이야기가 점점 실망스러워지더군요. 그랜드 캐년과 같은 미국의 우람한 풍광을 보고 온 이 아주머니는 우리의 아기자기한 산을 보고 아무 감흥이 없었습니다. 그 나이엔 모든 것이 예뻐 보이련만 이 아주머니는 심한 불감증에 걸린 것입니다. 우

우리 일상의 거친 모습들

리 자연환경은 세계 어딜 가도 뒤지지 않을 정도로 아름답습니다. 참으로 금수강산입니다. 비록 나이아가라 폭포처럼 거대한 무엇은 없지만 도시를 조금만 벗어나도 푸른 산과 맑은 물이 아름답습니다. 스위스가 멋있다지만 우리의 금수강산은 스위스보다 못하지 않습니다. 하지만 스위스가 우리보다 아름다운 이유는 자연환경보다 집, 건물과 같은 인공환경이 우리와 비교할 수 없을 정도로 멋있다기보다 어울리기 때문이죠.

## 천박한 인공환경

우리의 아름다운 자연환경과는 달리 우리의 인공환경은 어떤가요? 1970년대 새마을운동으로 도로도 나고 좋아졌지만 한편 우리의 시골집들은 초가 지붕을 걷어내고 금수강산과 전혀 어울리지 않는 온통 시뻘겋거나 시퍼런 지붕 일색입니다. 비행기를 타고 하늘 위에서 바라보면 어울리지 않게 왜 그리도 빨갛고 파란 지붕이 많은지…… 우리나라 작은 도시들은 전국 어딜 가나 그 분위기가 너무나 흡사합니다. 촌스럽다기보다는 거친 모습입니다. 대도시도 마찬가지입니다. 아파트들 벽에는 멋을 낸다고 원색의 페인트 칠을 했습니다. 상가건물에도 원색의 커다란 간판들이 다닥다닥 붙어 있습니다. 아름다움과는 거리가 멉니다. 경제가 더 중요해져버린 현대인들에게 아름다움이란 사치일까요? 강원도 산에서의 아주머니와 마찬가지로 우리도 아름다움에 대한 미학적 불감증을 심하게 앓고 있는 것은 아닌지요?

## 실천미학의 의미

진정 잘살기 위해서는 미학 불감증인 미치(美癡) 증후군을 치료해서 미감(美感)을 살려야 합니다. 미학이란 아름다움을 탐구하는 학문으로 예술작품의 미학적 가치를 평가하기 위한 이론적 수단일 수 있지요. 하지만 이론적 미학보다 절실한 것은 실천적 미학입니다. 실천적 미학이란 생활 속의 작은 하나하나에 아름다움을 가꾸고 즐길 줄 아는 활동입니다. 전에 어느 좁은 골목길을 지나가다 어느 집 앞에 놓인 작은 화단을 만났습니다. 황량했던 골목길이 갑자기 포근해지더군요. 삭막한 골목길을 아름답게 연출한 화단 주인은 미학의 실천가였지요. 이런 아름다움이 우리 일상 곳곳에 흐른다면 삭막한 주변이 얼마나 아름다워질까 생각해보았습니다. 요즘 담장을 허물고 주차장을 만들면 몇백 만 원을 구청에서 준다는데, 이보다 담장을 허물고 꽃과 나무를 심고 가꾸면 얼마나 좋을까요? 기분좋은 쾌적함(amenity)을 느끼겠지요. 꼭 꽃이나 나무 뿐만이 아니라 우리 생활 주변에 소박한 미적 감동을 즐길 줄 아는 실천 미학가들이 많아질 때 우리는 진정 잘사는 것이 아닐까요?

미학이란 아름다움의
본질을 탐구하는 이론이다.

**다른 생각**

미학이란 아름다움의
욕구를 실천하는 활동이다.

## 학문에 대한 사고의 전환

- 과학으로 확실한 진리를 규명하면 자연을 정복할 수 있다.
  **과학으로 복잡한 관계를 이해하면 자연을 경외하게 된다.**
- 공학은 유익한 기술이므로 적극적으로 사용되어야 한다.
  **공학은 위험할 수 있으므로 조심스럽게 사용되어야 한다.**
- 사회과학도 자연과학과 같이 객관적 방법을 써야 한다.
  **사회과학은 자연과학과 달리 주관적 의미를 줘야 한다.**
- 특종이란 중대 사건에 대한 보다 빠른 뉴스이다.
  **특종이란 대소 사건에 대한 의미 있는 기사이다.**
- 정치란 권력을 갖기 위해 힘을 키우는 일이다.
  **정치란 신뢰를 얻기 위해 기를 살리는 일이다.**
- 법학은 어려우므로 법을 집행하려면 머리가 좋아야 한다.
  **법학은 중요하므로 법을 집행하려면 생각이 올곧아야 한다.**
- 단편적으로 볼 때 역사란 과거 사실의 객관적 기록이다.
  **거시적으로 볼 때 역사란 미래 방향의 주관적 해석이다.**
- 문학이란 글을 가지고 하는 독자적 예술의 전부이다.
  **문학이란 글을 가지고 하는 포괄적 문화이다.**
- 철학은 철학자나 할 수 있는 난해한 학문이다.
  **철학은 누구나가 할 수 있는 통찰적 생각이다.**
- 미학이란 아름다움의 본질을 탐구하는 이론이다.
  **미학이란 아름다움의 욕구를 실천하는 활동이다.**

맺음말

# 계속되는 패러다임 사고학

지금까지 읽으시고 공감을 가지시는 분도 다행히 계시겠지만, 반대의 생각을 가지시는 분도 계실 겁니다. 사람 생각이 다 똑같을 수 없으니까요. 만일 사람들 생각이 똑같아진다면 정말 큰 문제겠지요. 이 책은 전환적 관점에서 다른 생각의 강요가 아니라 뻔한 생각을 넘는 다른 생각의 모색이었습니다. 그런 점에서 공감 가지신 분께는 감사를 드리며, 반대의 생각을 가지신 분께는 아량을 구합니다. "이렇게 생각하는 사람도 있겠구나"하며 넓게 생각해 주세요.

저 또한 다른 사람의 책을 읽으면서 그렇게 생각합니다. 제가 좋아하는 책은 저의 편견과 오해, 그리고 통념을 깨주는 책입니다. 그런 책을 읽는 건 참 재미있습니다. 독서에 있어서 전 가리지 않고 일 주일에 한두 권 이상의 책을 늘상 봅니다. 책에 지저분하게 낙서를 하며 읽는 습관 때문에 빌려서는 못 읽고 꼭 사서 봅니다. 제 방은 책이 넘쳐 혼란스럽지만 그 책들을 통한 체험은 제 사고를 넓혀 주었습니다.

제가 가진 쓸데없는 호기심은 저에게 대단한 경험보다 사소하면서 특별한 체험으로 이끕니다. 차 없이 땅을 밟으며 다니기를 좋아합니다. 앞으로 또 어떤 책들을 읽고 어디를 가며 무슨 일들을 보고 듣고 느끼며 누굴 만나 얘기하며 무슨 음식을 먹으며, 어떤 뻔한 생각에서 벗어날까요? 생각 전환의 패러다임 사고학은 계속됩니다. 독자 귀하께서도 나름대로 패러다임 사고학을 하실 수 있겠지요.

박기철(kaciy@ks.ac.kr)

저자 박 기 철

소박한 즐거움으로 사는 素樂

호칭 기철아, 오빠, 여보, 주리아빠, 주빈아빠, Kaciy Park, 박국장, 박집사, 박박사, 박교수, 아저씨

직업 경성대학교 광고홍보학과 교수

학력 및 경력 행당초, 성수중, 서울고, 중앙대 광고홍보학과, 연세대 경영학석사, 건국대 경영학박사(마케팅 전공), 광고회사 AE(금강기획, 동방기획, 은진기획)

없는 욕심 돈, 옷, 차

있는 욕심 3 ㄱ(冊, 覺, 樂)

취미 빈둥빈둥 기웃기웃

잘하는 것 평범 사소함에서 비범 특별함 찾기(story teller), 예뻐하기(entertainer)

못하는 것 골프, 고스톱, 스키

Overview 172cm, 77kg, A Type, 지배적 통념을 넘는 삐따기 Rocker, 기타치며 노래부르는 베짱이 Loafer, 단순다양한 色을 가진 다면적 Looker, 온순한 고양이과, 소심(素心)하게 살자, 野望 아닌 素望, 美食 아닌 素食, 大船 아닌 素朴, 페미니스트, 생태주의자, 소주 한병 / No Smoking, 반찬 한두 가지 해서 먹기, 텃밭 가꾸기

교육에 대한 미션 지식 전달업이 아닌 사고전환업, 국어 선생님(듣기, 읽기, 쓰기, 말하기)

연구 분야 충실화 관점의 브랜드 운영, 마케팅 PR(MPR)을 넘는 브랜딩 PR(BPR), IMC를 넘는 NBi(Natural Branding interactions, 엔비)

저서 세상에서 가장 쉬운 광고책(1998, 2002), 세상에서 가장 쓴 광고책(2002), 통합된 마케팅 커뮤니케이션 IMC(2000, 공저), 마케팅 PR(2000, 2004, 공저), 광고보다 빠른 세일즈 프로모션(2001, 공저), 박교수의 마케팅 특강(2005)

학술지 논문 IMC를 넘는 전환적 모형의 탐색(2004). 지속가능한 광고에 대한 탐색적 고찰(2005), 소비자 조사 분석을 넘는 생활자 체험 이해(2005), 브랜드 관리를 위한 생활자 관점의 평가모형(2006), BPR을 위한 NBi(2006), 인터넷 PR을 위한 COINs(2006)

학술 대회 발표 생활자 체험관리의 순리적 방법모형(2005), 보도자료의 새로운 패러다임 제안(2005), 브랜드 컨셉의 의미 정립(2005), PR의 전환적 관점-CPR MPR BPR(2006), 지속가능한 PR(2006), PR 관점의 입소문 마케팅 사고모형 제안(2006), 브랜드 관리를 위한 생활자 접촉점 관리(2006), 논술을 넘는 감술(2006)

Hot Line kaciy@hanmail.net